Was ist Buddhismus?

Reihe Campus
Einführungen
Band 1089

Herausgegeben von
Hans-Martin Lohmann (Heidelberg)
Alfred Paffenholz (Bremen)
Willem van Reijen (Utrecht)
Martin Weinmann (Wiesbaden)

Der Buddhismus ist nicht nur Religion, er ist auch Psychologie und Philosophie. Achtsamkeit, präzises Beobachten, Nachdenken und Erkennen spielen eine große Rolle auf dem Weg des Menschen zum Erwachen. Der buddhistischen Lehre zufolge ist die Wirklichkeit »leer«. Erst im Bewußtsein entsteht die Konstruktion einer in Ich und Andere gespaltenen Welt.

Peter Gäng gibt hier einen gut verständlichen Einblick in die philosophische und praktische Weisheit des Buddhismus.

Peter Gäng, geb. 1942, lebt in Berlin, wo er Indologie, Philosophie und Sozialwissenschaften studierte. Er promovierte über buddhistische Mystik und übersetzte das Guhyasamāja-Tantra und das Caṇḍamaharoṣaṇa-Tantra.

Peter Gäng

Was ist Buddhismus?

Campus Verlag
Frankfurt/New York

Redaktion: Martin Weinmann

Die Deutsche Bibliothek – CIP-Einheitsaufnahme

Gäng, Peter:
Was ist Buddhismus? / Peter Gäng. – Frankfurt/Main ;
New York : Campus, 1996
(Reihe Campus ; Bd. 1089 : Einführungen)
ISBN 3-593-35582-5
NE: GT

Umschlaggestaltung: Atelier Warminski, Büdingen
Satz: Fotosatz L. Huhn, Maintal-Bischofsheim
Druck und Bindung: Friedrich Pustet, Regensburg
Gedruckt auf säurefreiem und chlorfrei gebleichtem Papier.
Printed in Germany

Für Nina und Sascha

Inhalt

Siglenverzeichnis

AN	(Aṅguttaranikāya, zitiert nach Teil, Sutta-Nummer, Band und Seite PTS (Pali Text Society))
ASPP	(Aṣṭasāhāsrikāprajñāpāramitāsūtra, zitiert nach Seite)
Atth	(Atthasālinī, Kommentar zum vorh., zitiert nach §, Seite PTS)
AVS	(Arthaviniścayasūtra, zitiert nach Seite)
CMT	(Caṇḍamahāroṣaṇatantra, zitiert nach Kapitel)
Dhp	(Dhammapada, zitiert nach Strophe-Nummer)
Dhs	(Dhammasaṅgaṇi, zitiert nach §, Seite PTS)
DN	(Dīghanikāya, zitiert nach Sutta-Nummer, Band und Seite PTS)
GST	(Guhyasamājatantra, zitiert nach Kapitel, Strophe-Nummer)
HT	(Hevajratantra, zitiert nach Teil, Kapitel, Strophe-Nummer)
LS	(Laṅkāvatārasūtra, zitiert nach Seite)
MN	(Majjhimanikāya, zitiert nach Sutta-Nummer, Band und Seite PTS)
SN	(Saṃyuttanikāya, zitiert nach Samyutta, Sutta-Nummer, Band und Seite PTS)
Snp	(Suttanipāta, zitiert nach Strophe-Nummer)
SRS	(Samādhirājasūtra, zitiert nach Seite)
Ud	(Udāna, zitiert nach Kapitel, Sutta-Nummer)
Vsm	(Visuddhimagga, zitiert nach Seite PTS)

Indische Termini sind im ersten Teil in Pāli und meist auch in Sanskrit angegeben, im zweiten Teil nur in Sanskrit. Im Zweifelsfall sind Ausdrücke in Sanskrit mit Ssk. und in Pāli mit P. gekennzeichnet.

Einleitung

Die vorliegende Arbeit umfaßt einen Zeitraum von etwa 1 500 Jahren. Er beginnt mit der Zeit des historischen Buddha (ca. 560 – 480 v.u.Z.) und endet mit der Entwicklung der tantrischen Systeme des Buddhismus (ca. 500 – 1 000 n.u.Z.). Um das Jahr 1 000 n.u.Z. war der Buddhismus auf dem indischen Festland weitgehend verschwunden, teilweise aufgegangen in den hinduistischen Systemen, teilweise ausgemerzt von den islamischen Eroberern. Auch danach wurde die buddhistische Philosophie weiter entwickelt: in Śrī Laṅkā und in Thailand und Birma, wo der »konservative« Buddhismus (theravāda), der für sich in Anspruch nimmt, die ursprüngliche Lehre des Buddha zu vertreten, bis in die Gegenwart eine ungebrochene Tradition hat; in Tibet, wo eigenständige Denksysteme sich auch nach dem Ende des Buddhismus in Indien weiter entfalteten; in China, in Japan und in der jüngsten Zeit in Europa und Amerika.

Eine besondere Schwierigkeit in der Erschließung der buddhistischen (oder allgemeiner: einer nichtabendländischen) Philosophie liegt in den Sprachen, in denen diese Philosophie formuliert wurde. Die Darstellung einer nichtabendländischen Philosophie in einer abendländischen Sprache muß sich zwangsläufig auf die Wiedergabe fremdsprachiger Termini in der eigenen Sprache stützen. Das hat schon innerhalb der verschiedenen europäischen Philosophien Schwierigkeiten gemacht. Gravierender wird das Problem mit der buddhistischen Philosophie. Jede Übersetzung ist hier in einem hohen Maße interpretativ.

Um eine Einheitlichkeit der Terminologie zu gewährleisten, sind fast alle in diesem Buch verwendeten Zitate eigene Übersetzungen – in einigen Fällen, in denen ich vorhandene Übersetzungen verwendet habe, ist dies eigens angemerkt. Bei der Übersetzung habe ich die für viele buddhistische Texte charakteristischen Wiederholungen behutsam gekürzt, ohne dies eigens zu vermerken, gleichfalls habe ich meist die Anreden (»ihr Mönche« oder direkt Namen) ausgelassen; inhaltliche Kürzungen sind mit »[...]« gekennzeichnet, Ergänzungen stehen in eckigen Klammern. Die Übersetzungen sind meist sehr »wörtlich« gehalten, um die Ausdrucksweise des Originals wenigstens annähernd wiederzugeben. Für eine wirkliche Übersetzung insbesondere von längeren Texten wäre diese Methode nicht brauchbar, da sie zu schwer lesbare Texte liefert. Für diese Einführung mit ihren kurzen Textauszügen schien sie mir dagegen sinnvoll, um der Leserin oder dem Leser die Möglichkeit zu geben, den Denkprozeß, der den Texten zugrunde liegt, genauer mit-denken zu können. Darüber hinaus besteht so die Möglichkeit, andere Übersetzungen zum Vergleich heranzuziehen und zu beobachten, wie unterschiedlich verschiedene AutorInnen übersetzt haben. Daß dadurch der Text schwieriger lesbar wird, habe ich in Kauf genommen.

Die vorliegende Einführung beschränkt sich auf den »indischen« Buddhismus, d. h. auf die Literatur, die in Pāli (einer mittelindischen Sprache) und Sanskrit (altindische Sprache, die als allgemeine Gelehrtensprache bis in die Gegenwart benutzt wird) überliefert ist. Der nichtindische Buddhismus ist bewußt ausgespart, da sich der Buddhismus mit jeder Übertragung in eine neue Sprache und in eine neue Kultur verändert hat.

Die Einführung folgt der historischen und geografischen Teilung des Buddhismus in zwei große Denkrichtungen. Um das zweite Jahrhundert v.u.Z. hat sich der Buddhismus in zwei Zweige gespalten, von denen sich der eine »Lehre der Älteren« (Ssk. sthaviravāda, P. theravāda) nannte und für sich in Anspruch nahm, die ursprüngliche Lehre des Buddha zu bewahren. Der andere Zweig nannte sich später »Großes Fahrzeug« (mahāyāna), um zu betonen, daß hier eine Lehre vertreten werde, die für viele oder alle Gültigkeit hat – für den erstgenannten Zweig wurde der abschätzige Begriff »Kleines Fahrzeug« (hīnayāna) geprägt, eine Bezeichnung, die von Buddhisten heute kaum mehr benutzt wird.

Der erste Teil dieser Einführung, »Die Lehre der Älteren« (theravāda), befaßt sich mit der Lehre, die in den Ländern des »südlichen« Buddhismus (vorwiegend Śrī Laṅkā, Thailand, Birma) überliefert wurde. Im ersten Teil wurde nahezu ausschließlich die Pāli-Literatur verwendet. Trotzdem habe ich meistens außer den Pāli-Begriffen auch die Sanskrit-Entsprechungen angegeben, da viele Begriffe sich in dieser Form bei uns eingebürgert haben (etwa *karma* und *nirvāṇa* statt Pāli *kamma* und *nibbāna*), und da so der Vergleich mit dem zweiten Hauptteil (»Das Große Fahrzeug«) leichter fällt.

Begonnen habe ich mit der Überlieferung zum Leben Buddhas. Hier handelt es sich nicht um eine Biographie in unserem Sinne – diese läßt sich leicht an anderer Stelle nachlesen (z.B. Schumann, Der historische Buddha). Es ging mir vielmehr darum, einen ersten Weg zum Verständnis der Unterschiedlichkeit abendländischen und buddhistischen Denkens zu zeigen. In der buddhistischen Lehre wird viel mit bildhaften Darstellungen und Gleichnissen gearbeitet. Diese Bilder sind meistens nicht nur Illustration zu etwas, was schon gesagt wäre, sondern sind selbst das, was gesagt wird und gesagt werden kann – sie geben dann wichtige sachliche und emotionale Hinweise.

Gereizt hat mich natürlich auch die Tatsache, daß die westliche Buddhismusforschung sich immer so große Mühe gemacht hat, die buddhistische Überlieferung fein säuberlich in Tatsachen und Phantastereien zu trennen. Ziel war hierbei, historisch verläßliche Fakten und den »authentischen Kern« der buddhistischen Lehre zu gewinnen. Damit wurde konsequenterweise ein Großteil der buddhistischen Überlieferung als unbrauchbar und allenfalls in religionsgeschichtlicher Hinsicht interessant ausgesondert. Diese Vorgehensweise halte ich einem religiös-philosophischen System gegenüber für ungerechtfertigt. Wenn ich verstehen will, was jemand denkt, muß ich zunächst und vor allem von dem ausgehen, was er mir (direkt oder durch Überlieferung) sagt. Sobald ich den Standpunkt einnehme, daß das, was mir gesagt wird, zu einem großen Teil Phantasterei sei, die es nicht lohne, zur Kenntnis genommen zu werden, dann sind meine Chancen gering, auch nur irgend etwas zu verstehen.

Auf die Überlieferung über das Leben Buddhas folgt eine Darstellung der buddhistischen Erkenntnismethode. Da Erkennen und Verstehen in der buddhistischen Lehre einen zentralen Ort einnimmt, und da Verstehen im Buddhismus nicht eine rationale Konstruktion ist, sondern Resultat von präziser Beobachtung – man könnte den Buddhismus fast eine empirische Philosophie nennen, wenn der Begriff »empirisch« bei uns nicht so sehr mit der Naturwissenschaft verknüpft wäre – erschien es mir wichtig, diesem Thema einen großen Raum zu widmen. Inzwischen wird diese Methode (satipaṭṭhāna) sogar schon an einigen Volkshochschulen gelehrt, allerdings weitgehend ihres religiös-philosophischen Gehalts entkleidet.

In dem darauf folgenden Kapitel zur Meditation habe ich versucht, wenigstens in Ansätzen das klassische System buddhistischer Meditation darzustellen. Da es sich hier um einen Bereich von Erfahrung handelt, der nicht allgemein ist, sind hier der sprachlichen Formulierung enge Grenzen gesetzt. Wir stehen hierbei vor dem gleichen Problem wie die buddhistischen Philosophen auch. Wir müssen uns einer Sprache bedienen, die zwei zentrale Merkmale hat: Unsere Sprache verfügt hauptsächlich über Substantive, Adjektive und Verben. Sie repräsentiert eine Welt aus Gegenständen, Dingen, Sachen, Individuen, die Eigenschaften haben, zueinander in Beziehung stehen und Tätigkeiten ausüben. Dies ist denn auch konsequenterweise das Bild, das wir von der Welt haben. Sobald mit dieser Sprache etwas beschrieben werden soll, was sich wesentlich prozessual darstellt (z.B. moderne Physik und Biologie, prozessuale Philosophien), gibt es Probleme.

Darüber hinaus sind natürliche Sprachen schon aufgrund der biologischen Voraussetzungen streng sequentiell. Die Natur des Sprechens bzw. Schreibens erzwingt, daß eine sprachliche Äußerung aus einer Folge von Wörtern besteht, die mit dem ersten Wort beginnt und mit dem letzten Wort aufhört. Dies genügt für die Beschreibung linearer Prozesse, für die Beschreibung vielfältig verzweigter Prozesse, die auch nicht eindeutige zeitliche Beziehungen haben, ist es ungeeignet. Am Ende wird man sich gerade bei Fragen der Meditation nur auf eigene Erfahrungen verlassen können.

Danach stelle ich besonders zwei Lehren des Buddhismus vor, die allgemein als zentral gelten: die Lehre von den fünf Komponenten des Lebensprozesses und die Lehre von der bedingten Entstehung. Sie dienen auch dazu, eine der wichtigsten Aussagen des Buddhismus genauer darzulegen: die Ablehnung der Ansicht, daß der Lebensprozeß ein konstantes Subjekt hätte, ein Ich oder Selbst, das sich selbst sozusagen außerhalb des Lebens stellen und sagen könnte »ich erlebe das Leben«. Auch im Buddhismus wurde übrigens schon auf das Problem hingewiesen, daß unsere Sprache uns trotzdem immer wieder zu Formulierungen zwingt, die diese Ansicht fördern.

Der zweite Hauptteil befaßt sich mit den Lehren des »Großen Fahrzeugs« (mahāyāna). Nach meinem Verständnis steht der Mahāyāna-Buddhismus nicht im Widerspruch zu einer wie immer konstruierten »ursprünglichen« Lehre. Vielmehr handelt es sich teils um Weiterentwicklungen, teils auch um Klarstellungen und an manchen Punkten auch um die Korrektur von Irrtümern.

Das erste Kapitel umreißt die Probleme, die Ausgangspunkt für die Herausbildung neuer Schulen waren. Anschließend werden an einigen Beispielen die Mahāyāna-Sūtras behandelt, neu aufgetauchte Lehrreden des Buddha, bei denen sich die westliche Buddhismusforschung mit dem Theravāda-Buddhismus darüber einig ist, daß diese Lehrreden nicht auf Buddha zurückgehen, sondern später verfaßt wurden. Angesichts der umfangreichen Literatur habe ich mich bei den Mahāyāna-Sūtras auf einige wenige Texte beschränkt, und zwar auf solche, die mir gefallen und die ich wenigstens teilweise zu verstehen glaube. Die ganze Literatur, die sich eher mit Fragen des Ritus beschäftigt – und das spielt im Mahāyāna eine wichtigere Rolle als im Theravāda – habe ich weggelassen, ebenso die ganze erzählende Literatur, die in weit größerem Maße als die philosophische Kenntnisse der Kultur im weitesten Sinne voraussetzt.

Mit der Darstellung des tantrischen Buddhismus, den zumindest die ältere Buddhismusforschung für eine bedauerliche Entgleisung hielt, während er heute von vielen als Höhepunkt des Buddhismus angesehen wird – eine Ansicht, die ich teile –, schließt diese Einführung.

Wie man beim Lesen und Vergleichen mit anderen Darstellungen des Buddhismus sehen wird, weiche ich in manchen Punkten von den üblichen Interpretationen ab. Ich will damit nicht behaupten, daß meine Interpretationen die richtigen wären und andere demnach falsch. Jeder philosophische und/oder religiöse Text zeichnet sich dadurch aus, daß er unterschiedlich verstanden werden kann. Das verhält sich im Buddhismus nicht anders. Auch hier wurden schon Texte unterschiedlich interpretiert, es haben sich verschiedene Schulen gebildet, die, nebenbei gesagt, nie blutige Kriege gegeneinander geführt haben. Jeder ernsthafte Versuch, eine Lehre zu verstehen, kann nur gelingen, wenn er ein Mit-Denken und Nach-Denken ist, und damit auch zu eigenen Gedanken führt. Die buddhistischen Lehrreden beginnen fast ausnahmslos mit dem Satz »So habe ich es gehört«, und jede Darstellung kann eigentlich nur unter dem Motto stehen »und so habe ich es verstanden«.

Auch wenn in dieser Einführung, wie ich hoffe, sichtbar wird, daß es sich beim Buddhismus um ein hochentwickeltes System philosophischer und psychologischer Forschung handelt, sollte nie vergessen werden, daß die buddhistische Lehre sich selbst immer als ein Mittel zur Befreiung verstanden hat, nicht als eine Theorie, die ihren Zweck in sich selbst hätte.

»Gleichwie, ihr Mönche, wenn ein Mann, auf der Reise, an ein ungeheures Wasser käme, das diesseitige Ufer voller Gefahren und Schrecken, das jenseitige Ufer sicher, frei von Schrecken, und es wäre kein Schiff da zur Überfuhr, keine Brücke diesseits, um das jenseitige Ufer zu erreichen. [...] Und der Mann, ihr Mönche, sammelte nun Röhricht und Stämme, Reisig und Blätter, fügte ein Floß zusammen und setzte mittels dieses Floßes, mit Händen und Füßen arbeitend, heil zum jenseitigen Ufer hinüber. Und gerettet, hinübergelangt, würde er also denken: ›Hochteuer ist mir wahrlich dieses Floß, mittels dieses Floßes bin ich, mit Händen und Füßen arbeitend, heil ans jenseitige Ufer gelangt. Wie, wenn ich nun dieses Floß auf den Kopf heben oder auf die Schultern laden würde und hinginge, wohin ich will?‹ Was haltet ihr davon, Mönche? Würde wohl dieser Mann durch solches Tun das Floß richtig behandeln?« – »Gewiß nicht, o Herr!« – »Was hätte also, ihr Mönche, der Mann zu tun, damit er das Floß richtig behandelte? Da würde, ihr Mönche, dieser Mann, gerettet, hinübergelangt, also erwägen: ›Hochteuer ist mir wahrlich dieses Floß, mittels dieses Floßes bin ich, mit Händen und Füßen arbeitend, heil an das jenseitige Ufer hinübergelangt. Wie, wenn ich nun dieses Floß ans Ufer legte oder in die Flut senkte und hinginge, wohin ich will?‹ Durch solches Tun, wahrlich, ihr Mönche, würde dieser Mann das Floß richtig behandeln. Ebenso nun auch, ihr Mönche, habe ich die Lehre als Floß dargestellt, zum Entrinnen tauglich, nicht zum Festhalten.« (MN 22, I, 134 f; Übersetzung K. E. Neumann S. 158)

I. Die Lehre der Älteren (Theravāda)

1. Buddha – Mythos und Geschichte

1.1 Mythos und Geschichte

Das Problem, das wir als Europäer bei allen indischen Lebenserzählungen haben – im weiteren Sinne bei allen indischen historischen Darstellungen – ist, daß ihnen ein uns völlig fremdes Verständnis von Geschichte zugrunde liegt. Wenn wir die Lebensgeschichte von jemandem erzählen wollen, dann würden wir zunächst sagen, wann und wo er geboren wurde, wer seine Eltern waren, wann er was gemacht hat, kurz, diese ganzen einfachen äußeren Ereignisse von der Geburt bis zum Tod. Wenn wir dann zusätzlich noch wissen, was er irgendwann jemand erzählt hat, vielleicht sogar überliefert haben, was er geschrieben hat, dazu noch Erinnerungen von Menschen, die ihn gekannt haben, dann hätten wir sozusagen das Material für eine Biographie, wo man dann trefflich darüber debattieren könnte, was davon tatsächlich stattgefunden hat und was nicht. Gäbe es zusätzlich noch, wie das etwa bei uns bei Heiligen, Politikern oder »großen Köpfen« gerne gesammelt wird, einige Anekdoten, Mythen, Geschichten, die zwar historisch nicht beweisbar sind, die aber in der Überlieferung eine wichtige Rolle gespielt haben, dann könnte man diese noch nebenbei erwähnen, als kleine lockere Zugaben.

Bei dem, was uns im buddhistischen Zusammenhang an Biographien überliefert ist – zuvorderst die Geschichte des Menschen, der als Buddha zum Stifter einer Weltreligion wurde, aber auch die Geschichte von Menschen, die in der Entwicklung des Buddhismus eine wichtige Rolle gespielt haben – ist es im Prinzip gerade umgekehrt: Die genauen äußeren Lebensumstände, etwa wann genau sie geboren sind, interessierten keinen Menschen. Warum sollte es auch eine Rolle spielen, ob jemand im Jahr 100 oder im Jahr 500 geboren ist oder wie er aufgewachsen ist. Wenn hiervon etwas bekannt ist, dann ist das meist außerindischen Forschungen (tibetischen, chinesischen, in unserer Zeit auch abendländischen) zu verdanken, die oft mit großem Scharfsinn versucht haben, Chronologien zusammenzustellen und zu konstruieren.

Die zentrale Frage für die Erzählung einer Lebensgeschichte ist, was der oder die Betreffende selbst über sein oder ihr Leben zu sagen haben. Was hilft es etwa, wenn ich berichten kann, jemand sei unter sehr günstigen Umständen aufgewachsen, habe nette, wohlhabende Eltern gehabt und habe in einer Zeit ohne Kriege gelebt, müsse also eine sehr glückliche Kindheit gehabt haben. Viel wichtiger ist sein eigenes Erleben: seine Hoffnungen und Träume, seine Konflikte und Ängste, die sich nicht zwangsläufig an äußeren Ereignissen festmachen lassen. All dies käme in meiner Geschichte überhaupt nicht vor. Anders in den buddhistischen Geschichten. Da wird gerade so etwas ganz besonders sorgfältig überliefert und erzählt, freilich meist in symbolhafter Darstellung.

Handelt es sich um einen Menschen, der – wie jeder Religionsstifter – für viele Menschen ganz persönlich eine wichtige Rolle spielt, kommt ein weiteres hinzu: Es mag zwar für einen neutralen Dritten wichtig sein, wie der exakte äußere Ablauf seines Lebens war. Für die Menschen aber, für die er eine religiöse Bedeutung hat, geht es weniger um konkrete historische Tatsachen als um ein Bild, welches innerhalb der gesamten religiösen Gemeinschaft eine tiefe und einigende Bedeutung hat. Wird an dieses Bild der Maßstab einer »objektiven« Betrachtung angelegt – man denke in unserem Bereich etwa an die Forschungen um das Leben Christi –, dann wird Religion zerstört. Nicht weil sie nichts mit historischen Wirklichkeiten zu tun hätte, sondern weil diese Art von »Objektivität« nichts mit spirituellen Prozessen zu tun hat.

Es gibt also im Grunde zwei Lebensgeschichten des Menschen, der unter der Bezeichnung »Buddha« bekannt wurde. Die eine ist die, die man sich »von außen« ansehen kann. Danach wurde Siddhārtha (P. Siddhattha), der spätere Buddha, als Sohn lokaler Potentaten 563 v.u.Z. geboren und starb im Jahre 483. Sein Familienname ist Gautama (P. Gotama) aus dem Stamm der Śakya (P. Sakiya). Hieraus ergeben sich die verschiedenen Benennungen wie Gautama, der Weise aus dem Stamm der

Śakya. Im Alter von 29 Jahren beschloß er, ein Wanderasket, ein Yogi, ein Heiliger – wie immer man es nennen mag – zu werden, und so die Befreiung von allem weltlichen Leiden zu erlangen. Ein derartiger Beschluß hatte im damaligen Indien – und teilweise auch noch in der Gegenwart – durchaus Tradition. Es galt als völlig normal, daß ein Mensch zu dem Schluß kam, es gäbe im »weltlichen« Leben für ihn nichts, was es wert wäre, sich darum zu bemühen. Siddhārtha zog diesem Muster folgend von zu Hause weg, ließ sich irgendwo in der Einsamkeit nieder, zunächst bei erfahrenen Lehrern, dann für sich alleine, und lernte und übte, bis er sein Ziel erreicht hatte. Mehrere Jahrzehnte lang gab er dann seine Lehren weiter und gründete eine Gemeinschaft, die diese Lehren bis zum heutigen Tag überliefert und zum Teil weiter entwickelt hat.

Zur Charakterisierung dieses Ziels soll für den Augenblick genügen, es als Befreiung vom weltlichen Leiden zu benennen, meist als ein religiös-mystisches Erlebnis, bei dem mit einem Male alles – das Leben, die Welt, das Universum – klar sichtbar und durchschaubar ist. Dies in einem Zusammenhang, wo als allgemeine Anschauung galt, daß jeder Mensch eine Seele hat, die nach seinem Tod seinen Körper verläßt und in einem neuen Körper wiedergeboren wird, wobei in jedem Leben »Karma« angehäuft wird, welches die Umstände der künftigen Geburt – als Mensch oder Gespenst oder Tier, arm oder reich, glücklich oder unglücklich – bestimmt. Das Endziel war, sich aus diesem Kreislauf von Geburten zu befreien, also in einem letzten Leben ein Heiliger zu werden. Hier gibt es viele Bezeichnungen, die alle auch für Buddha verwendet wurden: *buddha* (der Erwachte), *jina* (der Sieger), *sugata* (der seinen Weg gut gegangen ist) und dergleichen mehr. Die Erreichung des Ziels wird auch über den Buddhismus hinaus oft als *Nirvāṇa* (P. *nibbāna*, Verwehen, Verlöschen) bezeichnet, worunter Verschiedenes verstanden werden konnte: vom endgültigen Aufgehen in ein Nichts bis zu einem glückselig-paradiesischen Zustand. Als Mittel zur Erreichung dieses Ziels galten damals und heute Yoga-Übungen, bei denen »außernormale« Bewußtseinszustände erreicht wurden.

Schon dieser letzte der Teil der Geschichte ist »von außen« nur noch zum Teil nachprüfbar. Sicher, die überlieferten Lehren sind vorhanden, es gibt sprachliche und sachliche Kriterien, nach denen sich »Ursprüngliches« von »Apokryphem« scheiden läßt. Aber beim »Erwachen« des Buddha können wir nicht auf historische »Tatsachen« zurückgreifen, sondern müssen uns auf das, was er selbst erzählt hat und was seine Anhänger weitererzählt haben, stützen. Innerhalb dieses Bezugsrahmens zählen natürlich nicht nur die Geschichten aus dem aktuellen Leben, sondern auch die aus den vorhergehenden Leben. Tatsächlich gibt es einige dicke Bände von Geschichten aus den vorhergehenden Leben des Buddha. Er wird hier und auch sonst bis zu seinem religiösen Grunderlebnis, dem Erwachen (bodhi) als Bodhisattva (P. *bodhisatta*, auf das Erwachen hingehendes Lebewesen) bezeichnet. In diesen Geschichten sind zahlreiche indische Märchenstoffe verarbeitet. Da ist etwa eine Gazelle, die im Wald auf eine hungrige Löwin trifft, die vor lauter Hunger schon keine Milch mehr für ihre Jungen hat. Voller Mitgefühl gibt sich die Gazelle der Löwin zum Fraß hin, um diese und ihre Jungen vor dem Verhungern zu retten. Diese Gazelle war dann eine frühere Verkörperung des Bodhisattva. Betrachtet man die Gesamtheit dieser Märchen- und Sagenstoffe als ein Sammlung von Symbolen der lebendigen Vergangenheit, dann kulminiert die gesamte Geschichte in der Geburt des späteren Buddha – wie ja auch tatsächlich die Geschichte allen Lebens jeweils für jeden konkreten Menschen seine eigene Vorgeschichte ist.

In seinem letzten Leben vor dem »historisch« belegten schließlich lebt der Bodhisattva als ein Gott in einem der zahlreichen Himmel der indischen Religionen. Ab hier ist die Geschichte in den »älteren« Teilen des buddhistischen Kanons überliefert (MN 123, III 118 ff; DN 14, II 1ff). Und interessanterweise wird die Geschichte hier in Teilen als die Geschichte des aktuellen Buddha erzählt, in anderen Teilen aber auch als eine Geschichte, die für alle Buddhas aller Zeiten gilt, die sich also schon unzählige Male so abgespielt hat und die sich so auch immer wieder abspielen wird. Es geht hier also nicht um historische Fakten, sondern um grundsätzliche Erlebnisstrukturen, die an keine konkrete historische Persönlichkeit gebunden sind, die sich aber wohl im Erleben jedes Menschen auf die eine oder andere Art wiederfinden können. Und dies ist ja gerade der Sinn dieser Geschichten: Für denjenigen, der auf dem Weg zum Ziel des Buddhismus ist, auf dem Weg zum Erwachen (bodhi), der also selber zum Buddha werden will, ist eine Beschreibung dessen, was für alle Buddhas gilt, natürlich von zentraler Bedeutung.

1.2 Geburt

Von diesem Himmel seiner vorletzten Existenz aus blickt der Bodhisattva auf die Welt der Menschen und beschließt aus Mitgefühl mit dem menschlichen Leiden noch ein letztes Mal als Mensch geboren zu werden, um den Menschen den Weg zur Befreiung aus dem Leiden zu zeigen. Er sucht sich seine künftigen Eltern selber aus, und seine Wahl fällt auf die Königin Māya. Natürlich läßt sich hier einwenden, daß seine Eltern in »Wirklichkeit« kein Königspaar waren; vielmehr war nach den Erkenntnissen europäischer Forschung sein Vater ein nicht besonders bedeutender lokaler Machthaber. Gleichwohl spielt es für die individuelle Geschichte eines Menschen kaum eine Rolle, was seine Eltern »wirklich« waren. Entscheidend ist die zunächst kindliche Wahrnehmung, in der die Eltern durchaus königliche oder gar göttliche Würden annehmen können.

Ein Text, der sich direkt mit den Wundern beschäftigt, die im Zusammenhang mit der Empfängnis und Geburt des Bodhisattva geschehen (MN 123, III 118 ff), schildert die Geschehnisse, die später dann auch in der buddhistischen Kunst und in bildhaften Meditationen eine Rolle spielten. Der Bodhisattva begibt sich nach seinem Entschluß klar bewußt – »normalerweise« schwindet im Moment der Wiederverkörperung das Bewußtsein – aus dem Himmel in den Leib seiner Mutter. In diesem Augenblick wird die ganze Welt in ein strahlendes Licht getaucht. Wir können das einfach als ein Wunder in unserem Sinne hinnehmen, als ein Geschehnis, welches sich außerhalb unseres naturwissenschaftlichen Erklärungsrahmens abspielt, und es dann der Frage des Glaubens überlassen. Das hieße aber zugleich, sich nicht auf eine uns nicht (mehr) vertraute Art des Denkens einzulassen.

Rückblickend ist es zumindest für Buddhisten klar, daß mit dem Buddha ein Element von Klarheit und Licht in diese Welt gekommen ist. Wie das gemeint ist, macht der Hinweis deutlich, daß dieser unermeßliche Glanz bis in die Zwischenwelten reicht, in die selbst das Licht von Sonne und Mond nicht hindringt, so daß die dort lebenden Wesen sich gegenseitig normalerweise nicht einmal sehen können. Diese Wesen sehen sich jetzt plötzlich gegenseitig und merken zum ersten Male: Ich bin nicht allein, da gibt es noch andere wie mich. Diese Dunkelwelten geben im übertragenen Sinne ein ganz gutes Bild für unsere alltägliche Welt ab. Und es stimmt sehr gut mit der buddhistischen Philosophie und wenigstens in Teilen auch mit der Wirkungsgeschichte überein, daß mit dem Buddha ein Licht kam, das der Erkenntnis diente, daß die Welt jenseits des eigenen Ichs von anderen Lebewesen bevölkert ist, die es zu erkennen und – wie später noch deutlich wird – zu lieben gilt. Zu sehen, daß niemand alleine ist auf dieser Welt, ist nicht nur in jeder individuellen menschlichen Entwicklung eine immer wieder anstehende Aufgabe. Tatsächlich ist es ja auch der Traum jedes einzelnen Menschen, aus der Situation des Alleinseins, des nicht Gesehen- und Erkanntwerdens, herauszukommen, ein Traum freilich, der auch mit massiven Ängsten verbunden ist. Dieser Traum, wenigstens temporär zwischen dem Ich und den Anderen alle Barrieren abzubauen, spielt in späteren buddhistischen Systemen eine wichtige Rolle. Zur Beschreibung ist jedenfalls das Bild von den Wesen in den Dunkelwelten, die sich im Lichte des Buddha zum ersten mal gegenseitig sehen, sehr schön geeignet.

Auch die Schwangerschaft der Mutter und die Geburt des künftigen Buddha sind von zahlreichen Wundern begleitet, die durchweg als Symbole für spezifische menschliche Situationen von hoher Relevanz sind. Der Bodhisattva-Embryo und seine Mutter werden von vier Göttern bewacht – schöner läßt sich die Geborgenheit im Mutterleib kaum ausdrücken. Die Mutter sieht, wenn sie zur Seite blickt, den voll entwickelten Sohn wie ein Juwel in ihrem Bauch. Während der Schwangerschaft führt sie ein überaus tugendhaftes Leben, sie hält sich an alle Regeln der buddhistischen Ethik und hat kein Verlangen nach einem Mann – letzteres wohl ein typischer Traum eines Sohnes.

Auch bei der Geburt wird die ganze Welt von einem strahlenden Glanz erfüllt, genau wie bei der Empfängnis. Das Neugeborene wird von vier Göttern empfangen und der Mutter übergeben; das Kind ist bei seiner Geburt so rein wie eine Perle in einem seidenen Tuch. Zwei Regengüsse, ein warmer und ein kalter, ergießen sich aus dem Himmel, um Mutter und Sohn zu erquicken, ein Wind trocknet sie – alles Zeichen dafür, daß der Bodhisattva in der Erinnerung seiner Nachfolger (und wahrscheinlich auch in seiner eigenen Erinnerung) in der Welt höchst willkommen war. Daß er unmittelbar nach seiner Geburt gleich sieben Schritte tut und spricht: »Ich bin der höchste der Welt, ich bin der beste der Welt, ich bin der erste der Welt, es gibt kein Wiederwerden.« (MN 123, III 123) drückt das ungebrochene Selbstbewußtsein von Kindern aus – hier zurückverlegt an den frühestmöglichen Zeitpunkt – das meistens nur zu schnell an der Wirklichkeit zerbricht.

Sieben Tage nach der Geburt stirbt seine Mutter – ein jäher Einbruch einer erbarmungslosen Wirklichkeit, gerade als müsse gezeigt werden, daß auch die Geschichte eines Buddha sich in einer ganz »normalen« Welt abspielt. Kurz nach der Geburt kommt ein Seher, der die Geburt mit seinem »geistigen Auge« gesehen hat, und der weiß, daß ein künftiger Buddha geboren ist, und möchte das Kind sehen (Snp v. 679ff). Die Eltern geben ihm das Kind, er sieht es goldglänzend und er erlebt eine große innere Freude und Trauer zugleich. Die Freude erklärt er damit, daß tatsächlich ein künftiger Buddha geboren ist. Die Trauer rührt daher, daß er weiß, daß er selbst zum Zeitpunkt des Erwachens nicht mehr leben wird. Nach der Geburt wird auch von zeichenkundigen Priestern festgestellt, daß das Kind alle Merkmale eines »großen Menschen« habe, daß es also entweder ein Weltenherrscher oder ein Buddha werden wird.

Der König hat von Anfang an Angst vor der Möglichkeit, daß sein Sohn ein Buddha werden könne. Nicht, weil er ihm diese Ehre nicht gönnen würde, sondern weil das schlicht heißen würde, daß er ihn verliert: als Sohn, als Erbe und als Nachfolger. Er beschließt zu verhindern, daß sein Sohn einen Grund finden würde, um das Haus zu verlassen; er sorgt dafür, daß sein Sohn alles hat, was er nur begehren könnte.

1.3 Jugend und Begegnung mit dem Leben

Alles schien gut zu gehen. Siddhārtha wuchs behütet auf, bald saß er dabei, wenn sein Vater seinen Regierungsgeschäften nachging, und beteiligte sich an den Entscheidungen. Als er ins jugendliche Alter kam, ließ ihm der Vater drei Paläste errichten, je einen für Herbst, Sommer und Winter. In diesen Palästen lebte der Sohn in allem denkbaren Luxus, umgeben von Freunden und Vertrauten, Bediensteten, Mädchen, die für ihn musizierten und tanzten – alles, was wie uns hier ausdenken können, läßt sich wahrscheinlich in irgendeinem buddhistischen Text wiederfinden. So verging die Zeit.

Der Wendepunkt kam, als der junge Siddhārtha irgendwann auf die Idee kam, daß er etwas von der Welt außerhalb seiner Paläste kennenlernen wollte. Die nun folgenden Ereignisse sind nicht nur in vielen Texten überliefert, sondern haben sich auch in der buddhistischen Kunst niedergeschlagen. Im folgenden habe ich die Darstellung aus DN 14 (II, 21 ff, angelehnt an die Übersetzung von K. E. Neumann, S 194 ff) zitiert, wo die Geschichte nicht von Siddhārtha, sondern von Vipaśyin (P. Vipassī) berichtet wird, mit dem Hinweis, daß diese Geschichte so für alle Buddhas aller Zeiten gilt.

Eines Tages wendet sich der Prinz an seinen Wagenlenker: »Lasse mir, bester Wagenlenker, prächtige Wagen bespannen: wir wollen eine Ausfahrt machen, in die schöne Umgebung hinaus.« Nicht umsonst sind diese Worte so überliefert. Sie demonstrieren das ungebrochene Selbstbewußtsein, fast schon die jugendliche Arroganz, mit der sich da einer anschickt, die Welt zu erkunden. Der Wagenlenker fährt den Prinzen zu einem Garten. Auf dem Weg sieht der Prinz »einen alten Mann, giebelförmig geknickt, verkrümmt, auf Krücken gestützt schlotternd dahinschleichen, siech und welk.« Der Prinz ist überrascht, er hat so etwas noch nie gesehen.

Hier wie bei den folgenden Details ließen sich leicht logische Widersprüche konstruieren. Es kann kaum sein, daß der Prinz noch keinen alten Menschen gesehen hat, schließlich muß auch sein Vater inzwischen gealtert sein. Derartige Einwände gehen an der Intention der Geschichte vorbei. Für jeden Menschen gibt es tatsächlich ein erstes Mal (zuweilen vielleicht auch überhaupt kein Mal), daß er einen Alten sieht und wirklich wahrnimmt, wie auch der anschließende Dialog zwischen dem Prinzen und seinem Wagenlenker deutlich macht:

»Was hat nur, bester Wagenlenker, dieser Mann getan? Seine Haare sind doch nicht wie bei anderen, sein Leib ist doch nicht wie bei anderen! –
Das ist, Hoheit, ein Alter, wie man sagt. –
Was ist das nur, bester Wagenlenker, ein Alter, wie man sagt? –
Das ist, Hoheit, ein Alter, wie man sagt: Der hat nun nicht mehr lange zu leben. –
Wie aber, bester Wagenlenker: Bin auch ich dem Alter unterworfen, kann dem Alter nicht entgehn? – Auch du, Hoheit, und wir alle sind dem Alter unterworfen, können dem Alter nicht entgehn. –
Wohlan denn, bester Wagenlenker, es ist genug für heute mit der Gartenfahrt, und laß' uns gleich zum Schlosse zurückkehren.«

Dieser Dialog in seiner Zurückhaltung verrät deutlich beides: die Erschütterung des Prinzen wie auch seinen Versuch, die Beherrschung zu behalten. Diese bricht erst zusammen, als er wieder zurück in seinem Schloß ist. Da hat der Prinz »schmerzlich betroffen darüber gebrütet: ›O Schande‹ sag ich da über die Geburt, da ja doch am Geborenen das Alter zum Vorschein kommen muß.‹«

Der König befragt den Wagenlenker, erhält von ihm einen genauen Bericht der ganzen Geschichte, und der König bekommt Angst: »Möchte doch nicht etwa der Prinz dem Thron entsagen, möchte doch nicht etwa der Prinz aus dem Haus in die Hauslosigkeit ziehen, möchte doch nicht etwa das Wort der zeichenkundigen Priester wahr werden!« Es überrascht nicht, daß der König darauf reagiert, indem er den Luxus für seinen Sohn noch vergrößert.

Für lange Zeit – in der Geschichte über Vipaśyin, die in einem ganz anderen Zeitalter spielt, für einige Jahrtausende – hat der Prinz offensichtlich von der Welt genug gesehen. Dennoch kommt es eines Tages unvermeidlich dazu, daß er wieder seinen Wagenlenker ruft und eine Ausfahrt anordnet. Der Wortlaut, mit dem diese zweite Ausfahrt geschildert wird, ähnelt dem der ersten. Diesmal sieht der Prinz auf dem Weg zum Garten »einen siechen Mann, leidend, schwer bresthaft, mit Kot und Harn beschmutzt daliegen, von anderen gehoben, von anderen bedient.« Wieder entwickelt sich ein Dialog mit dem Wagenlenker, in dessen Verlauf der Prinz erfährt, daß es sich hier um einen Kranken handelt, und »auch du und wir alle sind der Krankheit unterworfen, können der Krankheit nicht entgehn.«

Wieder folgt die Verzweiflung des Prinzen, ebenso der Bericht an den

Vater, sowie dessen Versuch, durch weiteren Luxus zu verhindern, daß der Prinz irgendwann vom Haus in die Hauslosigkeit zieht. Wieder vergeht eine lange Zeit, bis sich der Prinz erneut in die Welt wagt. Diesmal sieht er »eine große Menge Menschen zusammengelaufen und in allerhand düsteren Gewändern sich durcheinanderdrängen.« Auf seine Fragen erfährt er: »Das ist, Hoheit, ein Toter, wie man sagt.« Diesmal verläuft die Geschichte an einigen wenigen Punkten bemerkenswert anders. Der Prinz erblickt den Toten zunächst nicht direkt, sondern nur die Trauernden. Er fordert den Wagenlenker auf, ihn zu dem Toten zu führen. Diesmal gelangt nicht etwas zufälligerweise dem Prinzen zu Gesicht, sondern er will sehen. Erst nachdem er sich den Toten bewußt angesehen hat, entwickelt sich der schon bekannte Dialog:

»Was ist das nur, bester Wagenlenker, ein Toter, wie man sagt? –
Das ist, Hoheit, ein Toter, wie man sagt: Der wird nun nicht mehr von Mutter oder Vater oder anderen verwandten Sippen wiedergesehn, und auch er wird Mutter oder Vater oder andere verwandte Sippen nicht wiedersehn.«

Es ist bedeutsam, daß der Tod hier nicht, wie es in anderen Zusammenhängen in den buddhistischen Texten durchaus der Fall ist, als individuelles Phänomen definiert wird, sondern in seinem sozialen Kontext. Und auch die am Ende des Dialogs stehende Wendung auf die eigene Person fällt noch konkreter aus als bei den ersten beiden Begegnungen: »Auch du, Hoheit, und wir alle sind dem Tode unterworfen, können dem Tode nicht entgehn; auch dich wird der König oder die Königin oder andere verwandte Sippen nicht wiedersehn, auch du wirst den König oder die Königin oder andere verwandte Sippen nicht wiedersehn.« Daß hier die Mutter wieder mitgenannt ist, obwohl sie doch schon sieben Tage nach der Geburt gestorben ist, ist ein logischer Bruch, der in Kauf genommen wird, um wichtige Elemente der Beschreibung des Todes zu bewahren.

1.4 Der Gang in die Hauslosigkeit

Wieder ist der Prinz nach seiner Rückkehr ins Schloß zutiefst aufgewühlt. »O Schande sag' ich da über die Geburt, da ja doch am Geborenen das Alter zum Vorschein kommen muß, die Krankheit zum Vorschein kommen muß, der Tod zum Vorschein kommen muß.« Er hat jetzt erkannt, daß Geburt, Alter, Krankheit und Tod eine unlösbare Einheit bilden. Sein Vater versucht durch weiteren Luxus zu retten, was nicht mehr zu retten ist. Nach einiger Zeit läßt sich der Prinz erneut ausfahren. Diesmal erblickt er auf seiner Fahrt »einen kahlgeschorenen Mann, einen Pilger im fahlen Gewande.« Auf seine Fragen erfährt er: »Das ist, Hoheit, ein Pilger, wie man sagt: gut ist gerechter Wandel, gut ist gerader Wandel, gut ist heilsames Wirken, Gut ist hilfreiches Wirken, gut ist nichts zu verletzen, gut ist Erbarmen mit den Wesen.« Der tiefe Eindruck, den diese Begegnung auf den Prinzen macht, läßt sich nur nachvollziehen, wenn man sich das Bild vor Augen hält, das die Erzähler hier vermitteln wollen: Es handelt sich um einen ruhigen, gelassenen Menschen, der ganz offensichtlich sein inneres Gleichgewicht gefunden hat, der in heiterer Ruhe in sich selber ruht. Die Reaktion ist entsprechend: »Wohlan denn, bester Wagenlenker, kehre sogleich mit dem Wagen zum Schlosse zurück: Ich selber werde mir nun auf der Stelle Haare und Bart abschneiden, fahle Gewänder anlegen und aus dem Hause in die Hauslosigkeit ziehn.«

Jetzt ist also genau das passiert, was der König immer verhindern wollte. Siddhārtha, zunächst als Gott in einem Himmel, dann als Königssohn geboren, begegnet dem menschlichen Elend und erfährt, daß nicht einmal er dem Elend entgehen kann, wobei zunächst offen bleibt, was das eigentlich Dramatische ist: daß er selbst Krankheit, Alter und Tod unterworfen ist, oder daß er auf diese Teile des Lebens mit Abscheu reagiert. Er beschließt ein Pilger zu werden, ein eigentumsloser Asket, der nur nach der Wahrheit strebt.

Nach der späteren Überlieferung war Siddhārtha zu dieser Zeit bereits verheiratet und hatte einen Sohn. Nach anderen Berichten empfängt seine Frau Yaśodharā den Sohn in der Nacht, in der Siddhārtha weggeht. Er selbst faßt im nachhinein seinen Entschluß und seinen Weggang so zusammen:

»Ich war mit Glück geschmückt, mit höchstem Glück, mit außerordentlichem Glück. Eigens für mich waren im Hause meines Vaters Lotosteiche angelegt. Da blühten blaue und weiße und rote Lotosblüten, alles nur für mich. Ich trug nur Salben und Kleidung aus Benares [...]. Ich besaß drei Schlösser, eins für den Winter, eins für den Sommer, eins für die Regenzeit. Im Schloß für die Regenzeit war ich während der vier Monate der Regenzeit nur von weiblichen Musikanten umgeben, und ich stieg nicht vom Schloß herab. [...]

Mir, der ich solcherart mit Reichtum versehen war, der ich solcherart mit Glück geschmückt war, kam der Gedanke: ›Ein unkundiger normaler Mensch, der selber dem Alter unterworfen ist, der dem Alter nicht entgehen kann, wenn der einen anderen gealtert sieht, dann ist er gequält, entsetzt und ekelt sich [...]. Auch ich, der ich dem Alter unterworfen bin, der ich dem Alter nicht entgehen kann, wenn ich nun einen anderen gealtert sehe und dann gequält bin, entsetzt bin und mich ekle – das würde mir nicht anstehen. Indem ich so nachdachte, schwand mir trotz meiner Jugend das Berauschtsein von meiner Jugend. Ebenso schwand mir beim Nachdenken über Krankheit und Tod trotz meiner Gesundheit, trotz meines Lebendigseins das Berauschtsein von meiner Gesundheit, von meinem Lebendigsein.« (AN III, 48, I 145)

»Wie, wenn ich nun, selber der Geburt unterworfen, der ich das Elend der Geburt erkannt habe, nach dem von Geburt freien, nach dem höchsten, einigen Frieden, nach dem Nirvāṇa suchte? Wenn ich nun, selber dem Altern unterworfen, selber der Krankheit unterworfen, selber dem Sterben unterworfen, selber dem Kummer unterworfen, selber den quälenden Trübungen (saṃkilesa) unterworfen, nach dem von Alter freien, von Krankheit freien, von Kummer freien, von quälenden Trübungen freien, nach dem höchsten einigen Frieden, nach dem Nirvāṇa suchte?« (MN 26, I 163)

Hier wird übrigens deutlich, daß der gesuchte Weg aus dem Leiden, aus Alter, Krankheit und Tod, keineswegs sein konnte, diesen Prozessen, die unmittelbar mit dem Leben verbunden sind, zu entgehen. Auch das hat es natürlich in Indien – wie in anderen Kulturen – gegeben. Zahlreiche magische Praktiken wurden hierzu entwickelt. Und auch bei uns und heute ist der Versuch, Alter, Krankheit und Tod zu entrinnen, ein zentrales Motiv. Siddhārtha ging es vielmehr darum, ein neues Verhältnis zu diesen Prozessen zu entwickeln, das nicht mehr geprägt ist von Abneigung und Abwehr. Als Sammelbegriff für dieses Verhältnis wählt er selber den Begriff *Nirvāṇa* (P. nibbāṇa), übersetzbar etwa mit »Erlöschen«, »Verwehen«, womit, wie die Lehren des Buddha später zeigten, das Erlöschen von Gier, Haß und Verblendung gemeint ist.

»[Da ist mir] dieser Gedanke gekommen: ›Ein Gefängnis ist die Häuslichkeit, ein Schmutzwinkel; der freie Himmelsraum die Pilgerschaft. Nicht wohl geht es, wenn man im Hause bleibt, das völlig geläuterte, völlig geklärte Asketentum Punkt für Punkt zu erfüllen. [...]‹ Und ich zog nach einiger Zeit noch in frischer Blüte, glänzend dunkelhaarig, im Genusse glücklicher Jugend, im ersten Mannesalter, gegen den Wunsch meiner weinenden und klagenden Eltern, mit geschorenem Haar und Barte, mit fahlem Gewande bekleidet, vom Hause fort in die Hauslosigkeit hinaus. Also Pilger geworden, das wahre Gut suchend, nach dem unvergleichlichen höchsten Friedenspfade forschend, begab ich mich zu Aḷāra Kālāma [...]« (MN 36, I 240; K.E. Neumann, S. 267 f)

So beginnt er seine Laufbahn als Asket bei verschiedenen Lehrern. Der erste, Aḷāra Kālāma, lehrt ihn eine Meditationsstufe zu erreichen, die man als das Gebiet des Nichtirgendetwas (ākiñcaññāyatana) bezeichnet. Der nächste Lehrer, Uddaka Rāmaputta, lehrt ihn das Gebiet von Weder-Wahrnehmung-noch-Nichtwahrnehmung (nevasaññā-nāsaññāyatana). Das sind die beiden höchsten erreichbaren Vertiefungen, die mittels Yogaübungen zugänglich sind, aber sie bringen ihn offenbar seinem Ziel, das Leiden zu überwinden, nicht näher: »Und ich fand diese Lehre ungenügend, und unbefriedigt von ihr zog ich fort.« (ebd.) Damit ist sozusagen einer der traditionellen Wege, den das überlieferte System der indischen Religion zu bieten hatte, erschöpft.

1.5 Askese

Siddhārtha zieht weiter und findet schließlich einen schönen Platz an einem Fluß. Hier beginnt er mit der zweiten traditionellen Möglichkeit indischer Religion: mit radikaler Askese. Was hier schon in der ältesten Überlieferung (z.B. MN 36) beschrieben wurde, war für alle Zweige des Buddhismus so wichtig, daß es überall in die Geschichten einbezogen wurde. Die Begründung für diese Askese liefert der Buddha später mit einem Gleichnis. Er vergleicht das Erkennen von Wahrheit mit dem Feuerreiben aus Holz und argumentiert: Aus einem feuchten Holz, das im Wasser liegt, oder aus einem nassen Stück Holz, das an Land geworfen wurde, kann man kein Feuer reiben. Erst wenn Holz völlig trocken und ausgedörrt ist, laßt sich aus ihm Feuer erwecken.

»Ebenso nun auch steht es mit jenen Asketen oder Priestern, die des Körpers, die auch der Wünsche entwöhnt sind, die was bei ihren Wünschen Wunscheswille, Wunschesleim, Wunschestaumel, Wunschesdurst, Wunschesfieber ist, die das innerlich ausgetrieben, ausgeglüht haben: Wenn da jene lieben Asketen und Priester herantretende schmerzliche, brennende, stechende Gefühle erfahren, so sind sie fähig zum Wissen, zur Klarsicht, zur unvergleichlichen Erwachung; und auch wenn jene lieben Asketen und Priester keine herantretenden schmerzlichen, brennenden, stechenden Gefühle erfahren, so sind sie auch dann fähig zum Wissen, zur Klarsicht, zur unvergleichlichen Erwachung.« (MN 36, I 241, K.E. Neumann, S. 271)

Mit dieser Begründung begann Siddhārtha sich völliger Askese hinzugeben: zunächst den eigenen Geist mit Hilfe des Geistes niederzwingend und quälend. Seine Energie und Achtsamkeit wachsen, aber der Körper bleibt ruhelos. Dann beginnt er seinen Atem gewaltsam zu unterdrücken, doch auch hier wieder ohne die angestrebte Ruhe zu erreichen. Alle diese Übungen steigert er bis ins Extrem. Schließlich reduziert er auch noch die Nahrungsaufnahme – erfolglos. Die Übungen werden in den Texten (z.B. MN 36; MN 12, I 68 ff) sehr drastisch beschrieben, und man kann sich durchaus vorstellen, daß die Askese ihn bis an die Grenze des Todes führte. Es hat in Indien Tradition, selbst extremste Askese zu üben: etwa zwischen vier Feuern zu sitzen und in die Sonne (das fünfte Feuer) zu starren, bis die Augen erblinden; die Nahrungs- und Flüssigkeitsaufnahme gänzlich einzustellen, bis der Körper vertrocknet – Beispiele sind bis in die Gegenwart belegt. In den Erzählungen wird beides sichtbar: Stolz darauf, daß es keine Askese gibt, der sich Siddhārtha nicht unterzogen hätte, und zugleich die Gewißheit, daß diese Methode nicht den angestrebten Erfolg bringt.

Über das Ergebnis dieser Bemühungen sagt er selber, er sei völlig abgemagert, eher einem Toten ähnlich gewesen – dies ist auch Thema der buddhistischen Kunst geworden.

»Und indem ich die Bauchdecke befühlen wollte, traf ich auf das Rückgrat. [...] Und ich wollte Kot und Harn entleeren, da fiel ich vornüber hin durch diese äußerst geringe Nahrungsaufnahme. Und um diesen Körper zu stärken, rieb ich mit der Hand die Glieder. Und indem ich also mit der Hand die Glieder rieb, fielen die wurzelfaulen Körperhaare aus durch diese äußerst geringe Nahrungsaufnahme. [...] Da kam mir der Gedanke: ›Was für Asketen oder Priester auch je in der Vergangenheit [...], in der Zukunft [...], in der Gegenwart herangetretene schmerzliche, brennende, bittere Gefühle erfahren: Das ist das höchste, weiter geht es nicht.‹ Und doch erreiche ich durch diese bittere Schmerzensaskese kein überirdisches, reiches Heiltum der Wissensklarheit! Es gibt wohl einen anderen Weg zur Erwachung.« (MN 36, I 246, K. E. Neumann S. 275)

In dieser Situation erinnert er sich daran, daß er in seiner Kindheit einmal einen bestimmten meditativen Zustand erlangt hatte, der so wahrscheinlich jedem Menschen das eine oder andere Mal in seinem Leben begegnet: eine Situation, in der eine innere Stille und ein Gleichgewicht herrschen, in der man die Welt in ihrer Schönheit wahrnimmt, nicht indem all das Schreckliche weggedacht, sondern einfach, indem die Welt für einen so ist, wie sie ist, und in der man bis in den Körper hinein ein unmittelbares Glücksgefühl spürt. Siddhārtha hat das sichere Gefühl, daß hier der Weg zum Erwachen zu suchen sei, und daß er keinen Grund habe, ein solches Glücksgefühl abzulehnen oder zu fürchten.

Und er begreift zugleich, daß er mit seinem geschwächten Körper kaum die Möglichkeit hat, dieses Ziel zu verwirklichen. Also beschließt er, wieder Nahrung zu sich zu nehmen. Nach einigen Berichten (z.B. Nidānakathā) bringt ihm das Mädchen Sujatā (die gut Geborene) in einer goldenen Schale Milchreis als erste Nahrung. Auch hier geschehen wieder Wunder, die andeuten, daß sogar die Natur damit einverstanden ist, daß Siddhārtha aufhört, sich mit seiner Askese zu Tode zu martern. Fünf Gefährten aber, die sich während der gesamten asketischen Bemühungen in seiner Nähe aufgehalten hatten, um die ersten zu sein, die etwas von ihm erfahren konnten, sobald er Erfolg hatte, wandten sich jetzt von ihm ab. Für sie stand fest, daß er den richtigen Weg verlassen hatte und gescheitert war.

Es leuchtet ein, daß der Weg nicht ganz so geradlinig verlaufen sein wird, wie es hier aussieht. Die Widersprüche werden deutlich, wenn man wieder die Teile der Überlieferung heranzieht, die in mythischen Bildern von außernatürlichen Begebenheiten reden. Da wird etwa erzählt (Snp v. 425ff), daß noch während der asketischen Übungen Māra in Erscheinung tritt, ein dem christlichen Teufel wenigstens in manchen Zügen verwandtes »böses« göttliches Wesen. Er lockt Siddhārtha mit einem angenehmen und gleichwohl verdienstvollen Leben. Dieser Gedanke muß ihm selber oft im Kopf herumgegangen sein, während er sich erfolglos mit asketischen Übungen quälte. Und er wird ihn immer mit denselben Argumenten abgelehnt haben: Nur wenn er den Weg der Askese bis zum Ende ginge, würde er herausfinden, was am Ende dieses Weges zu erwarten war.

1.6 Erwachen und Lehrtätigkeit

Nachdem Siddhārtha seinen Körper wieder gekräftigt hat, beginnt er anknüpfend an das Erlebnis von Stille und Glück in seiner Kindheit diesen neuen Weg zu verfolgen. Er setzt sich am Nachmittag an einem Baum nieder und versetzt sich in den Zustand, den er damals kennengelernt hatte. Aufbauend auf diesem Zustand durchläuft er die vier Stufen der Meditation, die er selbst so beschreibt:

»Losgelöst von Sinnlichkeiten, losgelöst von unheilsamen Dingen, erlangte ich die von geistigem Erfassen und Durchdenken begleitete, aus der Abgeschiedenheit gezeugte, freudvolle glückliche erste Vertiefung und verweilte darin. Und das mir in dieser Gestalt entstandene Glücksgefühl war da, ohne meinen Geist völlig zu ergreifen.

Nach der Beruhigung von geistigem Erfassen und Durchdenken [entstand] die innere freudige Stille, die Einswerdung des Geistes, und ich erlangte die von geistigem Erfassen und Durchdenken freie aus der Sammlung gezeugte freudvolle glückliche zweite Vertiefung und verweilte darin. Und das mir in dieser Gestalt entstandene Glücksgefühl war da, ohne meinen Geist völlig zu ergreifen.

Der Freude und der Gierlosigkeit gegenüber gleichmütig verweilte ich, achtsam und klar erkennend, und ein Glück fühlte ich mit dem Körper, von dem die Edlen zu sagen pflegen: ›Der gleichmütig Achtsame verweilt im Glück‹ – so erlangte ich die dritte Vertiefung und verweilte darin. Und das mir in dieser Gestalt entstandene Glücksgefühl war da, ohne meinen Geist völlig zu ergreifen.

Nach Zurücklassen des Glücks und nach Zurücklassen des Leidens, nach dem Untergang von früherem Frohsinn und Trübsinn erlangte ich die von Leiden und von Glück freie, in Gleichmut und Achtsamkeit völlig reine vierte Vertiefung und verweilte darin. Und das mir in dieser Gestalt entstandene Glücksgefühl war da, ohne meinen Geist völlig zu ergreifen.« (MN 36, I 247)

Anschließend beginnt in den Abendstunden der eigentliche Prozeß des Erwachens, der die ganze Nacht über währt – also die Zeit, die sonst dem Schlaf vorbehalten ist. Dies macht um so deutlicher, daß in diesem Erwachen die »normalen« geistigen Prozesse umgekehrt sind. Das Erwachen wird in der Überlieferung (wieder MN 36) in verschiedenen Phasen auf die Nacht verteilt. Danach beginnt sich Siddhārtha in den ersten Stunden an frühere Leben (wörtlich frühere Verweilungen, P. pubbenivāsa) zu erinnern: zunächst an ein Leben, dann an viele Leben, dann an ganze Zeitalter – nach der formelhaften Beschreibung zurück bis in eine anfanglose Ewigkeit. Und er sieht dabei natürlich, ohne daß dies in den Texten ausdrücklich erwähnt würde oder auch erwähnt werden müßte, daß der jeweiligen Existenz ein gesetzmäßiger Zusammenhang mit den vorhergehenden Leben innewohnt. »In der ersten Wache der Nacht ist mir dieses erste Wissen (vijjā) aufgegangen, das Nichtwissen (avijjā) verschwunden, das Wissen entstanden, die Finsternis verschwunden, das Licht (āloka) entstanden, [mir] also, dem unverwirrten, eifrigen, unermüdlich Verweilenden.« (MN 36, I 248)

In der zweiten Nachtwache überschreitet seine Erinnerung die individuellen Grenzen sozusagen »quer«: er wird sich des Geborenwerdens und Sterbens anderer Lebewesen bewußt. Er sieht, wie sie Gutes und Schlechtes tun und erleiden, und er sieht, wie sie ihren Taten entsprechend wiedergeboren werden. Dabei wird, wiederum ohne daß es der ausdrücklichen Erwähnung bedürfte, auch hier deutlich, daß die jeweiligen Lebensumstände in unmittelbarem Zusammenhang mit den gewirkten Werken (karma) stehen. In diesem Zusammenhang kann man sehr schön nachvollziehen, welche Mißverständnisse beim Studium buddhistischer Texte auch an scheinbar ganz einfachen Zusammenhängen möglich sind. Liest man »unvoreingenommen«, daß Siddhārtha sich zunächst an alle seine früheren Leben erinnerte und anschließend sogar das Entstehen und Vergehen von Lebewesen allgemein wahrnahm, dann achtet man in erster Linie auf diese Fähigkeiten, die bei uns als außer- oder übersinnlich qualifiziert würden, um sie dann entweder in die hervorragenden Fähigkeiten außerordentlicher Menschen einzuordnen oder als unbeweisbaren Wunderschnack abzuhaken. Der Überlieferung geht es dabei um etwas anderes. Die Erinnerung an frühere Geburten, die Möglichkeit, in meditativen Zuständen auch den Werdensprozeß anderer Lebewesen wahrzunehmen, galt den Erzählern wie auch den Hörern als nichts Besonderes. Es trieb sie also nicht die Lust auf Sensationelles. Entscheidend ist hier, daß sich in diesen Wahrnehmungen ein wichtiger Zusammenhang zeigte, der Siddhārtha in der dritten Nachtwache bewußt wurde:

»Dies ist das Leiden, erkannte ich, so wie es ist, dies ist die Leidensentstehung, erkannte ich, so wie es ist, die ist die Leidensauflösung, erkannte ich, so wie es ist, dies ist der zur Leidensauflösung führende Weg, erkannte ich, so wie es ist.« (MN 36, I 249)

Hier ist in knappster Form ausgedrückt, was den Inhalt des Erwachens ausmacht, und es ist auch klar formuliert, daß der jetzt Erwachte (buddha) das gefunden hat, weswegen er einst »aus dem Hause in die Hauslosigkeit« gezogen war: den Weg zur Auflösung des Leidens, das ist zur Auflösung von Geburt, Alter, Krankheit und Tod. Die Ausgestaltung und Erläuterung dieser unter der Bezeichnung »die vier edlen Wahrheiten« bekannt gewordenen Einsichten bildet einen wesentlichen Teil der buddhistischen Lehre.

Auch dieser Prozeß des Erwachens ist nach der Überlieferung keineswegs glatt und gerade verlaufen. Wieder bedient sie sich der Person des Māra. In dramatischen Szenen, die immer weiter ausgeschmückt wurden (Snp v. 441 und Kommentar; SN IV, I 104 ff; Nidānakathā), wird berichtet, wie Māra mit allen Mitteln versucht, das Erwachen des Siddhārtha zu verhindern.

Māra verspricht ihm Macht und Genuß – ohne Erfolg. Als Māra schon jede Hoffnung aufgeben will, treten seine drei Töchter, Taṇhā (Durst), Arati (Lustlosigkeit) und Rāgā (Sinnliches Verlangen), auf den Plan und versprechen, Siddhārtha zu betören. Sie nehmen jede denkbare Frauengestalt an, aber wieder ohne Erfolg. Der Buddha sagt dazu später:

»Gesehen hab ich Taṇhā, Arati und Rāgā,
Doch nicht kam dabei Wunsch mir nach Begattung.
Wie sollt' ich da dies Harn- und Kot-Gefüllte
Auch mit dem Fuß nur zu berühren wünschen!«(Snp v. 835, Ü. Nyānaponika)

Auf die Sinnen- und sicher auch Frauenfeindlichkeit, die diesem Text innewohnt, und die im Buddhismus wie in vielen asketischen Religionen keine Ausnahme ist, wird an anderer Stelle noch zurückzukommen sein.

Schließlich rückt Māra mit allen seinen Heeren an, ein Motiv, das sich für phantasievolle Ausgestaltungen denkbar gut eignete. Māra läßt ein Heer aufmarschieren, das sich bis zu den Grenzgebirgen der Welt erstreckt. Er selbst besteigt einen Königselefanten und bildet tausend Arme aus, in denen er die mannigfachsten Waffen trägt. Dann läßt er Regen von Steinen, von glühenden Kohlen, von Schwertern und anderen Waffen auf Siddhārtha niedergehen, aber alles verwandelt sich in Blüten und regnet als Blüten herab. Schließlich versucht Māra selbst Siddhārtha mit dem Elefanten zu vertreiben, aber dieser bleibt in Meditation vertieft sitzen. Dann stürmen die Heere gegen Siddhārtha an, auch sie können nichts ausrichten. Am Ende kniet sogar Māras Elefant vor Siddhārtha nieder.

Interessant an dieser Geschichte ist, daß nach der Überlieferung (Sn v. 436 ff) Buddha selbst die »psychologische Interpretation« der Angriffe Māras übernimmt und keinen Zweifel daran läßt, daß die Gefahr nicht von außen, sondern von innen droht: Sinnlichkeiten, Unlust, Hunger und Durst, Durst, Starrheit und Müdigkeit, Furchtsamkeit, Zweifel, Heuchelei und Trug, das sind die Heere, die Māra ins Feld führen kann. Und schließlich als letztes: sich selber rühmen und andere verachten. Es fallen also noch einmal alle Eigenschaften, die in anderen Zusammenhängen auch als die Hemmnisse bekannt sind, die das Erwachen verhindern, über Siddhārtha geradezu her. Daß sich genau diese Eigenschaften dann in Blumen verwandeln, die auf ihn niederregnen, daß also die Fesseln ihren Charakter völlig verändern können, ist ein Detail, welches erst in einer viel späteren Phase des Buddhismus, im Lehrsystem der Tantras, Beachtung fand.

Im Anschluß an das Erwachen verharrt der Buddha nach manchen Berichten noch einige Wochen in Meditation und durchdenkt dabei die gesamte Lehre, die er später verkündet. Nach der wahrscheinlich ältesten Überlieferung überfallen ihn am Tag nach dem Erwachen Zweifel, ob er überhaupt versuchen soll, die von ihm entdeckten Wahrheiten zu verkünden. Er glaubt nicht, daß sich für seine Lehre überhaupt jemand interessiert. Schließlich handelt es sich nicht um ein einfaches Rezept, sondern um eine Lehre, die ihren Anhängern einiges abverlangt. »Entdeckt habe ich diese tiefe Lehre, die schwer zu durchschauende, schwer zu begreifende, stille, erhabene, durch bloßes Nachdenken unzugängliche, feine, von Weisen nachvollziehbare. An Bequemlichkeit und Ruhe ist dieses Geschlecht hingegeben und erfreut.« (MN 26, I 167)

Auch hier tritt wieder eine überweltliche Macht in Erscheinung, diesmal der Herr der Götter Brahmā Sahaṃpati, der herbeikommt, an das Mitgefühl des Buddha für die Menschen appelliert und ihn bittet, seine Lehre nicht für sich zu behalten. Der Buddha läßt sich überzeugen, ein Motiv, das in der Entwicklung des Buddhismus eine bedeutsame Rolle gespielt hat: sich nicht mit dem eigenen Heil, der eigenen Einsicht zufriedenzugeben, sondern aus Mitgefühl mit anderen deren Heil genauso im Auge zu haben wie das eigene.

In seiner ersten Lehrrede, der sogenannten »Predigt von Benares« (SN LVI, 11, V 420 f.), legt der Buddha seine Einsichten den fünf Begleitern dar, die ihn zuvor verlassen hatten. Ihre anfänglichen Bedenken schmelzen dahin, und sie werden seine ersten Anhänger. Anschließend zieht er mehr als vier Jahrzehnte durch Nordindien, wobei er seine Lehre unter immer neuen Gesichtspunkten und mit immer neuen vielfältigen Gleichnissen darlegt: die Lehre vom Leiden, von der Leidensentstehung, von der Leidensaufhebung und dem zur Leidensaufhebung führenden Weg. Er betrachtet sich selbst nie als einen Verkünder von Wahrheiten, sondern eher als einen Arzt, der es sich zur Aufgabe gemacht hat, anderen Menschen bei der Überwindung ihrer Krankheiten zu helfen. Immer lehnt er es ab, Fragen nach solchen »Wahrheiten« zu beantworten – was freilich nie verhindert, daß solche Fragen gestellt werden. Im Alter von 80 Jahren stirbt er schließlich im Kreise seiner Anhänger nach letzten Unterweisungen und nachdem er ein letztes Mal die verschiedenen Stufen der von ihm gelehrten Meditation durchlaufen hat.

2. Methode und Ziel des Erkennens

2.1 Wer erkennt was?

Redet man in philosophischen Zusammenhängen von Methoden des Erkennens, ist man versucht, den Begriff »Erkenntnistheorie« zu verwenden. Auf dieser Ebene ergäben sich dann eine ganze Anzahl von Fragestellungen: Sind wir überhaupt in der Lage, mit Hilfe unserer Sinneswahrnehmungen und deren rationaler Verarbeitung zur Erkenntnis von Wirklichkeit zu gelangen? Gibt es eine vom Subjekt des Erkennens unabhängige Wirklichkeit? Mit welchen Methoden müssen wir unsere Wahrnehmungen verarbeiten, um allgemeingültige Aussagen zu gewinnen?

Dies alles sind gültige und sinnvolle Fragen an eine Erkenntnistheorie. Gleichwohl hat sich bis auf den heutigen Tag ein Ideal des Erkennens halten können, nach dem ich die »Welt« genau dann am wirklichkeitsgetreuesten – beliebt ist in diesem Zusammenhang das Wort »objektiv« – wahrnehme, wenn ich den für mich zentralen und im eigentlichen Sinne auch wichtigsten Teil der Welt von dieser abtrenne: mich selbst. Dies ist schon als Ideal fragwürdig. Es ist eine seltsame Methode der Weltsicht, die an ihrem Ursprungsort zunächst einmal ein Vakuum setzen will – praktisch umsetzbar ist das nicht. Handelte es sich um die existentiellen Fragestellungen einer Philosophie, die sich vom gelebten Leben nicht gelöst hat, wäre eine derartiges Vorgehen geradezu verhängnisvoll: Es würde gerade auf den unmittelbar gegebenen Teil der Welt verzichten, um dann über den Rest zu spekulieren.

Die schon in den Anfängen des Buddhismus gelehrte und stark formalisierte Methode der Erkenntnis geht einen anderen Weg. Sie fordert direkt dazu auf, bei der Erkenntnis mit dem nächstliegenden Teil der Welt zu beginnen, bei den eigenen grundlegenden Lebensprozessen, ohne sich in diesem Teil der Welt fest einzurichten, alles andere auszuklammern und sich auf diese Weise ein Gefängnis zu bauen. Die hier vorgestellte Vorgehensweise tritt konsequent auch mit dem Anspruch auf, daß sie ein geradliniger und effektiver Weg zur Befreiung sei:

»Dies ist der eine gerade Weg, der zur Reinigung der Lebewesen führt, zur Überwindung von Kummer und Jammer, zum Untergang von Leiden und Gram, zur Gewinnung des Richtigen, zur Verwirklichung von *nibbāna*: die vierfache Aufrichtung der Achtsamkeit.« (DN 22, II 290)

Diese Lehre, daß man zu Beginn aller Erkenntnis versuchen müsse, die eigenen Lebensprozesse zu beobachten, nicht die umgebende Welt, sondern zunächst die Welt in einem selbst, ist in einem gewissen Umfang die Reaktion auf eine Philosophie, die in Indien zu diesem Zeitpunkt zumindest bei denjenigen vorherrschend war, die sich ähnlich wie die buddhistischen Asketen auf den Weg zur Befreiung vom Elend der Welt gemacht hatten. Diese Philosophie geht davon aus, daß jeder Mensch in sich eine unzerstörbare Seele habe, das Selbst (ātman), und daß dieses Selbst identisch mit der Weltseele (brahman) sei. Befreiung besteht nach dieser Anschauung darin, die Identität von Ātman und Brahman erkennend zu erleben – Ähnliches findet sich etwa auch in der christlichen Mystik in der Idee einer Vereinigung von Seele und Gott.

Dieses Selbst ist zugleich das Subjekt aller Erkenntnis, die es mittels der Sinnesorgane und Vernunft gewinnt. Sobald ich nun versuche, diesen Kern der eigenen Persönlichkeit zu bestimmen, kann ich feststellen, daß diesem Kern alles zum Objekt wird. Ich kann nicht nur Bestandteile der Welt, die mich umgibt, erkennen, sondern auch Bestandteile meiner selbst: meine Hand, meinen Kopf, meinen Körper, meine Gefühle, meine Stimmungen, meine Gedanken, meine Pläne und Willensregungen. Dadurch reduziert sich das erkennende Subjekt, dieses Selbst, dieser Ātman, immer weiter. Alles, von dem ich überhaupt reden kann, alles, was ich denken kann, setzt ja immer voraus, daß ich es bin, der denkt, und daß das Gedachte selber nicht zu mir gehört. So wird dieses »Ich« immer kleiner. Es schrumpft bis zu einem Punkt zusammen, den es am Ende gar nicht gibt. Der Vorstellung des sich selbst betrachtenden Subjektes wohnen zu viele Widersprüche inne, als daß sie als Lösung gelten könnte. In der indischen Philosophie wird das in paradoxen Fragen ausgesprochen: Kann ein Auge sich selbst sehen? ein Feuer sich selbst verbrennen? ein Licht sich selbst beleuchten?

Die andere Seite des Erkennens ist die Weltseele, das Brahman, das, worüber gar nichts gesagt werden kann. Wenn dieses Brahman die Weltseele ist, die jeder Beschreibung, jeder sprachlichen Formulierung und damit auch jedem Denken unzugänglich ist, dann sind damit offensichtlich nicht diese konkreten Menschen hier, diese Tiere, diese Erde oder dieses Universum gemeint. Und in dem Moment, wo ich nun sage, dieser Ātman auf der einen Seite und dieses Brahman auf der anderen Seite seien identisch und die »eigentliche« Wirklichkeit, die absolute Wahrheit, dann wird alles andere zum Schein, zu einem Trugbild (māyā). Damit wird aber der Abstand zwischen diesem Punkt in der Mitte, der »Ich« sein soll, und dem Brahman immer größer, und zwischen diesen beiden ist ein Vakuum. Dieses Vakuum ist wohlgemerkt die Welt, in der wir leben. Sie wird zu einem Gebiet, das recht eigentlich nicht existiert, zu einem Territorium, das nicht kartographiert ist und das zu kartographieren sich auch kaum lohnt.

Diese Auffassung hat natürlich auch eine bestimmte Methode zur Folge, mit der sich das Brahman »erkennen« läßt. Sobald es gelingt, den Blick so nach innen zu richten, daß er durch keinerlei Wahrnehmung von empirischer Außen- oder Innenwelt mehr getrübt ist, dann erkennt der Ātman als das erkennende Subjekt sich selbst als das erkannte Objekt, die Spaltung in Subjekt und Objekt löst sich auf, und dieser sich seiner selbst gewahr werdende Ātman ist identisch mit Brahman, das sich seiner selbst gewahr wird. Dies gilt als das höchste Ziel des Yoga. Die empirische Wirklichkeit tritt in dieser Vorstellung nur noch als Illusion auf.

Das ist grob skizziert die Vorstellung, die in der Philosophie zu Buddhas Zeit in Indien vorherrschte. Der Buddha hatte derartiges schon vor seinem Erwachen bei verschiedenen Lehrern kennengelernt und war zu dem Schluß gekommen, daß dies nicht der von ihm gesuchte Weg sei. Einer der möglichen Kritikpunkte wurde schon angedeutet: Bei dieser Betrachtungsweise schrumpft die Wirklichkeit auf einen Punkt zusammen, der so recht eigentlich nicht zu fassen ist, und der im Grunde auch keine Bedeutung mehr hat. Daher mag rühren, daß sich der Buddha immer geweigert hat, zu sogenannten »letzten« Fragen, wie etwa der nach der Seiend-heit (astitvā) des Selbst, Stellung zu nehmen. Schwerer wog allerdings, daß die Beurteilung der empirischen Wirklichkeit als bloße Illusion immer die Gefahr birgt, diese Wirklichkeit zu entwerten – eine Gefahr übrigens, mit der auch der Buddhismus im Laufe seiner Entwicklung zu kämpfen hatte.

Diese Gefahr bestand in zweierlei Hinsicht. Zum einen sind das Leiden, die Ursachen des Leidens, seine Auflösung und der zu dieser Auflösung führende Weg in dieser empirischen Wirklichkeit angesiedelt, hier sind also nicht nur die Fesseln, sondern auch die Mittel zur Befreiung zu finden. Zum anderen – und das betrifft besonders den zur Leidensauflösung führenden Weg – liefert der Buddhismus eine praktische Ethik, die sich nur in der empirischen Wirklichkeit entfalten kann. Eine Geringschätzung dieser Wirklichkeit würde dieser Ethik den Boden entziehen. Dies wurde so auch immer und überall im Buddhismus gesehen. Selbst diejenigen philosophischen Schulen, die der empirischen Wirklichkeit nur einen minderen »Seins«-Status zugestanden, haben immer darauf hingewiesen, daß es in der Alternative »die empirische Wirklichkeit ist« – »die empirische Wirklichkeit ist nicht« nur eine richtige Entscheidung gibt: die für diese empirische Wirklichkeit. Und dies ausschließlich mit der pragmatischen Begründung, daß in dieser empirischen Wirklichkeit die Befreiung angesiedelt ist.

Auch im Buddhismus hat Erkenntnis den Blick »nach innen« zur Voraussetzung. Er wird aber nicht auf jenen imaginären Punkt des »Selbst« gerichtet, sondern genau auf die empirische Wirklichkeit, die in der oben skizzierten Anschauung zur Täuschung erklärt wurde. Da es zwischen Innen und Außen keine wesentlichen Differenzen gibt – alles, was in mir selbst vorkommt, gibt es auch außerhalb –, kann es auch keine wesentliche Differenz zwischen Selbsterkenntnis und Welterkenntnis geben.

Diese Anschauung löst sich von der Fiktion, daß richtige Erkenntnis »objektive« Erkenntnis sei, also unabhängig davon, daß es ein konkreter Mensch ist, der diese Erkenntnis hat. Wenn ich – wie es etwa in unserem naturwissenschaftlichen Denken der Fall ist – meine, ich könne die Welt angefangen bei den kleinsten Teilchen bis hin zum Universum, dann am besten beschreiben, wenn ich mich selber, in dessen Geist sich diese ganze Erkenntnis abspielt, aus dieser Welt herausnehme, dann mag ich das Gefühl haben, die Wirklichkeit zu erkennen.

Für die buddhistische Erkenntnismethode beginnt Erkenntnis mit dem Bereich, der für den Erkennenden unmittelbar gegeben ist, mit dem Erkennenden selbst in seiner körperlichen und psychischen Existenz. Sie ist also zunächst und vor allem eine Methode, das Hinsehen zu üben, das Wahrnehmen, das Achtsamsein. Diese Methode soll hier recht ausführlich dargestellt werden, da an ihr deutlich wird, daß hier tatsächlich in erster Linie die Vorgehensweise gelehrt wird, weniger die Ergebnisse, zu denen sie führt, und schon gar nicht letztgültige Wahrheiten, die völlig unabhängig von der angewandten Methode wären.

2.2 Errichtung der Achtsamkeit

Die Bezeichnung für diese Methode, *smṛtyupasthāna* (P. satipaṭṭhāna), habe ich mit »Errichtung der Achtsamkeit« übersetzt. Die Wiedergabe von *smṛti* (P. sati) durch »Achtsamkeit« läßt leider wichtige Dimensionen außer acht. Zunächst bedeutet *smṛti* Erinnerung, von daher auch Überlieferung, und da beides, Erinnerung und Überlieferung, als gültige Mittel eines Zugangs zur Wirklichkeit gelten, bezeichnet *smṛti* einen derartigen Zugang. Der Begriff *smṛti* deutet aber auch darauf hin, daß jemand mit dieser Methode nichts grundsätzlich Neues erfährt, sondern etwas, dessen er oder sie sich lediglich erinnern muß, was im Grunde schon immer bekannt war. Man »erinnert sich« seiner selbst und der Welt. Die generelle Charakterisierung lautet:

> »Beim Körper (kāya) – bei den Gefühlen (vedanā), beim Geist (citta), bei den Gegebenheiten (dharma, P. dhamma) – verweilt er den Körper – die Gefühle, den Geist, die Gegebenheiten – betrachtend, mit brennendem Eifer, klar erkennend, voller Achtsamkeit, nachdem er in der Welt Verlangen und Mißmut beiseite geschoben hat.« (DN 22, II 290)

Es geht also zunächst darum, einfach genau zu beobachten. Als zentrale Voraussetzung gilt hierbei, zuvor Verlangen und Mißmut beiseite zu schieben, also zu versuchen, sich bestimmter Emotionen zu enthalten.

Nicht aller Emotionen übrigens: die Rede ist lediglich von Mißmut, einer Stimmung, die in mißachtender, abschätziger Betrachtung münden und so den Blick verstellen würde, und Verlangen, welches dazu führen würde, daß die Wahrnehmung an einzelnen Gegebenheiten haften bliebe und damit Teile der wahrzunehmenden Wirklichkeit aussparte.

Diese Art des Hinsehens, die zunächst durchaus vielversprechend wirkt, ist nun offenbar etwas, was nicht nur für uns, sondern auch für die Menschen zur Zeit des Buddha nicht gewohnheitsmäßig oder von Natur aus gegeben ist. Sie bedarf der Übung, sogar regelrecht der Einübung. Die Lehrrede (sutta, Ssk. sūtra), aus der die schon angeführten Zitate stammen (DN 22), ist denn auch ein Text, der im wesentlichen diese Methode lehren will. Wie die Welt (innen und außen) mit dieser Methode betrachtet aussieht, läßt der Text weitgehend offen. In der folgenden Darstellung mache ich hierzu trotzdem einige Angaben, die als subjektive Hinweise verstanden werden mögen. Sie sollen eine Möglichkeit deutlich machen, wie der Erkenntnisweg dieser Übungen aussehen könnte. Ich gehe dabei von beiden Modellen aus: von dem »indischen« mit einem auf ein Fast-Nichts reduzierten Selbst und einem jenseits aller empirischen Wirklichkeit liegenden Brahman, sowie vom »modernen abendländischen«, das ins Zentrum der objektiven Erkenntnis gleich einen leeren Raum setzt.

2.3 Der Atem

Geübt werden kann zunächst »im Sitzen«, in einer ruhigen, ungestörten Situation, wo sozusagen der zu beobachtende Bereich wenigstens einigermaßen ruhig und eingeschränkt ist. Später wird dann das Üben auf alltägliche Situationen ausgedehnt, mit dem Ziel, daß es am Ende das gesamte Leben umfaßt, und bis die Übung, die noch der Anstrengung bedarf, zum klar bewußten Normalverhalten geworden ist. Am Anfang steht die systematische Beobachtung dessen, was unmittelbar gegeben ist, und das ist zunächst der Übende selbst in seinem körperlichen Hiersein. So wie er dasitzt, wie er sich bewegt, wie er redet, sich bewegt, blickt, seine Körperhaltung, wie er Nahrung aufnimmt und wieder ausscheidet, so wie er körperlich da ist. Und in diesem ganzen Spektrum fängt die Beobachtung bei einer der grundlegendsten Tätigkeiten an, die so lange währt wie das Leben selbst, beim Atem.

»Achtsam (sato) atmet er ein, achtsam atmet er aus. Lang einatmend erkennt er ›Ich atme lang ein‹; lang ausatmend erkennt er ›ich atme lang aus‹. Kurz einatmend erkennt er ›ich atme kurz ein‹, kurz ausatmend erkennt er ›ich atme kurz aus‹. ›Den ganzen Körper empfindend will ich einatmen‹, so übt er, ›den ganzen Körper empfindend will ich ausatmen‹, so übt er. ›Das körperliche Handeln (kāyasaṅkhāra, Ssk. kāyasaṃskāra) beruhigend will ich einatmen‹, so übt er, ›das körperliche Handeln beruhigend will ich ausatmen‹, so übt er.« (DN 22, II 291)

Ich kann aufhören zu reden, ich kann aufhören zu essen, ich kann fast jedes Verhalten, jede Tätigkeit vorübergehend einstellen, nur das Atmen nicht. Und dieses Atmen ist nicht etwas, was mit mir geschieht, sondern was ich tue. Es ist die ursprünglichste körperliche Handlung. In dem Moment, wo ich es beobachte, ohne mich durch andere Dinge oder Gedanken abzulenken, beginnt sich zwischen dem Ich-Beobachter und dem Ich-Bin jene Lücke zu schließen, die der Theorie von dem Subjekt, dem alles zum Objekt wird, innewohnt. Es gibt nur noch das »Ich atme« und das ist, was ist. Es ist nicht ein Ich vorhanden, und ein diesem Ich zuzuordnender Atem, sondern der Prozeß: ich atme (im Sanskrit und Pāli wird wie im Latein das Personalpronomen weggelassen, was es etwas einfacher macht, »ich atme« ohne ein Subjekt als einen Prozeß zu denken). In dem Moment, wo ich dies beobachte, kann ich den Blick als Atmender nach draußen richten.

Da sind dann andere Menschen, die atmen gleichfalls, wir atmen dieselbe Luft, und die Luft, die ich einatme, haben schon zahlreiche Menschen vor mir ein- und wieder ausgeatmet. Erweitere ich das noch um unsere naturwissenschaftlichen Kenntnisse, dann weiß ich obendrein, daß der Sauerstoff, den ich der Luft entnehme, vorher von Pflanzen aus dem Kohlendioxid gebildet wurde, das ich zusammen mit Menschen und Tieren produziert habe. Dies läßt sich um den gesamten Energiestoffwechsel erweitern. Es gibt also ein »Wir atmen«; wenn ich dann wieder zurückgehe zu mir als einzelnem, als einem Zentrum dieses Beobachtens, dann kann ich beobachten, wie die Welt um mich herum ausatmet, wenn ich einatme, und umgekehrt. Die Welt atmet genauso wie ich atme, in demselben Rhythmus, in derselben Intensität. So beobachtet man den Atem innen und außen, und stellt fest: Der Atem ist da. Und dieser beobachtete Atem war natürlich schon immer da. Ich erinnere mich also an etwas, was schon immer war, was ich auch schon immer wußte, ohne daß es mir bewußt war (dies wird auch durch die Formulierung »Rückerinnerung«, *paṭissati*, deutlich).

»So verweilt er innen beim Körper den Körper betrachtend, außen beim Körper den Körper betrachtend, innen und außen beim Körper den Körper betrachtend. Er betrachtet beim Körper den Prozeß (dhamma, Ssk. dharma) des Entstehens, er betrachtet beim Körper den Prozeß des Vergehens, er betrachtet beim Körper den Prozeß des Entstehens und Vergehens. ›Der Körper ist da‹ ist ihm die Achtsamkeit aufgerichtet, soweit sie dem Wissen (ñāna, Ssk. jñāna) dient, zur Rückerinnerung (paṭissati, Ssk. pratismṛti) dient. Nicht angelehnt (anissita, Ssk. aniśrita) verweilt er und an nichts in der Welt ist er angehangen.« (DN 22, II 292)

Hier sind zwei Grundsätze hervorzuheben, die die ganze Lehre des Erkennens wie ein roter Faden durchziehen. Die achtsame Betrachtung beginnt »innen« (ajjhatta, adhyātman), auf einen selbst bezogen, und geht dann »außen« weiter (bahiddhā, bahirdhā). Die Betrachtung »innen« ist dabei immer relativ eindeutig: Hier ist das gemeint, was ich spontan mir selbst zurechnen würde. Die Betrachtung »außen« ist weniger eindeutig, sie kann es auch nicht sein. Sie kann das ganze Außen meinen, also die Welt minus den Betrachter, sie kann den Betrachter von außen gesehen meinen und sie kann Teile oder Aspekte der Welt erfassen. Beide Sichtweisen werden in der Betrachtung »innen und außen« zusammengefaßt, wobei das Pāli und Sanskrit mit der Formulierung »innen-außen« die Möglichkeit haben, die Einheit dieser beiden auch sprachlich auszudrücken. Die Differenz und die Spaltung zwischen innen und außen ist aufgehoben, die Betrachtung mündet in eine ganzheitliche Erfahrung.

Der zweite Punkt ist die Betrachtungsweise. Es werden nicht in erster Linie »Dinge« betrachtet, Entitäten irgend einer Art, sondern es wird das Entstehen, das Vergehen, das Entstehen und Vergehen beobachtet, wobei auch hier wieder die Originalsprachen mit der Formulierung »Entstehen-Vergehen« die Möglichkeit haben, beides als einen Prozeß zu beschreiben. Schon die Betrachtungsweise zielt also darauf, den prozessualen Charakter des Betrachteten zu erkennen. Wenn dann am Ende die Formulierung steht »der Körper ist da«, dann ist das keine ontologische Setzung, sondern das Fazit aus der achtsamen Betrachtung. Der Körper ist da in seiner ganzheitlichen Einbettung in die Welt, ohne dabei in einem mystifizierten Alles zu verschwinden, und der Körper ist da in seinem unaufhörlichen Prozeß des Entstehens und Vergehens. Von daher ist es kein Zufall, daß die Betrachtung mit dem Atem beginnt, hier ist die Einbettung in die Welt besonders deutlich sichtbar. Auch der prozessuale Charakter ist unmittelbar einsichtig. Der Atem ist nie ein Ding, sondern immer ein Prozeß, der in ununterbrochenem Vergehen und Entstehen begriffen ist.

2.4 Körperliche Prozesse

Nach dem Atem wird die Achtsamkeit auf andere Handlungen des Körpers ausgedehnt. Ziel ist, bei allen körperlichen Tätigkeiten klar bewußt zu sein: »Gehend erkennt er klar ›ich gehe‹«. Dies gilt für alle möglichen Prozesse: gehen, sitzen, stehen, liegen, aufrichten, beugen, hinsehen, wegsehen. Auch hier wird in der Beobachtung keine Trennung in einen Beobachter und ein Beobachtetes vollzogen – auch wenn wir diese Unterscheidung in der Sprache immer wieder machen. Es geht darum, den Punkt zu erreichen, der in den Texten charakterisiert wird mit »der Körper ist da«, nicht in einem ontologischen Sinne, sondern in einem existentiellen: »hier bin ich /mein Körper.« Auch hier gilt wieder die Achtsamkeit innen und außen. Auf der externen körperlichen Ebene wird unmittelbar sichtbar, daß zwischen allem Körperlichen ein lückenloser Kontakt besteht: Der Stuhl etwa, auf dem ich sitze, steht hier auf dem Boden, der Boden breitet sich aus in diesem Haus, daneben stehen auf demselben Grund andere Häuser. Das läßt sich fortsetzen bis dahin, daß die ganze Erde ein »Gegenstand« ist, der aus vielen kleineren »Gegenständen« zusammengesetzt ist, die alle untereinander in mehr oder weniger direktem körperlichen Kontakt stehen.

Die Einbeziehung der Sinneswahrnehmungen (im Text angedeutet mit hinsehen und wegsehen) macht deutlich, daß die Körperbetrachtung sich nicht auf den Körper als Objekt richtet, sondern daß sie den Körper als eine Seite des Lebensprozesses betrachtet. Die Sinneswahrnehmungen stellen eine Verbindung zwischen dem »Innen« und dem »Außen« her, machen die Grenzen zwischen diesen beiden Bereichen durchlässig.

Auch komplexere körperliche Vorgänge werden in die Achtsamkeit einbezogen. In den klassischen Texten wird dies für den buddhistischen Mönch (bhikkhu, Ssk. bhikṣu) formuliert: Er ist klar bewußt beim Tragen seines Mönchsgewandes und seiner Bettelschale, bei seinem morgendlichen Bettelgang, bei dem er seine Nahrung erhält, bei seiner Rückkehr – kurz bei seinem alltäglichen Leben. Besonders für den Mönch, der seine Ernährung der Tatsache verdankt, daß jemand bereit ist, ihm Nahrung zu geben, muß dies auch sein Verhältnis zu anderen Menschen entscheidend bestimmt haben. Nicht nur, daß in dieser alltäglichen Situation die für »weltliche Menschen« üblichen Kastenschranken nicht mehr gelten (normalerweise würde niemand Nahrung annehmen, die ein Angehöriger einer niedrigeren Kaste angefaßt hat), es wird dabei auch die eigene Abhängigkeit von anderen Menschen deutlich, die zu übersehen wir zumindest in unserer Kultur uns große Mühe geben.

Weiter wird die Achtsamkeit ausgedehnt auf die Aufnahme von Nahrung, auf Essen, Trinken, Kauen, Schmecken, ebenso auch auf das Ausscheiden. Auch hier wird der Zusammenhang des Lebendigen deutlich. Gerade wenn wieder unsere naturwissenschaftlichen Erkenntnisse mit einbezogen werden, wird deutlich, daß alle Stoffwechselprozesse vielfältig vernetzt sind. Die Nahrung der einen Organismen wird von den Ausscheidungen oder sogar von den Körpern der anderen Organismen gebildet, und nach dem Tod geht der gesamte Organismus wieder in den allgemeinen Stoffwechsel ein. Dies wird auch sinnlich erfahrbar, wenn, wie teilweise im damaligen Indien, die Leichen auf den Leichenstätten hingelegt werden und dort von Vögeln und anderen Tieren gefressen werden.

Die Achtsamkeit erstreckt sich schließlich auf alle körperlichen Prozesse, auf Einschlafen und Aufwachen – in späteren Phasen des buddhistischen Yoga wird auch das Träumen einbezogen – auf Sprechen und Schweigen. Der nächste körperliche Bereich, auf den sich die Achtsamkeit richtet, ist die Zusammensetzung des Körpers. Sie verläßt die Oberfläche und richtet sich auf den Aufbau des Körpers aus Knochen,

Fleisch, Sehnen, Blut – je nach den individuellen und kulturellen anatomischen Kenntnissen und Vorstellungen kann das durchaus verschieden ausfallen. Aus diesem Teil der Errichtung von Achtsamkeit wurde später ein Mittel, um Ekel gegenüber dem Körper zu entwickeln. Mit den ursprünglichen Anweisungen ist dies nicht zu vereinbaren: Hier ist immer noch die Rede von »ohne Verlangen oder Mißmut«.

Schließlich wird der Körper »so, wie er da ist, danach untersucht, wie er aus den elementaren Kräften (dhātu) aufgebaut ist«. Es ist üblich, *dhātu* in diesem Zusammenhang mit »Element« wiederzugeben, bestärkt dadurch, daß hier die vier auch im Abendland gebräuchlichen Elemente Erde, Wasser, Feuer, Wind genannt werden. Trotzdem ist diese Übersetzung problematisch. Gemeint ist in den buddhistischen Texten nicht in erster Linie etwas Materielles, sondern Prinzipien wie Festigkeit (Erde), Wärme und Reifung (Feuer), Fließendheit (Wasser) und Leichtigkeit/Beweglichkeit (Luft). Jedes dieser Elemente stiftet eine Gemeinsamkeit zwischen Innen und Außen: materiell in den schon beschriebenen Stoffwechselzusammenhängen, als elementare Kräfte in einem gemeinsamen Prozeß »Leben«, der nicht auf ein Individuum beschränkbar ist.

Die letzte Körperbetrachtung richtet sich auf die Vergänglichkeit des Körpers. Hierzu vergegenwärtigt man sich fremde und den eigenen Körper in verschiedenen Verwesungszuständen – für indische Verhältnisse nichts Ungewöhnliches, da auf den Leichenstätten tatsächlich diese verschiedenen Stadien beobachtbar sind. Auch dies dient zunächst nicht der Entwicklung von Körperfeindlichkeit, sondern dazu, sich der Tatsache bewußt zu werden, daß das eigene Leben unausweichlich zum Tod hinführt. Wieder ist damit nicht ein abstraktes Wissen gemeint, sondern das existentielle Bewußt-Sein. »Auch dieser [mein] Körper ist von dieser Art (evaṃdhammo), befindet sich in diesem Prozeß des Werdens (evaṃbhāvi), kann dem nicht entgehen.« (DN 22, II 297)

2.5 Gefühle

Der zweite Bereich, auf den die Achtsamkeit gerichtet wird, ist der Bereich der Gefühle (vedanā). Nach buddhistischer Psychologie entstehen

Gefühle stets in Zusammenhang mit der Wahrnehmung, wobei allerdings zu den bei uns üblichen fünf Sinnen immer noch als sechster das Denken (manas) hinzugefügt wird, sowohl als Organ der Integration der fünf übrigen Sinne als auch als Ort der Wahrnehmung von Gegebenheiten, die nicht über die Sinnesorgane wahrgenommen werden – wir würden hier eher davon reden, daß einem ein Gedanke in den Kopf komme. Wahrnehmungen (saññā, Ssk. saṃjñā) gelten nicht als gefühlsneutrale, sondern immer als mit Gefühlen verbundene Prozesse.

»Ein glückhaftes (sukha) Gefühl fühlend ist er sich klar bewußt ›ich fühle ein glückhaftes Gefühl‹; ein unglückhaftes (dukkha, Ssk. duḥkha) Gefühl fühlend ist er sich klar bewußt ›ich fühle ein unglückhaftes Gefühl‹; ein weder glückhaftes noch unglückhaftes Gefühl fühlend ist er sich klar bewußt ›ich fühle ein weder glückhaftes noch unglückhaftes Gefühl.« (DN 22, II 298)

Es wird beobachtet, ob das angenehme oder unangenehme oder indifferente Gefühl einen konkreten Inhalt hat, sich auf etwas Konkretes richtet (sāmisa, Ssk. sāmiṣa, wörtlich: mit Fleisch) oder nicht (nirāmisa). Es sei nur am Rande darauf hingewiesen, daß auch das weder glückhafte noch unglückhafte Gefühl hier mit berücksichtigt wird. Dies deutet darauf hin, daß die buddhistische Psychologie gefühlsmäßige Indifferenz durchaus richtig interpretierte als ein eigenständiges Gefühl.

»So verweilt er innen bei den Gefühlen die Gefühle betrachtend, außen bei den Gefühlen die Gefühle betrachtend, innen und außen bei den Gefühlen die Gefühle betrachtend. Er betrachtet bei den Gefühlen den Prozeß des Entstehens, er betrachtet bei den Gefühlen den Prozeß des Vergehens, er betrachtet bei den Gefühlen den Prozeß des Entstehens und Vergehens. ›Die Gefühle sind da‹ ist ihm die Achtsamkeit aufgerichtet, soweit sie dem Wissen dient, zur Rückerinnerung dient. Nicht angelehnt verweilt er und an nichts in der Welt ist er angehangen.« (DN 22, II 298f)

Wieder vollzieht sich die Beobachtung ohne »Anhangen«. Daß dies bei Gefühlen besonders schwierig sein kann, wissen wir alle: Gefühle bieten allemal Anlaß zu allerhand Gedankenspielen, inneren Dialogen, durch die wir Glücksgefühle verlängern und bewahren und dem Unglücklichsein entgehen möchten. Daß gerade bei der Abwehr von Unglücksgefühlen häufig Denkprozesse entstehen, die das, was sie eigentlich abwehren sollen, immer aufs neue erzeugen, ist ebenfalls eine Erfahrung, die sich bei gewissenhafter Selbstbeobachtung leicht machen läßt. Des weiteren läßt sich beobachten, wie sich die eigenen Gefühle in der Welt spiegeln. Mit Glücksgefühlen ändert sich auch die Wahrnehmung – die Welt erscheint »schöner« –, mit Unglücksgefühlen wird die Welt trüber und trauriger, mit indifferenten Gefühlen wird die Welt farblos, gerät »in weite Ferne«. Aber dies überschreitet schon das, was in der buddhistischen Psychologie mit Gefühl gemeint ist, und geht in den Bereich dessen, was mit dem Begriff »formende Kräfte« (P.saṅkhāra, Ssk. saṃskāra) bezeichnet wird.

2.6 Geistige Prozesse

Als drittes richtet sich die Beobachtung auf den Geist. »Geist« ist hier immer die Übersetzung von *citta* , einem Wort, für das es im Deutschen keine Entsprechung gibt. Die Sanskritwurzel *cit* deckt den Bereich von Denken, Begreifen, Wollen, Verstehen ab; *citta* (Part. Prät. von cit) ist dann die Summe des Gedachten, Gewollten. Im allgemeinen Sprachgebrauch wird *citta* von hier aus ein Begriff für Herz, Sinn, Verstand, Gemüt; im Englischen gibt es hierfür »mind« als ziemlich brauchbare Entsprechung, wenn man es nicht als eine Bezeichnung für etwas nimmt, was jemand besitzt, sondern für eine Funktion oder einen Prozeß. Das deutsche Wort Geist ist umfassend genug, deutet aber auf etwas Konstantes, Seiendes hin, was zumindest im Buddhismus nicht gemeint ist. Im vorliegenden Zusammenhang ließe sich zuweilen auch Bewußtseins- oder Geisteszustand sagen – beide Möglichkeiten sind unbefriedigend, weil sie eher statisch wirken.

»Den mit Lustverlangen erfüllten (sarāga) Geist erkennt er als mit Lustverlangen erfüllt, den von Lustverlangen freien (vītarāga) Geist, erkennt er als von Lustverlangen frei, den mit Haß erfüllten (sadosa, Ssk. sadveṣa) Geist erkennt er als mit Haß erfüllt, den von Haß freien Geist erkennt er als von Haß frei, den mit Verblendung erfüllten (samoha) Geist erkennt er als mit Verblendung erfüllt, den von Verblendung freien Geist erkennt er als von Verblendung frei; den verkrampften Geist erkennt er als verkrampft, den zerstreuten Geist erkennt er als zerstreut, den weitgewordenen Geist erkennt er als weitgeworden, den nicht weitgewordenen Geist als nicht weitgeworden, den niedrigen Geist erkennt er als niedrig, den hohen Geist als hoch, den gesammelten Geist erkennt er als gesammelt, den nicht gesammelten Geist erkennt er als nicht gesammelt, den befreiten Geist erkennt er als befreit, den nicht befreiten Geist erkennt er als nicht befreit.« (DN 22, II 299)

Zunächst einige Hinweise zur Übersetzung. Bei den ersten drei Begriffspaaren (mit und ohne Lustverlangen, Haß und Verblendung) heißt es im Pāli wörtlich »mit-Lustverlangen-Geist« bzw. »weggegangen-Lustverlangen-Geist«. Auf diese Weise kann der Eindruck vermieden werden, es handle sich um zwei »Dinge«, Geist und Lustverlangen, von denen das eine das andere besitze. Die drei Begriffe bezeichnen die »quälenden Trübungen« (kilesa, Ssk. kleśa), die den Geist befallen – »trüben« – können; statt Lustverlangen steht in anderen Zusammenhängen auch oft Gier (lobha).

Die drei quälenden Trübungen nehmen in der buddhistischen Lehre eine ganz zentrale Stellung ein: sie gelten als die drei Leiden verursachenden Grundübel. Solange sie den Geist beherrschen, ist eine Befreiung nicht möglich. Dabei ist nicht in erster Linie an Gier oder Haß gedacht, die sich auf konkrete Menschen richten. Vielmehr geht es um »Grundstimmungen«: Gier oder Lustverlangen als das Bestreben, etwas an sich heranzuziehen, sich etwas einverleiben wollen, sich an etwas festklammern, sich in etwas verbeißen; Haß als Abneigung, Abwehr, etwas von sich wegschieben wollen, auch etwas zerstören wollen; Verblendung als die Tendenz, einfach nicht hinzusehen, etwas nicht zur Kenntnis nehmen. Daß diese Stimmungen Erkenntnis behindern oder gar unterbinden, ist offensichtlich. Bei Haß vermeide ich, das, was ich hasse, wirklich wahrzunehmen; bei Gier sehe ich nur noch den Gegenstand der Gier und blende alles andere aus; bei Verblendung verzichte ich von vornherein auf das Hinsehen. Wichtig für das buddhistische Denken sind dabei aber eher die persönlichkeitszerstörenden Aspekte: Alle drei Stimmungen sind zerstörerisch sowohl für den, von dem diese Impulse ausgehen, als auch für die davon Betroffenen. Aus diesem Grund ist Achtsamkeit darauf, ob sich Gier, Haß oder Verblendung im Geist ausbreiten oder nicht, von zentraler Bedeutung.

Ein Abhidhamma-Text bezeichnet die drei Trübungen als die Ursache des Unheilsamen und gibt dann den Bedeutungsspielraum der Begriffe im wesentlichen über eine Aufzählung von Synonymen, aber auch durch Heranziehen »benachbarter« Phänomene (Dhs 1058, 189 f).

Unter Gier versteht dieser Text im wesentlichen Lustverlangen (rāga), Vergnügen (nandī), Wünschen (icchā), Sehnsucht (ejā), Täuschung (māyā), einen Urwald (vanatha), Geschlechtsverkehr (santhava), Hoffen (āsiṃsanā), den dreifachen Durst (kāma-, bhava-, vibhavataṇhā), Fessel (gantha), Anhangen (upādāna), wobei der Text keinen Unterschied zwischen der Stimmung, ihrem Gegenstand, ihrem Ausdruck und ihren Folgen macht. Da der Text sich durch außerordentliche Präzision auszeichnet, ist dies offenbar beabsichtigt: *lobha* meint die Gier mit allen ihren Aspekten und Folgen.

Zu Haß (dosa, Ssk. dveṣa) heißt es:

»Wenn zorniges Übelwollen (āghāta) entsteht bei dem Gedanken: Etwas Schlimmes geschah mir, geschieht mir, wird mir geschehen, geschah, geschieht, wird geschehen jemand mir Liebem und Angenehmem, etwas Gutes geschah, geschieht, wird geschehen jemandem mir Unliebem und Unangenehmem, oder wenn zorniges Übelwollen grundlos entsteht: was dergestalt ist an zornigem Übelwollen des Geistes, Widerstand, u.a. Ärger, Haß, Zorn, Feindseligkeit – das heißt Haß.« (Dhs § 1059, 190)

Was hier mit »zorniges Übelwollen« übersetzt ist, heißt wörtlich Totschlagen, im Sanskrit auch Schlachthaus. Der Ausdruck ist im Pāli also wesentlich bildhafter, als die Übersetzung wiederzugeben vermag. Es handelt sich wirklich um innerlichen Mord und Totschlag, um das innere Schlachthaus im übertragenen Sinne. Zu dem grundlos entstehenden zornigen Übelwollen erklärt der Kommentar (Atth § 748, 367), mit grundlos sei gemeint, daß es keine Ursache gebe, und führt dann sehr vertraute Beispiele auf: zorniges Übelwollen, welches entsteht, weil es zuviel regnet, oder weil es zu wenig regnet, oder weil der Wind weht, oder weil der Wind nicht weht, oder weil die Sonne zu viel scheint, oder weil die Sonne zu wenig scheint.

Bei der Verblendung steht an erster Stelle das Nichterkennen der vier edlen Wahrheiten – vom Leiden, von der Leidensentstehung, von der Leidensauflösung und vom zur Leidensauflösung führenden Weg – was im buddhistischen Zusammenhang immer heißt: das Nichterkennen der Wirklichkeit, so wie sie ist. Deshalb wird dann zur Illustration noch eine

Anzahl von Beispielen gegeben, die sich alle auf die Formel bringen lassen: das Nichtbenutzen der eigenen Intelligenz.

»So verweilt er innen beim Geist den Geist betrachtend, außen beim Geist den Geist betrachtend, innen und außen beim Geist den Geist betrachtend. Er betrachtet beim Geist den Prozeß des Entstehens, er betrachtet beim Geist den Prozeß des Vergehens, er betrachtet beim Geist den Prozeß des Entstehens und Vergehens. ›Der Geist ist da‹ ist ihm die Achtsamkeit aufgerichtet, soweit sie dem Wissen dient, zur Rückerinnerung dient. Nicht angelehnt verweilt er und an nichts in der Welt ist er angehangen.« (DN 22, II 299 f)

Auch hier weist die Formulierung wieder darauf hin, daß es zuvorderst darum geht, achtsam zu beobachten, nicht darum, etwas abzulehnen oder sich an etwas festzuhalten. Dies steht nur oberflächlich gesehen im Widerspruch zu den Bewertungen, die mit einzelnen Geisteszuständen verbunden sind. Wenn etwa von vornherein intendiert ist, die Gier zu unterdrücken, dann besteht eher die Gefahr, das Auftauchen von Gier gar nicht erst zur Kenntnis zu nehmen, so daß an eine Veränderung überhaupt nicht zu denken ist.

Mit diesen drei Bereichen der Achtsamkeit – Körper, Gefühle, Geist – ist die Beschreibung des quasi »subjektiveren« Teiles des Beobachtens abgeschlossen. Subjektiver, weil diese Bereiche eher der eigenen Persönlichkeit zugeordnet werden, wobei dann »außen« sich auf die Welt außerhalb der eigenen Persönlichkeit bezieht. »Subjektiver« auch, weil die Spaltung in Subjekt und Objekt (grāhaka und grāhya) zumindest soweit akzeptiert wird, daß sie zum Ausgangspunkt für das weitere Vorgehen gemacht wird, das dann allerdings die Möglichkeit birgt, diese Spaltung als Fiktion zu erkennen. Ob der hier bearbeitete Text dies intendiert, läßt sich weder beweisen noch widerlegen: Er nimmt die Ergebnisse der Achtsamkeit nicht vorweg, sondern zeigt nur die Methode. Sicher ist aber, daß die Aufhebung der Spaltung in Subjekt und Objekt später als nahezu selbstverständliches Resultat angesehen wurde. Dieser Teil der Achtsamkeitsübung füllt also das Vakuum, das eine Erkenntnismethode hinterläßt, die auf »Objektivität« setzt, aber auch den leeren Bereich, den eine Anschauung erzeugt, die alles zwischen dem absoluten Selbst (ātman) und dem Weltgeist oder der Weltseele (brahman) Liegende für Täuschung und von daher der Beachtung für unwert erachtet. Auch wenn das Ziel der Achtsamkeit in erster Linie die Befreiung ist, und nur insofern auch Erkennen, als es dieser Befreiung dient, liegt der erkenntnistheoretische Gewinn auf der Hand: Ziel ist nicht eine Erkenntnis, die den subjektiven Anteil krampfhaft zu unterdrücken – das heißt meistens: zu verbergen – sucht, sondern die sich des persönlichen, lebendigen Charakters allen wirklichen Erkennens in einem hohen Maße bewußt ist.

Konsequenterweise kommt als letzter und vierter Bereich der Achtsamkeit das Beobachten all derjenigen Prozesse und Gegebenheiten (dharma), die sich dem Geist präsentieren. Für *dharma* (P. dhamma) gibt es im Deutschen kein Wort, das den Bedeutungsbereich auch nur einigermaßen abdecken würde. Der Begriff *dharma* hat in der buddhistischen Philosophie eine so spezifische Bedeutung, daß er sich außerhalb dieser Vorstellungswelt kaum explizieren läßt. Die gängigen Übersetzungen sind deshalb vozugsweise vage und unscharfe Begriffe: Gegebenheit, Ding, Element, Phänomen, Erscheinung, Prozeß – das stimmt alles ungefähr, aber nicht genau.

Das Problem ist, daß wir in unserem Denken prinzipiell zwischen subjektiven und objektiven, materiellen und immateriellen Gegebenheiten unterscheiden. Wir haben kaum eine gemeinsame Kategorie für etwas, was wir sehen, und einen aufkommenden Zweifel. Wir könnten uns noch darauf verständigen, als Gemeinsames anzusehen, daß beides »irgendwie« im menschlichen Geist auftaucht – und tatsächlich wurde *dharma* auch schon mit »Idee« (Ñānamoli, Paṭisambhidāmagga, The path of discrimination, PTS) wiedergegeben. Auch »Phänomen« wäre brauchbar, klingt aber wie »Idee« zu bedeutsam: ein *dharma* ist einfach ein Etwas, ein »Ding«, bei dem keine Unterscheidung zwischen subjektiv und objektiv gemacht wird. Für die frühen buddhistischen Texte steht der Wirklichkeitscharakter der *dharmas* außer Zweifel – mit Einschränkungen, über die noch zu sprechen sein wird. Im vorliegenden Zusammenhang mag einfach »Gegebenheit« genügen. Die generelle Formel, mit der die Beobachtung der Gegebenheiten zusammengefaßt wird, ist wieder:

»So verweilt er innen bei den Gegebenheiten die Gegebenheiten betrachtend, außen bei den Gegebenheiten die Gegebenheiten betrachtend, innen und außen bei den Gegebenheiten die Gegebenheiten betrachtend. Er betrachtet bei den Gegebenheiten den Prozeß des Entstehens, er betrachtet bei den Gegebenheiten den

Prozeß des Vergehens, er betrachtet bei den Gegebenheiten den Prozeß des Entstehens und Vergehens. ›Die Gegebenheiten sind da‹ ist ihm die Achtsamkeit aufgerichtet, soweit sie dem Wissen dient, zur Rückerinnerung dient. Nicht angelehnt verweilt er und an nichts in der Welt ist er angehangen.« (DN 22, II 301)

Unter der Sammelbezeichnung »Achtsamkeit bei den Gegebenheiten« wird in dem hier bearbeiteten Text wie auch an vergleichbaren Stellen eine Auswahl von Gegebenheiten angeboten, die sozusagen als Teile für das Ganze stehen. Es handelt sich um einige Komplexe, die für den buddhistischen Weg zentral sind. Am Anfang – als unmittelbare Fortsetzung der Geistbetrachtung – wird die Achtsamkeit auf die fünf Hemmnisse (nīvaraṇa) gerichtet. Damit sind verschiedene psychische Erscheinungen gemeint, die klares Erkennen verhindern.

2.7 Die fünf Hemmnisse

Die Errichtung der Achtsamkeit bei den fünf Hemmnissen beschreibt die hier verwendete Lehrrede:

»Wenn inneres auf Sinnlichkeit gerichtetes Wollen da ist, dann erkennt er: ›In mir ist ein auf Sinnlichkeit gerichtetes Wollen.‹ Wenn inneres auf Sinnlichkeit gerichtetes Wollen nicht da ist, dann erkennt er: ›In mir ist kein auf Sinnlichkeit gerichtetes Wollen.‹ Wie nicht entstandenes auf Sinnlichkeit gerichtetes Wollen entsteht, erkennt er; wie entstandenes auf Sinnlichkeit gerichtetes Wollen vergeht, erkennt er; wie vergangenes auf Sinnlichkeit gerichtetes Wollen künftig nicht mehr entsteht, erkennt er.« (DN 22, II 300)

Die Hemmnisse gelten als ernsthafte Erkenntnishindernisse. Oder eigentlich muß hier genauer formuliert werden: Wer die Hemmnisse in ihrem Entstehen und Vergehen nicht zur Kenntnis nimmt, »erkennt weder das eigene Heil noch das Heil der anderen noch das beiderseitige Heil der Wirklichkeit gemäß«. (AN V, 213, III 230) Wo in der Übersetzung »Heil« steht, hat das Original *attha*, was sowohl Nutzen als auch einfach Sache oder Sinn heißen kann. Entscheidend ist nicht, ob eine dieser Stimmungen in einem entsteht – das wird sich wohl kaum generell vermeiden lassen –, sondern ob man sich selbst dessen bewußt ist.

Das erste Hemmnis ist auf Sinnlichkeit gerichtetes Wollen (kāmachanda) oder Verlangen (abhijjhā, Ssk. abhidhyā). Dies ist eine konkrete Ausformung des allgemeinen Zustands Gier (rāga oder lobha) und kann beides sein: konkretes sexuelles Begehren wie auch die Gier nach Sinneswahrnehmungen – die Sprache des Originals macht hier keinen Unterschied. In beiden Fällen ist die Wahrnehmung eingeschränkt, sie neigt dazu, nur noch den Gegenstand des Verlangens zu sehen und alles andere auszublenden oder durch die Begierde gefärbt wahrzunehmen.

Übelwollen (vyāpāda) oder Übelwollen und Hassen (vyāpāda-padosa) ist ein Hemmnis, das eng mit dem allgemeinen Zustand Haß verwandt ist. Der Wunsch, jemandem zu schaden, kann so mächtig werden, daß er das Gemüt in Aufruhr versetzt und jedes klare Erkennen behindert.

Aus der Verblendung schließlich wird in konkreten Situationen Erstarren und Trägheit (thinamiddha, Ssk. styāna-middha). Resultat ist eine brüchige Gewißheit, daß alles so sei, wie es schon immer war, ohne daß es noch einer Frage bedürfte. Häufig ist diese Starrheit mit einem außerordentlich zynischen Bild von der Wirklichkeit verbunden.

Aufgeregtheit und Unruhe (uddhaccakukucca, Ssk. auddhatya-kaukṛtya) sind sozusagen die Verhinderung von Erkennen per se. Ohne ein Mindestmaß an Ruhe bleibt jeder Erkenntnisversuch schon in den Anfängen stecken. Es fehlt einfach die Fähigkeit, einen komplexen Vorgang angemessen zu verfolgen.

Schwankender Zweifel (vicikiccha, Ssk. vicikitsa) ist die zwanghafte Neigung, jedes und alles immer wieder in Frage zu stellen, nicht um damit dem Erkennen näher zu kommen, sondern in der Überzeugung, daß es ohnehin aussichtslos sei, auch nur den Versuch des Erkennens zu machen. Der indische Begriff ist aus dem Desiderativ zu der Wurzel *cit* (denken) gebildet, ließe sich also am besten übertragen mit »etwas unbedingt zerdenken wollen«.

Mit der genauen Beobachtung der Hemmnisse wird zugleich das Ziel angestrebt, nicht nur diese Hemmnisse vergehen zu lassen, sondern zugleich auch zu erreichen, daß sie nicht mehr entstehen. Und dies nicht nur, weil sie die Erkenntnis trüben, sondern weil ihr Verschwinden auch die Voraussetzung für das Eintreten in die schon erwähnten Vertiefungen ist:

»In der Welt hat er Verlangen verworfen, mit von Verlangen freiem Geist (cetas) verweilt er, von Verlangen reinigt er seinen Geist. Übelwollen und Hassen hat er verworfen, mit von Übelwollen freiem Geist verweilt er, zu allen Lebewesen und Geschöpfen empfindet er Liebe und Mitgefühl, von Übelwollen und Hassen reinigt er seinen Geist. Erstarren und Trägheit hat er verworfen, von Erstarren und Trägheit frei verweilt er, seine Wahrnehmung ist licht und klar, achtsam ist er und klar erkennend, von Erstarren und Trägheit reinigt er seinen Geist. Aufgeregtheit und Unruhe hat er verworfen, von Aufgeregtheit frei verweilt er, innerlich ist er völlig gestillten Geistes, von Aufgeregtheit und Unruhe reinigt er seinen Geist. Schwankenden Zweifel hat er verworfen, dem Zweifel entronnen verweilt er, er stellt nicht alles in Frage bei heilsamen Dingen, von Zweifel reinigt er seinen Geist. [...]

Nachdem er gesehen hat, daß die fünf Hemmnisse in ihm verschwunden sind, entsteht dem Fröhlichen Freude. Dem, dessen Geist freudig ist, beruhigt sich der Körper; der, dessen Körper beruhigt ist, empfindet Glück; des Glücklichen Geist sammelt sich.« (DN 2, I 71, 73)

Damit ist die Voraussetzung für den Eintritt in die meditativen Vertiefungen (jhāna, Ssk. dhyāna) geschaffen. In diesem Zusammenhang wird davon geredet, die fünf Hemmnisse zu verwerfen. Dies ist eingebettet in einen allgemeineren Zusammenhang, der hier nur angedeutet werden kann. Die buddhistische Psychologie unterscheidet zwischen heilsamen (kusala, Ssk. kuśala) und unheilsamen geistigen Prozessen, wobei als heilsam all jene gelten, die der Befreiung dienen. Auf dieser Basis hat sich ein umfangreiches System von Klassifizierungen entwickelt, bei dem alle denkbaren psychischen Faktoren danach geordnet werden, ob sie als heilsam, unheilsam oder indifferent einzustufen sind. Dieses System (umfangreich dargelegt in Dhs und kommentiert in Asl) ist als Beschreibung und Definition außerordentlich aufschlußreich. Generell gelten alle Prozesse, die mit Gier (lobha) oder Lustverlangen (rāga), Haß (dosa, Ssk. dveṣa) und Verblendung (moha) verbunden sind oder daraus erwachsen, als unheilsam, alle, die aus der Abwesenheit oder Überwindung dieser drei quälenden Trübungen (kilesa, Ssk. kleśa) resultieren, als heilsam. Voraussetzung dafür, solche Prozesse verstehen und beeinflussen zu können, ist deren präzise Beobachtung, die mit der Errichtung der Achtsamkeit geübt wird.

2.8 Komponenten des Daseinsprozesses und Wahrnehmungsfelder

Die nächsten Bereiche, die in die Achtsamkeit einbezogen werden, sind die fünf Komponenten des Lebensprozesses, die in ihrer Gesamtheit den lebendigen Menschen ausmachen, und die sechs Wahrnehmungsfelder, die im Lebensprozeß die Verbindung zwischen einem individuellen Leben und der umgebenden Welt herstellen. Sie sollen hier nur kurz erwähnt werden, da sie später in einem anderen Zusammenhang noch genauer behandelt werden:

»[Bei der Betrachtung der Komponenten des Lebensprozesses gilt:] Dies ist Form, dies ist das Entstehen von Form, dies ist das Dahinschwinden von Form; dies ist Gefühl, dies ist das Entstehen von Gefühl, dies ist das Dahinschwinden von Gefühl; dies ist Wahrnehmung, dies ist das Entstehen von Wahrnehmung, dies ist das Dahinschwinden von Wahrnehmung; dies sind formende Kräfte (saṅkhāra), dies ist das Entstehen von formenden Kräften, dies ist das Dahinschwinden von formenden Kräften; dies ist Bewußtsein, dies ist das Entstehen von Bewußtsein, dies ist das Dahinschwinden von Bewußtsein.« (DN 22, II 301 f)

Mit der Betrachtung der Wahrnehmungsfelder wird die Brücke geschlagen zwischen den als individuell erlebten Komponenten des Daseinsprozesses und der umgebenden Welt. Die Komponenten sind hierbei übrigens nicht fünf verschiedene Dinge, sondern Aspekte eines einzigen Lebensprozesses. Ebenso werden die Felder der Wahrnehmung nicht als Resultat von zwei Dingen – im Fall der optischen Wahrnehmung etwa Auge und gesehenes Objekt – betrachtet, sondern als ein ganzheitlicher Prozeß Sehen, der sozusagen zwei Brennpunkte hat. Ziel der Betrachtung ist nicht nur, die sinnliche Wahrnehmung zu registrieren, sondern auch die Fessel, die bedingt durch die sinnliche Wahrnehmung entsteht (in anderen Zusammenhängen wird das Verlangen nach Sinnlichkeit, *kāmarāga,* als eine von mehreren Fesseln genannt).

»Er erkennt das Auge, er erkennt die Formen, und er erkennt die Fessel, die durch beide bedingt entsteht. Er erkennt, wie eine nichtentstandene Fessel entsteht, wie eine entstandene Fessel schwindet, wie eine geschwundene Fessel zukünftig nicht mehr entsteht. Er erkennt das Ohr und die Töne, die Nase und die Gerüche, die Zunge und die Geschmäcke, den Körper und die Tastungen, den Geist (mano) und die

Gegebenheiten, er erkennt die Fessel, die durch beide bedingt entsteht. Er erkennt, wie eine nichtentstandene Fessel entsteht, wie eine entstandene Fessel schwindet, wie eine geschwundene Fessel zukünftig nicht mehr entsteht.« (DN 22, II 302)

Die Fesselung durch die Wahrnehmung kann unmittelbar und momentan sein, wobei die Wahrnehmung einfach an einem Gegenstand »hängenbleibt«, sie kann aber auch längerfristig sein, wenn die Wahrnehmung durch die Gier so eingeschränkt wird, daß alles Wahrgenommene nur noch insofern Bedeutung hat, als es in Beziehung zu den begehrten Objekten steht.

Gerade bei der sinnlichen Wahrnehmung wird der prozeßhafte Charakter aller Gegebenheiten, ihr ununterbrochenes Entstehen und Vergehen, besonders offensichtlich. Es gibt keine isolierte Entität »Sehen«; in dem Moment, in dem mir bewußt wird, daß ich etwas sehe, sehe ich schon wieder etwas anderes.

2.9 Glieder des Erwachens

Komplementär zu den quälenden Trübungen des Geistes (Gier, Haß und Verblendung) und den fünf Hemmnissen wird die Aufmerksamkeit auf die sieben Glieder des Erwachens (bojjhaṅga, Ssk. bodhyaṅga) gerichtet, auf geistige Ausrichtungen, die nicht nur der Erkenntnis dienen, sondern ganz allgemein der Befreiung. Nach einer anderen Lehrrede zur Achtsamkeit (MN 118, III 78 ff) sind sie das eigentliche Ziel der Errichtung der Achtsamkeit, die schließlich als Weg zur Befreiung definiert wurde.

Ähnlich wie die Hemmnisse unter dem Gesichtspunkt betrachtet wurden, die »Mechanismen« kennenzulernen, die am Ende die Hemmnisse auflösen, so werden die Glieder des Erwachens mit der Intention betrachtet, ihre Entfaltung zu fördern.

»Wenn innerlich das Glied des Erwachens ›Achtsamkeit‹ vorhanden ist, dann erkennt er klar: In mir ist das Glied des Erwachens ›Achtsamkeit‹. Wenn innerlich das Glied des Erwachens ›Achtsamkeit‹ nicht vorhanden ist, dann erkennt er klar: In mir ist das Glied des Erwachens ›Achtsamkeit‹ nicht. Wenn das noch nicht entstandene Glied des Erwachens ›Achtsamkeit‹ am entstehen ist, erkennt er klar: Es ist am entstehen. Wenn das entstandene Glied des Erwachens ›Achtsamkeit« dabei ist, sich völlig zu entfalten, dann erkennt er es klar.« (DN 22, II 303)

Es ist interessant, daß die Achtsamkeit, die Fähigkeit und Bereitschaft, sich selbst und die umgebende Welt klar bewußt als Prozeß ständigen Entstehens und Vergehens zu betrachten, ohne sich an irgend etwas festzuklammern, als erstes Glied des Erwachens genannt wird. Im Kontext der Errichtung der Achtsamkeit heißt dies, daß diese Achtsamkeit auf sich selbst zurückgewandt wird. Derartige »rekursive« Elemente finden sich häufig in buddhistischen Systematisierungen. Meist ist ihr Sinn eine Art Rückkoppelung und Selbstkontrolle, die gewährleisten soll, daß eine Übung oder die Verfolgung eines Weges nicht auf halber Strecke steckenbleibt.

Das zweite Glied des Erwachens, dessen Entstehung und Entfaltung in die Achtsamkeit einbezogen wird, ist das Auseinanderhalten und Unterscheiden von Gegebenheiten (dhammavicaya), eine analytische Form des Betrachtens, die aufhört, alle Gegebenheiten in ein Schema zu zwängen, »in einen Topf zu werfen«. Das kann heißen, beliebte und einfache Zusammenhänge aufzugeben – etwa von der Art, alle Menschen seien ohnehin böse, mehr brauche man darüber nicht nachzudenken –, das heißt aber auf jeden Fall auch, die eigenen Erfahrungen und Gedanken immer wieder neu zu überdenken, sie geradezu spielerisch neu zu ordnen. In anderen Zusammenhängen wird *dharmavicaya* (wtl. auseinandersammeln von Gegebenheiten) als Definition für *prajñā* (P. paññā) verwendet, ein Indiz dafür, daß die häufig verwendete Übersetzung von *praj* *ā* mit »Weisheit« ziemlich unangebracht ist. Und es ist ein Hinweis darauf, daß die ebenso häufig anzutreffende Idee, die »Erleuchtung« komme, wenn man das Denken einstelle, zumindest mit dem, was der Buddhismus lehrt, nichts zu tun hat.

Als nächstes wird Ausdauer oder Energie oder Mut (viriya, Ssk. vīrya) genannt. Damit ist die Bereitschaft gemeint, selbst etwas auf dem Weg zum Erwachen zu tun, ein gewisses Maß an Anstrengung einzubringen. Es reicht nicht, sich hinzustellen und zu sagen »ich bin, wie ich bin« und dann zu denken, alles andere ergebe sich von selbst. Es ist wahrscheinlich eine spezifische Erscheinung unserer gegenwärtigen Kultur, daß wir bei vielen Dingen davon ausgehen, daß wir sie lernen müssen: Schreiben, Lesen, Schwimmen, Autofahren – die Liste ließe sich endlos fortsetzen –, daß wir aber bei geistigen Fähigkeiten (etwa Konzentration, Beobachtungsfähigkeit, Geduld) so tun, als entwickelten sie sich von selbst. Die buddhistische Anschauung ist hier wesentlich realistischer. Sie geht davon aus, daß auch geistige Fähigkeiten der aktiven Entfaltung (bhāvanā) bedürfen und daß hierzu ein hohes Maß an Energie und Disziplin erforderlich ist.

Dieses aktive Entfalten erscheint besonders überraschend bei Freude (pīti, Ssk. prīti). Dieser Begriff wird häufig auch mit Entzücken oder Verzückung übersetzt. Es handelt sich um die Fähigkeit, sich an etwas zu freuen, was natürlich voraussetzt, zunächst das Erfreuliche auch zur Kenntnis zu nehmen. Dies meint nicht, alles und jedes sei Grund zur Freude, heißt aber wohl, daß es Dinge gibt, über die man sich freuen kann. Angesichts des Mißmutes, der uns oft nicht nur bei anderen, sondern auch in uns selbst begegnet, spricht alles dafür, Möglichkeiten zum Erlernen von Freude zu nutzen. Hierfür ist es notwendig, das Entstehen und Wachsen von Freude in sich selbst zu beobachten.

Nach der Freude kommt als nächstes Glied des Erwachens Gestilltheit (passaddhi, Ssk. praśrabdhi), eine Art innerer Stille und Ruhe, die gleichermaßen Körper und Geist (nicht als zwei getrennte »Dinge« sondern als zwei Aspekte des Daseins) erfaßt. Diese entspannte Ruhe ist eine wesentliche Voraussetzung dafür, überhaupt irgendwelche komplexeren Zusammenhänge zu durchschauen.

Geistige Sammlung (samādhi) ist ein Geisteszustand, der eng mit der inneren Ruhe zusammenhängt. Ruhe ist nicht mit Schläfrigkeit zu verwechseln. Sammlung heißt, daß sich in Ruhe eine klare Konzentriertheit des Geistes entfaltet. Darüber hinaus ist *samādhi* aber auch ein Element buddhistischer Meditation, die weiter unten noch ausführlicher behandelt werden soll.

Als letztes Glied des Erwachens wird Gleichmut (upekkhā, Ssk. upekṣā) genannt. Die fast überall gebräuchliche Wiedergabe von *upekṣā* mit Gleichmut ist sicher richtig, aber eigentlich nicht umfassend genug. Der Begriff ist zusammengesetzt aus *upa* (hin – zu) und *īkṣ* (blicken), hat von daher die Bedeutung von »hinsehen«, meint also Hinsehen, ohne sich an etwas festzuhalten oder etwas abzulehnen. Ganz sicher ist demnach nicht Gleichgültigkeit gemeint, die ja eher darin besteht, etwas nicht zu beachten.

Es ist offensichtlich, daß die verschiedenen Glieder des Erwachens nicht voneinander getrennte oder trennbare Dinge sind, sondern ganz eng miteinander verknüpft sind. Sie bilden verschiedene Aspekte eines einzigen Prozesses. Das macht auch die schon erwähnte Lehrrede deutlich, die darauf hinweist, wie sich die Glieder des Erwachens aus der Übung der Achtsamkeit entfalten:

»[Sobald jemand] in der Betrachtung des Körpers, der Gefühle, des Geistes und der Gegebenheiten verweilt, mit brennendem Eifer, klar erkennend, voller Achtsamkeit, nachdem er in der Welt Verlangen und Mißmut beiseite geschoben hat, entsteht ihm Achtsamkeit, ungestört. Sobald ihm Achtsamkeit entsteht, ungestört, ist er mit dem Glied des Erwachens ›Achtsamkeit‹ ausgerüstet, er entfaltet die Achtsamkeit, er bringt sie zur vollen Entfaltung. Solcherart achtsam verweilend unterscheidet er die Gegebenheiten mit seiner Erkenntnis (paññā), erforscht und untersucht sie. So ist er mit dem Glied des Erwachens ›Unterscheiden der Gegebenheiten‹ ausgerüstet. Solcherart die Gegebenheiten unterscheidend entsteht ihm Energie. So ist er mit dem Glied des Erwachens ›Energie‹ ausgerüstet. Solcherart mit Energie ausgerüstet entsteht ihm gegenstandslose (nirāmisā) Freude. So ist er mit dem Glied des Erwachens ›Freude‹ ausgerüstet. Dem, dessen Geist voll Freude ist, wird der Körper und der Geist gestillt. So ist er mit dem Glied des Erwachens ›Gestilltheit‹ ausgerüstet. Der Geist des Glücklichen, dessen Körper gestillt ist, sammelt sich. So ist er mit dem Glied des Erwachens ›Sammlung‹ ausgerüstet. Gegenüber dem so gesammelten Geist bleibt er gleichmütig. So ist er mit dem Glied des Erwachens ›Gleichmut‹ ausgerüstet, er entfaltet Gleichmut, bringt ihn zur vollen Entfaltung.« (MN 118, III 85 f)

Der letzte Bereich, der in die Achtsamkeitsübungen einbezogen wird, sind die vier edlen Wahrheiten, die schon in dem Abschnitt über das Leben Buddhas kurz zur Sprache kamen, die Wahrheit vom Leiden, von der Leidensentstehung, von der Leidensaufhebung, von dem zur Leidensaufhebung führenden Weg. Ihnen ist das folgende Kapitel gewidmet.

Daß diese Wahrheiten in die Achtsamkeit einbezogen sind, mag zunächst seltsam anmuten. Handelte es sich bei allen anderen Bereichen um eher »natürlich« vorfindbare Gegebenheiten, sind die vier Wahrheiten sozusagen etwas Ausgedachtes. Die Buddhisten haben dies offenbar nicht so empfunden. Für sie waren die vier Wahrheiten, die nach buddhistischer Anschauung ja auch nicht erst von dem historischen Buddha, sondern von allen Buddhas in allen Zeiten entdeckt wurden, kein künstliches Gebilde; sie gehörten der beobachtbaren Wirklichkeit ebenso an wie etwa der Atem oder die vier elementaren Kräfte.

Sieht man sich die Achtsamkeitsübungen im Zusammenhang an, dann ergibt sich trotz der anfangs vielleicht verwirrenden Vielfalt der Betrachtungsbereiche ein sehr übersichtliches und in sich stimmiges Bild. Ausgangspunkt ist das unmittelbare körperliche Dasein, das eigene und das anderer, und hier wieder die unmittelbaren Lebensprozesse: atmen, sich bewegen oder ruhen, sich ernähren und ausscheiden, hinsehen und wegsehen (wahrnehmen), sprechen und schweigen (kommunizieren). Die Annahme, daß jegliche Erkenntnis von Wirklichkeit hier beginnen müsse, weil hier auch die Wirklichkeit beginnt, ist so unmittelbar einleuchtend, daß man in Nachhinein kaum verstehen mag, warum es überhaupt Erkenntnissysteme gibt, die diesen Weg nicht gehen.

Von diesem Ausgangspunkt, der schon immer Innen und Außen sowie Entstehen und Vergehen miteinbezieht, konzentriert sich das Erkennen auf den Körper als den unmittelbar sichtbaren und erlebbaren Ausdruck des In-der-Welt-Lebens: Es analysiert seine Zusammensetzung (Organe und Körpersubstanzen), seine Einbettung in die Welt (Analyse der Elemente) und seine zeitliche Begrenztheit (Leichenbetrachtungen). Erst auf dieser Basis, die so etwas wie einen gesicherten Rahmen der Erkenntnis bildet, werden geistige Prozesse miteinbezogen. Zunächst die ganz basalen Gefühlsausrichtungen (angenehm, unangenehm und indifferent) als Leitgrößen des Sich-in-der-Welt-Bewegens, dann Gier, Haß und Verblendung als Grundzustände – man könnte fast sagen als Grundkrankheiten – des Geistes.

Von hier aus wendet sich die Erkenntnis dann den geistigen Prozessen zu: den Hemmnissen als den geistigen Prozessen, mittels derer man sich immer weiter in Unkenntnis und Leiden verstrickt, den Komponenten des Daseinsprozesses und den Feldern der sinnlichen Wahrnehmung als der operativen Basis dieser Verstrickung, den Gliedern des Erwachens als den geistigen Prozessen, die Ansatzpunkte zur Befreiung liefern. Den Abschluß bilden die vier Wahrheiten, die beides sind, Wirklichkeit und Wirklichkeitsbeschreibung mit der Perspektive der Befreiung.

3. Die vier edlen Wahrheiten

3.1 Die Wahrheit vom Leiden

Den Abschluß der Lehrrede zur Errichtung der Achtsamkeit bildet die Achtsamkeit gegenüber den »vier edlen Wahrheiten«. Der Begriff, der hier mit »Wahrheit« wiedergegeben wird, ist *sacca* (Ssk. satya), was man auch mit »Seiendheit« übersetzen könnte. Es geht also nicht um »wahre« Postulate, sondern um eine Beschreibung dessen, was ist, wie man die Welt (einschließlich sich selbst) vorfindet, wenn man gemäß den Achtsamkeitsübungen genau hinsieht. Die Bedeutung der vier edlen Wahrheiten ist unübersehbar: Sie sind in der Geschichte des Buddhismus das Zentrum der Lehre und für alle buddhistischen Schulen der Ausgangspunkt ihrer Überlegungen gewesen. Ihre Wichtigkeit wird noch dadurch unterstrichen, daß sie der schon zitierten Überlieferung zufolge dem Buddha in der Nacht des Erwachens als Zusammenfassung all seiner Erkenntnisse klar wurden:

»Dies ist das Leiden, erkannte ich, so wie es ist, dies ist die Leidensentstehung, erkannte ich, so wie es ist, die ist die Leidensauflösung, erkannte ich, so wie es ist, dies ist der zur Leidensauflösung führende Weg, erkannte ich, so wie es ist.« (MN 36, I 249)

Die einzelnen Wahrheiten werden an zahlreichen Stellen in immer den gleichen Redewendungen genauer charakterisiert.

»Geburt ist Leiden, Altern ist Leiden, Krankheit ist Leiden, Sterben ist Leiden, Kummer, Jammer, Leiden, Gram, Verzweiflung sind Leiden, mit Unliebem vereint sein ist Leiden, von Liebem getrennt sein ist Leiden, Erwünschtes nicht zu erlangen ist Leiden; zusammengefaßt: die fünf Komponenten des Anhangens sind Leiden.« (DN 22, II 305)

Diese Beschreibung hat dem Buddhismus häufig das Etikett »Pessimismus« eingebracht. Schließlich bedeutet die Zusammenfassung »die fünf Komponenten (khandha, Ssk. skandha) des Anhangens sind Leiden« nicht weniger als: Der ganz normale Lebensprozeß, so wie er sich in den fünf Komponenten Form, Gefühle, Wahrnehmung, formende Kräfte, Bewußtsein darstellt, ist Leiden. Diese Interpretation hat sich oft zu dem Satz verdichtet: Alles (oder gar: alles Leben) ist Leiden. Daß diese Interpretation unsinnig ist, wird freilich an der dritten Wahrheit deutlich: Sie beinhaltet, daß die Befreiung vom Leiden, sogar die Auflösung des Leidens möglich sei. Es kann also auf keinen Fall alles Leiden sein, sonst gäbe es auch keine Befreiung.

Der Ausdruck »Leiden« ist als Übersetzung nur eine Annäherung an den Originalbegriff. Im Pāli (und Sanskrit) gibt es das Begriffspaar *dukkha* (Ssk. duḥkha) und *sukha*, das im Deutschen im allgemeinen mit Leiden oder Unglück und Glück wiedergegeben wird. Die indischen Begriffe sind zusammengesetzt aus *kha* und *duḥ* bzw. *su*. Wahrscheinlich ist *kha* hier lediglich ein Substantiv-Suffix, *kha* ist aber auch ein eigenständiges Wort, urprünglich die Öffnung, die Höhle, der Ausgang, von daher dann Körperöffnungen und der leere Luftraum, im Zusammenhang mit *dukkha* und *sukha* bedeutet *kha* dann soviel wie Bereich, Raum. Die Vorsilben *duḥ* und *su* (gr. dys und eu) stehen für schlecht und gut, unangenehm und angenehm, das Negative und das Positive. Während Leiden (und entsprechend auch Glück) Begriffe für subjektive Gegebenheiten sind, unterliegen *sukha* und *dukkha* nicht der Spaltung in subjektiv-objektiv. *Sukha* ist der gute Daseinsraum, die glückliche Seite des Lebens, *dukkha* die schlechte und unglückliche. Und zu dieser unglücklichen Seite des Lebens werden in der Erklärung des Leidens die angeführten Erscheinungen gerechnet, die alle aus dem Prozeß des Lebens nicht wegzudenken sind.

Besonders interessant ist, daß in die Definition des Leidens das Leiden selbst mit eingeht. Dies war schon für die zitierte Lehrrede (und für die Kommentatoren) Anlaß, von zwei verschiedenen Bedeutungen von *dukkha* (etwa zum einen Leiden, zum anderen körperliche Schmerzen) in diesem Satz auszugehen. Andererseits hat diese rekursive Definition auch psychologisch einen Sinn. Es ist so ungewöhnlich nicht, daß jemand am Leiden leidet, daß der Anlaß des Leidens aus dem Blick gerät, und daß alleine das Bewußtsein davon, daß man leidet, Grund genug zum Leidendsein ist. Angesichts des überaus präzisen Beobachtens, das mit den Achtsamkeitsübungen gelehrt, und, wie viele Texte zeigen, auch praktiziert wurde, wäre es zumindest erstaunlich, wenn dieses Phänomen unentdeckt geblieben wäre.

3.2 Die Wahrheit von der Entstehung des Leidens

Was genau mit Leiden gemeint sein soll, wird erst mit der Erklärung der Leidensentstehung (samudaya) deutlicher:

»Es ist dieser Durst (taṇhā), der Wieder-Werden erzeugende, der mit Vergnügen und Lustverlangen verbundene (nandīrāgasahagatā), der sich hier und dort ringsum erfreuende, nämlich: der Durst nach Sinnlichkeit (kāma), der Durst nach Werden (bhava), der Durst nach Entwerden (vibhava).« (DN 22, II 308)

Ich habe für taṇhā (Ssk. tṛṣṇā) den bildhaften Begriff »Durst« beibehalten, den ich für aussagekräftiger halte als Begriffe wie »Begehren« oder »Trieb«. Erst in Verbindung mit diesem Durst nach Sinnlichkeit, nach Werden und nach »Entwerden«, werden die in der Definition des Leidens aufgeführten Erscheinungen wirklich zum Leiden. Buddha selbst hat hierzu gesagt:

»Mir ... kam der Gedanke: ›Ein unkundiger normaler Mensch, der selber dem Alter unterworfen ist, der dem Alter nicht entgehen kann, wenn der einen anderen gealtert sieht, dann ist er gequält, entsetzt und ekelt sich [...]. Auch ich, der ich dem Alter unterworfen bin, der ich dem Alter nicht entgehen kann, wenn ich nun einen anderen gealtert sehe und dann gequält bin, entsetzt bin und mich ekle – das würde mir nicht anstehen. Indem ich so nachdachte, schwand mir trotz meiner Jugend das Berauschtsein von meiner Jugend. Ebenso schwand mir beim Nachdenken über Krankheit und Tod trotz meiner Gesundheit, trotz meines Lebendigseins das Berauschtsein von meiner Gesundheit, von meinem Lebendigsein.« (AN III, 48, I 145 f)

Es geht also keineswegs darum, dem Altern und Sterben oder anderen Dingen, an denen man leiden könnte, zu entrinnen, sondern dem Leiden selbst. Und das liegt nicht in den erwähnten Erscheinungen selbst beschlossen, sondern entsteht aus dem Durst. Alter und Tod werden zum Leiden, wenn man danach dürstet, ewig jung und unsterblich zu sein; Krankheit ist Leiden angesichts des Durstes nach Gesundheit; Gram, Kummer, Trauer sind Leiden, solange der Durst nach Glück besteht; das Getrenntsein von Liebem und das Vereinigtsein mit Unliebem sind Leiden, wenn sich der Durst auf das Gegenteil richtet.

Als Durst nach Sinnlichkeit bezeichnen die Texte dabei den Durst, der im weitesten Sinne auf angenehme sinnliche Wahrnehmung zielt. Da mit jeder sinnlichen Wahrnehmung nach buddhistischer Vorstellung ein Gefühl einhergeht (glückhaft, leidhaft oder indifferent), ist dieser Durst das Verlangen nach dem glückhaften Anteil dieser Wahrnehmungen. Da *kāma* die Doppelbedeutung »Liebe, Sexualität« und »Sinnesobjekt« hat – ich habe versucht diesem Bedeutungsraum durch den Ausdruck »Sinnlichkeit« gerecht zu werden –, ist der Durst nach Sinnlichkeit im engeren Sinne auch der Durst nach Sexualität. Der Durst nach Werden (bhava) ist der Durst danach, daß etwas Angenehmes werden soll, sich entfalten möge, der Durst nach Entwerden (vibhava) danach, daß etwas Unangenehmes vergehen möge. Dieser dreifache Durst ist also im Rahmen der vier Wahrheiten der Ursprung des Leidens. In anderen Zusammenhängen, im Rahmen der Theorie der bedingten Entstehung (paṭiccasamuppāda, Ssk. pratītyasamutpāda), wird dann als Ursprung des Leidens das Nichtwissen angegeben; aber auch hier spielt der Durst eine zentrale Rolle.

3.3 Die Wahrheit von der Auflösung des Leidens

Dies alles heißt nicht, daß dem vom Durst Befreiten – und die Befreiung vom Durst ist ja Ziel des buddhistischen Wegs – kein Leiden mehr begegnen könne, daß ihm nichts mehr wehtun könnte. Die Befreiung ist keine Panzerung. Wohl aber heißt es, daß ohne Durst Leiden keinen Bestand mehr hat. Deshalb wird die Wahrheit von der Auflösung des Leidens (nirodha) so erklärt: »Es ist dieses Durstes restlose Auflösung bis hin zur Abwesenheit von Lustverlangen, das Loslassen, das völlige Auswerfen, die Loslösung, das ohne Grundlage sein.« (DN 22, II 310)

Sieht man die Leidensentstehung und die Auflösung des Leidens im Kontext der indischen Auffassung von der Wiedergeburt, die ja auch in der zweiten Wahrheit ausdrücklich erwähnt wird (dort mit »Wiederwerden« übersetzt), dann läßt sich eine einfache Interpretation geben: Die Auflösung des Durstes mag zwar in diesem Leben weder Alter noch Tod besiegen, aber dadurch, daß der Durst wegfällt, fällt auch die Wiedergeburt weg und dadurch gibt es kein nächstes Leben und damit auch kein Leiden mehr. Viele Stellen in den buddhistischen Texten legen eine derartige Interpretation nahe, viele Buddhisten haben die Lehre auch offenbar so verstanden. Insofern ist diese Interpretation ein Teil der buddhistischen Lehre; aber sie greift zu kurz. Zu häufig kommen in den Texten auch solche Formulierungen wie »schon zu Lebzeiten befreit« vor. Und die gesamte buddhistische Theorie von der bedingten Entstehung und von der Vergänglichkeit aller Erscheinungen legt es nahe, daß Geburt nicht nur als etwas verstanden wurde, was sich am Ende eines Lebens nach dem Tod erneut ereignet, sondern auch als ein Prozeß, der in jedem Augenblick stattfindet. Leben ist ein ununterbrochener Prozeß des aus einem Augenblick heraus Sterbens und in den nächsten Augenblick hineingeborenen Werdens.

Geht man von der Auflösung des Durstes als dem entscheidenden Faktor bei der Auflösung des Leidens aus, dann gibt es eine logisch ganz einfache Lösung: Man schafft den Durst in sich ab, und schon ist das Leiden besiegt. Einfach ist dies freilich nur auf der abstrakt-logischen Ebene. Auf der Ebene des wirklichen Lebens ist dies, wie die alltägliche Erfahrung lehrt, das Schwierigste, was man sich überhaupt vorstellen kann. Sonst würde es auch der entscheidenden vierten Wahrheit vom achtgliedrigen Weg nicht bedürfen.

3.4 Die Wahrheit des achtgliedrigen Weges

»Es ist dieser edle achtgliedrige Weg, der den zur Leidensauflösung führenden Pfad bildet. Nämlich: rechte Sichtweise (sammādiṭṭhi), rechte Absicht/Gesinnung (sammāsaṃkappa), rechte Rede (sammāvācā), rechtes Handeln (sammākammanta), rechter Lebenswandel (sammā ājīva), rechte Bemühung (sammāvāyāma), rechte Achtsamkeit (sammāsati), rechte Sammlung (sammāsamādhi)« (DN 22, II 311)

Ich habe mich bei meiner Übersetzung weitgehend an die übliche Terminologie gehalten. Natürlich war der achtgliedrige Weg von Anfang an Gegenstand zahlreicher Analysen, handelt es sich doch um ein Kernstück der buddhistischen Lehre: um die praktische Umsetzung des Wegs zur Befreiung. Eine Lehre, die sich mit der Befreiung des Menschen von den Fesseln des Daseins beschäftigt, wäre ohne praktische Anleitung, wie diese Befreiung zu bewerkstelligen sei, nicht einmal graue Theorie. Sie wäre einfach unsinnig. Deshalb hat die Darstellung des Weges in allen Schulen des Buddhismus einen großen Stellenwert.

Zuvorderst ein Hinweis: Beim achtgliedrigen Weg handelt es sich nicht um einen Weg mit acht Etappen, bei dem man Glied um Glied oder Etappe um Etappe bewältigen könnte. Es sind acht Facetten eines Weges, sozusagen Orientierungspunkte. Die Reihenfolge der einzelnen Glieder ist eher eine der Voraussetzungen: Das erste Glied etwa, die rechte Sichtweise, umfaßt den ganzen Weg. Die Kommentare fassen die einzelnen Glieder so zusammen: Die beiden ersten Glieder (rechte Sichtweise und rechte Absicht) laufen unter dem Oberbegriff »unterscheidende Erkenntnis« (paññā, Ssk. prajñā); rechte Rede, rechtes Handeln und rechter Lebenswandel werden zusammengefaßt als Ethik (sīla, Ssk. śīla); rechte Bemühung, rechte Achtsamkeit und rechte Sammlung bilden zusammen den Bereich der Meditation oder Sammlung (samādhi).

Am Anfang steht die rechte Sichtweise (sammādiṭṭhi, Ssk. samyagdṛṣṭi). Man könnte auch von »Theorie« (im Wortsinn) oder von »Ansicht« reden. Beides würde dem Wortlaut (dṛṣṭi von dṛś, sehen) gerecht, trotzdem würde die wichtige Assoziation verloren gehen: Es geht darum, richtig, und das heißt aufmerksam und mit offenen Augen (auch im übertragenen Sinn) hinzusehen. Wie die Erfahrung lehrt, sind Theorien gerade das ungeeignetste Mittel, das rechte Hinsehen zu fördern. Mit einer Theorie versehen weiß ich schon immer vorher, was ich sehen werde. Das führt dazu, daß ich das Erwartete sehe – im äußersten Notfall kann ich die Augen auch kurzfristig schließen (wieder auch im übertragenen Sinn). Insofern wird der Begriff *diṭṭhi* (Ssk. dṛṣṭi), wenn er alleine steht, häufig für eine vorgefaßte (und damit falsche) Ansicht gebraucht. Hierzu gehört unter anderem der Glaube an ein konstantes existierendes Selbst, von dem oben schon die Rede war. Insofern könnte man die rechte Sichtweise negativ definieren als die Abwesenheit einer vorgefaßten Ansicht – spätere Schulen des Buddhismus würden so vorgehen. In den »klassischen« Texten (z.B. DN 22, II 312) wird »rechte Sichtweise« häufig mit dem Erkennen (ñāna, Ssk. jñāna) der vier Wahrheiten gleichgesetzt. Hier wird also wieder eine rekursive Definition angewandt, bei der das umfassende Prinzip des achtgliedrigen Wegs zugleich die gesamten vier Wahrheiten beinhaltet – schon dies ein Hinweis darauf, daß an eine lineare Abfolge gar nicht zu denken ist.

Andere Texte (z.B. MN 117, III 72; AVS 35) erläutern rechte Sichtweise eher an demonstrativen Beispielen: Es gibt diese Welt, in der wir leben, es gibt eine andere Welt, die wir verwirklichen können, es gibt Mutter und Vater; alles was wir tun, Erwünschtes und Unerwünschtes, Gutes und Schlechtes, hat Folgen. Zusammengefaßt: Man soll sich an das halten, was man wirklich sieht, man soll von den unmittelbaren Gegebenheiten ausgehen – nicht als erkenntnistheoretisches Postulat, sondern als praktische Orientierung. Auch die schon angedeutete negative Definition wird angeführt (ASV 320 f). Die rechte Sichtweise meidet die in der Welt gängigen Theorien, die Theorie von einem Selbst (ātman), von einer Seele (sattva, jīva, poṣa), die Theorie von der endgültigen Vernichtung oder von der Ewigkeit der Gegebenheiten, die Theorie, daß es keinen Unterschied zwischen heilsamen und unheilsamen Dingen gäbe, die Theorie, daß das empirische Leben (saṃsāra) und die Befreiung (nirvāṇa) zwei getrennte Bereiche der Wirklichkeit seien. Alle diese Theorien lassen sich buddhistischen oder nichtbuddhistischen Denkrichtungen zuweisen.

Das zweite Glied des achtfachen Wegs ist die rechte Gesinnung oder Absicht, wobei beide deutsche Begriffe den Bedeutungsraum von *saṅkappa* (Ssk. saṅkalpa) nur sehr unvollkommen abbilden. Die Sanskritwurzel *klp* steht für ordnen, zurechtlegen, auch für konstruieren, bilden; *saṅkalpa* ist daher auch eine Konstruktion, der Versuch, die Welt zu ordnen, meint also beides: die Gesinnung oder Absicht, mit der ich mich auf den Weg mache, und die gedankliche Ordnung, das Bild, das ich mir von der Welt mache, in der ich mich bewege. »Zielvorstellung« wäre, würde es nicht so wirtschaftspolitisch klingen, eine ganz gute Entsprechung. Dieses Glied des Weges akzeptiert auf eine außerordentlich weise Art, daß die rechte Sichtweise bei weitem nicht die ganze Wirklichkeit erfaßt, daß allemal noch vieles bleibt, von dem wir uns lediglich ein Bild machen.

Rechte Gesinnung ist zu allererst (DN 22, II 312) ein Hinausgehen (nekkhamma, Ssk. naiṣkramya) aus eingefahrenen weltlichen Denkbahnen und der Sucht nach weltlichen Genüssen (nekkhamma, Ssk. naiṣkāmya). Es ist der Versuch, anderen Menschen mit der Vorstellung gegenüberzutreten, daß ich ihnen nicht übel will, daß ich vermeiden will, sie zu verletzen. Es ist die bewußte Entscheidung (AVS 35), sich nicht auf weltliche Macht (cakravārttya) zu orientieren, sondern auf das Ziel des Erwachens (buddhatva), was eine Orientierung an der buddhistischen Ethik impliziert. Schließlich ist es der Versuch (AVS 321), alle Zielvorstellungen zu vermeiden, die dem Entstehen von Gier, Haß und Verblendung Vorschub leisten, und Zielvorstellungen zu entfalten, die dem unterscheidenden Erkennen, der Sammlung, der Befreiung dienen.

Als nächstes Glied des Weges kommt dann die rechte Rede (vācā, Ssk. vāk) als der erste Aspekt des praktischen Verhaltens in der Welt. Es ist interessant, welche hervorragende Stelle dem kommunikativen Verhalten eingeräumt wird. Unser sprachliches Verhalten ist der Bereich, in dem unser Verhalten zu der uns umgebenden Welt am differenziertesten und komplexesten ist. Es ist der Teil des Verhaltens, mit dem wir am intensivsten auf die Welt einwirken und gleichzeitig auf uns selbst zurückwirken – und zugleich der Bereich des Verhaltens, mit dem wir am leichtfertigsten umgehen. Meistens wird hier zusammenfaßt: Rechte Rede heißt das Vermeiden von Lüge und Verleumdung, von Härte und Grobheit, von zusammenhanglosem Geschwätz (DN 22, II 312; AVS 35; MN 117, III 74). Soweit könnte man von einer allgemeinen ethischen Orientierung des sprachlichen Verhaltens reden, das sich ähnlich in jedem ethischen Kodex finden könnte.

Die eigentliche Bedeutung der »rechten Rede« wird deutlicher an einer anderen Erklärung, die sagt: Rechte Rede ist eine Rede, mit der jemand »nicht sich und nicht andere quält, nicht sich und nicht andere plagt, nicht sich und nicht andere erniedrigt, sondern die anständig (ārya), zusammenhängend und angenehm ist, die Worte verwendet, die mit Sammlung und Freude verbunden sind.« (AVS 321) Hier wird deutlich, daß sprachliches Verhalten nicht nur nach außen verletzend und schädigend wirken kann – so weit die ethische Ausrichtung –, sondern daß jemand sich mit seiner eigenen Rede auch selbst erniedrigen oder verletzen kann. Diese tiefe psychologische Einsicht, die sich offensichtlich der präzisen Beobachtung der Achtsamkeitsübungen verdankt, geht auf eine alte Überlieferung zurück, in der es heißt: »Eine Rede soll er sprechen, mit der er sich nicht selber quält, mit der er andre nicht verletzt, solche Rede ist wohlgesprochen.« (Sn v. 451)

Erst nach dem sprachlichen Verhalten wird das rechte Handeln (kammanta, Ssk. karmānta) erörtert, denn rechtes Handeln ist nur dann möglich, wenn es eingebettet ist in rechte Sichtweise und rechte Absicht. Sprachliches Verhalten ist Bestandteil und Voraussetzung für rechtes Handeln. Es ist häufig so, daß Reden zunächst »nur« der sprachliche Ausdruck der eigenen Absichten und Vorsätze ist – etwas zu sagen ist oft einfacher als es zu tun –, wobei man sich mit diesem Reden aber gleichzeitig immer mehr auf ein mit diesem Reden übereinstimmendes Verhalten festlegt. Auf diese Weise können sich rechte Rede und rechtes Handeln gegenseitig stützen – falsche Rede und falsches Handeln übrigens auch. Die »Rückwirkung« des Verhaltens geht noch weiter: Reden und Verhalten stützen sich nicht nur gegenseitig, sondern sind auch geeignet, die eigenen Absichten und die Weise, wie man die Welt sieht, zu festigen.

Die genaueren Bestimmungen dessen, was rechtes Handeln sei, bewegen sich wieder im Rahmen von praktischer Ethik bis hin zu genaueren analytischen Bestimmungen. Zunächst wird rechtes Handeln negativ definiert (DN 22, II 312). Es ist das Absehen von Handlungsweisen, die als besonders schädlich gelten: das Töten von Lebendigem, das Nehmen von Ungegebenem, falsches Verhalten im Bereich der Sinnlichkeit, im engeren Sinne der Sexualität. Hier gilt als falsch, illegitime sexuelle Beziehungen zu unterhalten (in der damaligen indischen Kultur Ehebruch); für buddhistische Mönche und Nonnen sexuelle Beziehungen überhaupt. Eine relativ abstrakte Definition (AVS 321) bezeichnet als falsches Handeln alle Taten, die negative Folgen haben, als richtig alles, was positive Folgen hat. Eine analytische Definition (AVS 36 f) verwendet eine differenzierte negative Bestimmung: Rechtes Handeln heißt danach, sich an die zehn heilsamen Verhaltensweisen (kuśala karmapatha) zu halten. Drei hiervon sind dem körperlichen Verhalten zugeordnet: zu vermeiden sind das Töten, das Nehmen von Ungegebenem, falsches sinnliches Verhalten. Dies stimmt mit der oben gegebenen Definition überein. Vier weitere richtige Verhaltensweisen sind dem sprachlichen Verhalten zugeordnet und entsprechen einer der Definitionen für richtige Rede: Vermeiden von Betrug, Verleumdung, Roheit und zusammenhanglosem Geschwätz. Drei weitere Verhaltensweisen schließlich werden zur geistigen Ebene (manas) gezählt: zu vermeiden sind Verlangen (abhidhyā), Übelwollen (vyāpāda) und falsche Sichtweise – drei Verhaltensweisen, die der konkrete Ausdruck der schon bekannten Gier, Haß und Verblendung sind. Nach dieser Definition ist also in rechtem Handeln explizit rechte Sichtweise, rechte Absicht und rechte Rede eingeschlossen.

Quasi als Resultat der ersten vier Glieder wird als fünftes der rechte Lebenswandel (ājīva) angeführt, zuweilen auch mit Lebenserwerb übersetzt. Auch hier ist nicht nur das praktische Verhalten gemeint – Sich-Fernhalten von Zeichendeuterei, Gaukelei, Beschwörungen und dergleichen (AVS 39), die offenbar für eine Anzahl von Asketen der damaligen Zeit Erwerbsquellen waren –, sondern auch geistige Haltungen: mit dem zufrieden sein, was man selber erhält, und keinen Neid entwickeln auf das, was andere bekommen. Alle diese Regeln sind so, wie sie formuliert sind, in erster Linie für Mönche und Nonnen gedacht, die ihr Leben durch Betteln fristen, sind aber, besonders was die inneren Einstellungen betrifft, durchaus auch auf sogenannte Laienanhänger anwendbar.

Die letzten drei Glieder werden unter Sammlung (samādhi) zusammengefaßt und betreffen wesentlich den spirituellen Aspekt des Weges. Ihre Einbindung in den achtgliedrigen Weg macht deutlich, daß im Buddhismus Spiritualität nicht als etwas vom alltäglichen Leben Abgetrenntes verstanden wird, sondern als etwas, was nur in Verbindung mit diesem Leben praktizierbar ist.

An erster Stelle steht hier die rechte Bemühung, das sechste Glied des Weges. Rechte Bemühung heißt, sich Mühe zu geben, um zu verhindern, daß sich unheilsame psychische Prozesse entfalten, daß schon entfaltete unheilsame Prozesse wieder schwinden, und um zu bewirken, daß sich heilsame Prozesse entfalten und festigen (DN 22, II 312). Zusammengefaßt soll rechte Bemühung alles beinhalten, was verhindern kann, daß Gier, Haß und Verblendung entstehen, und was hilft, den achtfachen Weg insgesamt gangbar zu machen (AVS 322). Die Formulierung lautet hier: was die Wahrheit vom edlen achtgliedrigen Weg herabbringt (avatāra), sie auf die Erde bringt, und was den Weg zum Erlöschen (nirvāṇa) stärkt. Den achtfachen Weg gangbar machen heißt auch, ihn auf eine praktische Ebene zu bringen, auf der er auch praktisch verwirklicht werden kann. Auch wenn dies nicht explizit belegbar ist, deutet dies darauf hin, daß hinreichender Realismus vorhanden war, um zu erkennen, daß sich mit Hilfe unrealisierbarer Forderungen und Vorsätze ein sicheres Hemmnis schaffen läßt, den Weg zur Befreiung auch nur zu beginnen. Und es geht ja zunächst immer nur um diesen Anfang auf einem Weg, der so gestaltet ist, daß sich alle Glieder gegenseitig stützen und fördern.

Das siebte Glied des Weges ist die rechte Achtsamkeit. Sie umfaßt alles, was im vorherigen Kapitel dargestellt wurde, die achtsame Beobachtung von Körper, Gefühlen, Geist und Gegebenheiten, wobei zu den Gegebenheiten auch wieder die vier edlen Wahrheiten selbst gehören. Zum achtgliedrigen Weg gehört also auch die kritische Selbstbeobachtung auf diesem Weg. Eine Definition deutet darauf hin, daß Achtsamkeit alleine noch nicht zwangsläufig zum Erfolg führt (AVS 2): Sie bezeichnet als rechte Achtsamkeit eine Achtsamkeit, die gut errichtet ist, nicht schwankt und nicht abschweift, den Blick nicht auf Gier, Haß und Verblendung fixiert, sondern den Weg zum Nirvāṇa ansteuert, kurz, eine Achtsamkeit, die den Weg öffnet und nicht versperrt.

Als letztes Glied wird die rechte Sammlung angeführt. Üblicherweise werden hierunter die vier Vertiefungen verstanden, die schon in der Überlieferung des Erwachens Siddhārthas aufgeführt wurden. Eine weitere Charakterisierung, die allerdings schon stärker der sozialen Ethik des Mahāyāna entspricht, fordert für die rechte Sammlung, daß sie von dem Willen geprägt sein muß, sich für die Befreiung aller Lebewesen einzusetzen, also nicht nur für die eigene.

4. Meditation

4.1 Buddhistische Meditation

Daß Sammlung und Meditation als Schlußglied des achtgliedrigen Weges auftauchen, gibt der Meditation innerhalb des buddhistischen Lehrsystems ein besonderes Gewicht. Es ist zwar keineswegs so, daß Meditation – im Sinne der vier Vertiefungen – als unbedingt notwendig für die Befreiung betrachtet wurde. Gerade die Lehrrede zur Achtsamkeit weist darauf hin, daß die einzige Methode die rechte Achtsamkeit sei. Gleichwohl nimmt Meditation eine wichtige Stellung ein. Man könnte es so charakterisieren: Die Methode ist die rechte Achtsamkeit, aber die Meditation hilft, das Ziel im Auge zu behalten:

»Gleich wie, ihr Mönche, die Gaṅgā, der Strom, nach Osten [zum Meer] sich neigt, nach Osten sich beugt, nach Osten sich senkt, ebenso ist, ihr Mönche, ein Mönch, sofern er die vier Vertiefungen entfaltet, die vier Vertiefungen eifrig übt, zum Nirvāṇa geneigt, zum Nirvāṇa gebeugt, zum Nirvāṇa hingesenkt.« (SN LIII, 1, V 307 f)

Besonders bei diesem letzten Glied des achtgliedrigen Wegs zur Auflösung des Leidens macht sich der Mangel der abendländischen Sprachen an geeigneten Begriffen bemerkbar. Es gibt keine ungebrochene abendländische Tradition der Meditation, schon gar nicht einer Meditation, die etwas anderes meint als die Annäherung an einen wie auch immer persönlich oder unpersönlich gedachten Gott. Diese Art der Meditation steckte immer in der theologischen Zwangsjacke, daß jede absichthafte Annäherung an Gott als Vermessenheit eines vorwitzigen Sünders verboten war. Entweder Gott offenbarte sich aus eigenen Stücken in seiner Gnade, oder die Annäherung war vergebens oder gar sündig. Das heißt nicht, daß sich im Abendland keine Techniken entwickelt hätten, um sogenannte außernormale Bewußtseinszustände zu erreichen, die sich vom alltäglichen Wachbewußtsein unterscheiden. Aber es gab keine offene Debatte über derartige Techniken, und schon gar keine systematische Erforschung dessen, wie solche Bewußtseinszustände zu erreichen sind und was in ihnen geschieht. Eine derartige Forschung hat erst in moderner Zeit eingesetzt. In Indien dagegen waren verschiedene Methoden, in außernormale Bewußtseinszustände einzutreten – zusammengefaßt unter dem Sammelbegriff Yoga –, schon zur Zeit Buddhas durchaus gebräuchlich. Mit diesen Methoden waren sowohl religiöse als auch magische Ziele verbunden. So konnten Yogatechniken für die eigene Erkenntnis und Befreiung, aber auch für weiße und schwarze magische Zwecke eingesetzt werden. Hinweise für beides gibt es in der buddhistischen Literatur hinreichend. So gehen die Texte allgemein davon aus, daß sich im Zuge meditativer Übungen auch magische Fähigkeiten einstellen können, die allerdings eher als Gefahr denn als Nutzen angesehen werden. Die Texte empfehlen jedenfalls, diesen Fähigkeiten keine Bedeutung beizumessen und sie auch nicht weiter zu verfolgen oder anzuwenden.

Die ununterbrochene Tradition des Yoga in Indien und seine offene Erörterung hat dazu geführt, daß es eine ganze Anzahl sehr präziser Begriffe für meditative Zustände und Methoden gibt, die sich im Deutschen zwar »irgendwie« wiedergeben lassen, denen aber das entsprechende Bedeutungsumfeld fehlt. Die folgende Darstellung spart deshalb »technische« Einzelheiten weitgehend aus und beschränkt sich auf die Darstellung und Erläuterung einiger Grundlagen, die in den kanonischen Texten vielfach auftauchen.

Bei der Darstellung der Achtsamkeitsübungen wurde schon darauf hingewiesen, daß die Überwindung der fünf Hemmnisse (auf Sinnlichkeit gerichtetes Wollen, Übelwollen, Erstarren und Trägheit, Aufgeregtheit und Unruhe, schwankender Zweifel) die Voraussetzung schafft für den Eintritt in die vier Vertiefungen. Dort hieß es:

»Nachdem er gesehen hat, daß die fünf Hemmnisse in ihm verschwunden sind, entsteht dem Fröhlichen Freude. Dem, dessen Geist freudig ist, beruhigt sich der Körper; der, dessen Körper beruhigt ist, empfindet Glück; des Glücklichen Geist sammelt sich.« (DN 2, I 73)

Für die Begriffe »sammelt sich« und »Sammlung« steht im Original *samādhīyate* und *samādhi*, beides Ausdrücke, die zusammengesetzt sind aus der Wurzel *dhā* (setzen, stellen, legen) mit den Vorsilben *sam* (mit, zusammen) und *ā* (herbei, zu-hin, oder einfach nur intensivierend). *Samādhi* könnte man demnach wiedergeben mit »der Geist wird intensiv zusammengefügt und auf einen Punkt oder einen Prozeß hin ausgerichtet«. »Sammlung« trifft das Gemeinte ganz gut, bringt allerdings den meditativen Zusammenhang nicht zur Sprache. Fast synonym wird der Ausdruck *ekaggatā* (Ssk. ekāgratā), »Einspitzigkeit« verwendet, der ebenfalls bedeutet, daß der Geist auf einen einzigen Gedanken, ein einziges Bild, eine einzige Vorstellung konzentriert ist. Wie aus westlichen Techniken der konzentrativen Entspannung bekannt ist (etwa aus dem autogenen Training), dient die Konzentration auf einen Punkt oder Prozeß der »Umschaltung« in einen hochkonzentrierten entspannten und zugleich hellwachen Bewußtseinszustand. Eine ähnliche Umschaltung scheint auch der Ausgangspunkt für die Vertiefungen (jhāna, Ssk. dhyāna) im Buddhismus zu sein, mit dem gravierenden Unterschied freilich, daß sie in einen religiös-ethischen Kontext eingebettet sind.

Vertiefung ist hierbei nur eine äußerst behelfsmäßige Wiedergabe von *dhyāna*. Die Sanskritwurzel *dhyā* steht für nachsinnen, freilich nicht für ein aktiv-suchendes, sondern eher rezeptives Sinnen; der aus der europäischen Mystik vertraute Begriff »Kontemplation« kommt dem nahe. Auch der in der deutschen mittelalterlichen Mystik zuweilen für *contemplatio* verwandte Begriff »Schauung« (schouwunge), den Neumann in seinen Übersetzungen verwandt hat, wäre brauchbar, wenn er noch allgemein verständlich wäre.

4.2 Die Vertiefungen

Die vier Vertiefungen werden in den Texten aller buddhistischen Schulen einheitlich beschrieben (hier zitiert nach MN 25, I 159 f). Bei der Beschreibung der ersten Vertiefung heißt es:

»Losgelöst von Sinnlichkeiten, losgelöst von unheilsamen Dingen, erlangt er die von geistigem Erfassen (vitarka) und Durchdenken (vicāra) begleitete, aus der

Abgeschiedenheit gezeugte, freudvolle glückliche erste Vertiefung und verweilt darin.«

Die erste Vertiefung beginnt mit der Loslösung von sinnlichen Dingen, von der sinnlichen Wahrnehmung und von sinnlichen Begierden. Mit der Loslösung von sinnlicher Wahrnehmungen ist dabei nicht gemeint, daß die sinnliche Wahrnehmung unterdrückt wird, wie es in verschiedenen Yogadisziplinen der Fall ist. Dort gibt es äußerliche – wie etwa das Zuhalten von Augen und Ohren – oder psychische Techniken, beispielsweise das autosuggestive Unterdrücken der Wahrnehmung, mit denen ein Zustand ohne sinnliche Wahrnehmung erreicht wird, eine Art von sensorischer Deprivation, die als Ausgangspunkt für das Erreichen außernormaler Bewußtseinszustände dient. In der buddhistischen Meditation wird die Wahrnehmung konzentriert, wobei als ein Hilfsmittel dienen kann, daß die Wahrnehmung auf einen Punkt, etwa einen Gegenstand (kāsina, Ssk. kṛtsnā) gerichtet wird, der sozusagen als der Punkt des Ganzen dient, auf den der Geist ausgerichtet ist. Auch die Konzentration auf den eigenen Atem wird häufig als Mittel angeführt, um die erste Vertiefung zu erreichen. Daß nicht einmal dies zwingend erforderlich ist, zeigt die Tatsache, daß nach der Überlieferung Siddhārtha sich daran erinnerte, daß er als schon als Kind unter einem Baum sitzend spontan in die erste Vertiefung eingetreten ist.

Zugleich ist der Meditierende losgelöst von unheilsamen Dingen – oben schon angedeutet mit dem Hintersichlassen der Hemmnisse des Geistes – und tritt so in die erste Vertiefung ein. Dieses »losgelöst von unheilsamen Dingen« klingt relativ abstrakt. Die unheilsamen Dinge sind zunächst und vor allem Prozesse, die sich im Geist abspielen und diesen vergiften. Dies heißt nicht, daß es sich generell um etwas Unwirkliches handle. Vielmehr gibt es meist durchaus eine reale Grundlage: Da mag wirklich jemand sein, der mir feindselig gegenübersteht, da mag wirklich etwas sein, was ich unbedingt haben will, da mag wirklich etwas geschehen sein, was mich mit Schmerz erfüllt. Gleichwohl findet sich dies alles im Geist als Gedankengebilde wieder, die den Geist fesseln und ihn zwingen, sich im Kreis zu bewegen. Im Augenblick der Meditation, die in einer ungestörten Situation stattfindet, werden diese Gedankengebilde tatsächlich unwirklich: In diesem Augenblick ist niemand da, der mir feindselig gegenüberstünde, gibt es nichts, was ich begehren müßte. Es sind nur Erinnerungen oder Pläne, mit denen sich der Geist beschäftigt und quält, ohne daß sich dadurch etwas real veränderte. Alle derartigen Gedankengebilde gilt es loszulassen, und dazu bedarf es nicht nur der äußeren, sondern auch der inneren Abgeschiedenheit.

Die erste Vertiefung ist immer noch von geistigem Erfassen (vitakka, Ssk. vitarka) und Durchdenken (vicāra) begleitet. Es tauchen also durchaus noch Gedanken auf – allerdings nur »heilsame«, positiv formuliert solche, die geprägt sind von Freundlichkeit, Mitgefühl, Mitfreude und gleichmütiger Akzeptanz –, die der Geist erfaßt und durchdenkt, aber gleichfalls nicht festhält.

»Nach der Beruhigung von geistigem Erfassen und Durchdenken [entsteht] die innere freudige Stille, die Einswerdung des Geistes (ekodibhava cetaso), und er erlangt die von geistigem Erfassen und Durchdenken freie aus der Sammlung gezeugte freudvolle glückliche zweite Vertiefung und verweilt darin.« (MN 25, I 159)

Die Freude und das Glück, die mit dieser ersten Meditationsstufe verbunden sind, leiten über in ein Gefühl der inneren Stille. Das Erfassen und Durchdenken von Gedankenbildern hört auf, es gibt nur das Jetzt mit seinem Glücksgefühl. Das Denken beruhigt sich und wird von einem gleichmäßig konzentrierten Gewahrsein abgelöst. Die innere Zerrissenheit und Unruhe hört auf, der Geist wird eins.

»Der Freude (prīti) und der Gierlosigkeit gegenüber gleichmütig (upekhaka) verweilt er, achtsam und klar erkennend, und ein Glück fühlt er mit dem Körper, von dem die Edlen zu sagen pflegen: ›Der gleichmütig Achtsame verweilt im Glück‹ – so erlangt er die dritte Vertiefung und verweilt darin.« (MN 25, I 159)

In diesem konzentrierten Gewahrsein hört auch das Festhalten am Glücksgefühl auf. Es gibt nur noch die tatsächliche Situation des Dasitzens und Sichwohlfühlens, achtsam und klar bewußt, ohne an irgend etwas zu denken, ohne sich an etwas festzuklammern. In dieser konzentrierten Achtsamkeit erscheint die Gesamtsituation, man selbst, dasitzend und meditierend, die Welt, so wie sie ist, klar und hell. Der ganze Organismus ist von einem stillen Glücksgefühl durchdrungen. Es handelt sich also nicht um einen Rückzug aus der Wirklichkeit, sondern um klares, achtsames, gleichmütiges Zurkenntnisnehmen.

Auch das Glücksgefühl wird zurückgelassen, weil Glück immer noch die Negation von Leiden ist. Erst mit dem Loslassen des Glücks wird auch das Leiden losgelassen. Damit verschwinden auch schon vergangene schmerzliche Gefühle, die in der Erinnerung weiterleben, es kommt sozusagen zu einer Katharsis, in der sich der Geist von allem Leiden befreit.

»Nach Zurücklassen des Glücks und nach Zurücklassen des Leidens, nach dem Untergang von früherem Frohsinn und Trübsinn erlangt er die von Leiden und von Glück freie, in Gleichmut und Achtsamkeit völlig reine vierte Vertiefung und verweilt darin.« (MN 25, I 159)

4.3 Die vier formlosen Vertiefungen

Für die vierte Vertiefung, die sich der Beschreibung in positiven Begriffen weitgehend entzieht, gibt es noch eine weitere Differenzierung, die zuweilen als vier eigene Vertiefungen beschrieben wird. Daß meditative Erlebnisse sprachlich so schwer darzustellen sind – dies gilt nicht nur für die buddhistische Meditation, sondern auch für vergleichbare Erlebnisse in anderen Kulturen – hat übrigens nichts damit zu tun, daß hier etwas besonders Geheimnisvolles geschähe. Es liegt vielmehr an dem Charakter der Sprache einerseits und andererseits an der Tatsache, daß meditative Erlebnisse nicht zum Allgemeingut der Erfahrung gehören. Sprache tut sich am leichtesten, wenn sie sich auf Erlebnisse bezieht, die ohne groß nachzufragen als allen gemeinsam angesehen werden. Sobald dieser Rahmen verlassen ist, fehlen auch die sprachlichen Möglichkeiten. Wenn etwa die christliche Mystik vom »süßen Nicht« redet, um die Gleichzeitigkeit der inneren Stille und des absoluten Glücksgefühls auszudrücken, dann wird die sprachliche Beschreibung selbst zum Experiment: Verschiedene Menschen beschreiben das von ihnen Erlebte und prüfen, ob sie in dem, was andere sagen, ihr eigenes Erleben wiedererkennen. Auf dieser Basis entwickelt sich dann ein begrifflicher Apparat, der dem Außenstehenden eher unverständlich oder paradox erscheint.

»Nach der völligen Überwindung der Formwahrnehmungen (rūpa-saññā), nach dem Untergang der rückwirkenden (pratigha) Wahrnehmungen, nach dem Nichterwägen der Vielheitswahrnehmungen verweilt er [in dem Erleben:] ›unendlich ist der Raum‹ das Raumunendlichkeitsgebiet erlangt habend.« (MN 25, I 159)

In der vierten Vertiefung, die sich von glücklichen und leidhaften Empfindungen gelöst hat, die gekennzeichnet ist von einer ruhig klaren gleichmütigen Achtsamkeit, hört der Meditierende auf, die Welt und sich selbst in Dinge einzuteilen. Diese Einteilung in Dinge, die zunächst voneinander getrennt sind, und dann sozusagen sekundär wieder miteinander in Wechselwirkung treten, ist die alltägliche Denkform, die sich auch in unserer Sprache widerspiegelt. Diese Art der Weltwahrnehmung ist natürlich auch ganz eng mit dem Durst (taṇhā, Ssk. tṛṣṇā) verknüpft: Nur die Einteilung der Welt in voneinander getrennte Dinge gestattet es, die einen zu begehren und die anderen abzulehnen, bei den einen ihre Entfaltung und Mehrung zu wünschen und bei den anderen ihr Verschwinden.

Sobald der Durst als Motor der Aufspaltung geschwunden ist und sobald die Gewohnheit dieser Einteilung, die sich in reflexhaften erinnerungsähnlichen Wahrnehmungen äußert, im Prozeß der Meditation geschwunden ist, schwindet auch die gestalthafte Wahrnehmung, die es gestattet, etwa sich selbst in seiner körperlichen Gestalt von der umgebenden Welt zu abzutrennen. Damit geht die Wahrnehmung einer Vielheit von Dingen, unter denen man selbst eines ist, verloren. Das Bewußtsein verliert seinen formhaften vielfältigen Inhalt und es bleibt das Bewußtsein eines unendlichen Raumes, nicht als Verlust von Bewußtheit, sondern als Ausdehnung. Es gibt keine Grenze mehr. Die erlebte Wirklichkeit hört nicht an der Grenze auf, die die Haut zwischen einem Individuum und der umgebenden Welt bildet, sie hört auch nicht an den Grenzen einer Stadt oder einer Welt auf. Sie ist einfach ein als unendlich erlebter Raum. Ähnliches ist auch aus dem abendländischen Bereich vertraut. Das Gefühl kosmischer Einheit enthält gleichermaßen die Abkehr von der Ichwahrnehmung (Depersonalisation) und die Aufhebung aller Begrenzungen. Daß aufgrund der Geringschätzung der empirischen Wirklichkeit dabei häufig ein Vakuum zwischen dem Erlebenden und dem Kosmos entsteht, daß das Einheitserlebnis die unmittelbare auch menschliche Umwelt ausspart, ist eine andere Frage. Wie genau die achtsame Selbstbeobachtung der buddhistischen Mystiker auch in diesem Erleben noch war, zeigt die weitere Beschreibung:

»Nach der völligen Überwindung des Raumunendlichkeitsgebietes verweilt er [in dem Erleben:] ›unendlich ist das Bewußtsein‹ das Bewußtseinsunendlichkeitsgebiet erlangt habend.« (MN 25, I 159)

Die kosmische Einheit, das Erlebnis des unendlichen Raumes ist nicht ein Ding, von dem ein Bewußtsein entstünde, sondern ist das Bewußtsein selbst. Das Bewußtsein selbst ist der unendliche Raum, in dem die Vielfalt ebenso präsent ist wie die Einheit des unendlichen Raumes. Bewußtsein und Raumunendlichkeit sind nicht zwei voneinander getrennte Gegegebenheiten, sondern eins. Das Bewußtsein ist nichts anderes als das, dessen es sich bewußt ist. Die Trennung zwischen Bewußtsein und dem, dessen es sich bewußt ist, ist nur fiktiv. Wenn es aber diese Trennung nicht gibt, dann gibt es weder ein unendliches Bewußtsein noch den unendlichen Raum.

»Nach der völligen Überwindung des Bewußtseinsunendlichkeitsgebiets verweilt er [in dem Erleben:] ›nicht ist irgendetwas‹ das Nichtirgendetwasgebiet erlangt habend.« (MN 25, I 160)

Sobald die Differenzierung Bewußtsein – Gegenstand des Bewußtseins geschwunden ist, sobald es also, wie spätere Texte es formulieren, niemanden mehr gibt, der wahrnimmt, nach irgendetwas greift (grāhaka) und nichts mehr, was greifbar wäre (grāhya), wo also einfach nicht-zwei (advaya) ist, da gibt es auch kein irgendetwas (kiñcid) mehr, von dem man reden könnte – und in der aktuellen Situation niemanden mehr, der darüber reden könnte. Die Formulierung »nicht ist irgendetwas« vermag das nur sehr andeutungsweise auszudrücken. Aber selbst diese Formulierung spiegelt noch vor, es gäbe etwas Beschreibbares. Auch von diesem Erleben löst sich der Meditierende:

»Nach der völligen Überwindung des Nichtirgendetwasgebiets verweilt er das Gebiet von weder Wahrnehmung noch Nichtwahrnehmung erlangt habend.« (MN 25, I 160)

Dieses Nicht-irgend-etwas ist die Negation eines Etwas und bewegt sich insofern immer noch auf der gleichen Ebene. Das Nicht-irgend-etwas ist immer noch Gegenstand der geistigen Wahrnehmung (manas), indem hier entschieden wird: Hier ist nicht etwas. Wenn auch diese Spaltung in Etwas und Nicht-irgend-etwas überwunden ist, hört auch die Differenz zwischen Wahrnehmung und Nichtwahrnehmung auf, Wahrnehmung hierbei verstanden als das Einteilen und Klassifizieren von Welt, Nichtwahrnehmung als das Bewahren eines undifferenzierten amorphen und damit auch erstarrten Zustands.

Mit diesem sehr komplexen Prozeß von meditativer Vertiefung und Erleben ist mehr gemeint als das eindrucksvolle Realisieren außernormaler Bewußtseinszustände. Es ist vielmehr ein experimentelles Ausloten dessen, was Leben auch ist: nicht nur ein halbbewußter Prozeß, der mit der Geburt beginnt und mit dem Tod endet, ohne daß so recht ein Sinn zu erkennen wäre – man denke hier an die Formulierung der modernen Biologie, daß es der einzige erkennbare Sinn des menschlichen Daseins sei, die menschliche DNS zu reproduzieren. Was in der Meditation antizipativ erlebt wird, ist die geistige Dimension des Lebendigen, Leben als ein Prozeß grenzenloser unmittelbarer Erfahrung, die sich von den Notwendigkeiten der Reproduktion und des Überlebens gelöst hat. In der Meditation wird die Möglichkeit der Befreiung vorweggenommen. Die Wirklichkeit ist nicht mehr auf das Wahrgenommene (die »Sinnesdaten«) reduziert, sondern ist ein lebendiges Ganzes. Deshalb heißt es in manchen Texten:

»Nach der völligen Überwindung des Gebiets von weder Wahrnehmung noch Nichtwahrnehmung verweilt er die Auflösung von nur durch Wahrnehmung Erkanntem (saññāveditaya) erlangt habend; dies als Weiser gesehen habend sind ihm die Einfließungen (āsava) völlig versiegt.« (MN 25, I 160)

Unter Einfließungen wird hierbei eine objektivierte Form des Durstes verstanden: die Einfließung von Sinnlichkeit, die meint, die Gier kommt nicht von innen, sondern werde von außen erzeugt, die Einfließung des Werdens, die davon ausgeht, der Durst nach Werden sei objektives Faktum, die Einfließung der Sichtweisen, die meint, man sehe die Welt, so wie man sie sieht, weil die Welt so sei, und schließlich die Einfließung des Nichtwissens, die die eigene Verblendung der Unerkennbarkeit der Welt zuschreibt.

4.4 Exkurs zur Psychologie des Abhidharma

Im Folgenden soll am Beispiel der ersten beiden Vertiefungen demonstriert werden, wie präzise die Buddhisten diesen ganzen Prozeß beobachtet und analysiert haben. Zugleich soll hiermit ein zentraler, in der westlichen Rezeption bislang immer noch vernachlässigter Teil der buddhistischen Philosophie wenigstens andeutungsweise dargestellt werden: der *abhidhamma* (Ssk. abhidharma). Dabei meint *abhidharma* (von *abhi* »über« und *dharma*) so etwas wie eine übergreifende Philosophie. Als Quellen dienen dafür ein Text aus dem Abhidhammapiṭaka (dhammasaṅgaṇi, Dhs) und der Kommentar (atthasālini, Atth) zu diesem Text. Zur Orientierung hier noch einmal die ersten beiden Vertiefungen:

»Nachdem er gesehen hat, daß die fünf Hemmungen in ihm verschwunden sind, entsteht dem Fröhlichen (pamudita) Freude (pīti). Dem, dessen Geist freudig ist, beruhigt sich der Körper; der, dessen Körper beruhigt ist, empfindet Glück; des Glücklichen Geist konzentriert sich.

Losgelöst von Sinnlichkeiten, losgelöst von unheilsamen Dingen, erlangt er die von geistigem Erfassen (vitakka) und Durchdenken (vicāra) begleitete, aus der Abgeschiedenheit gezeugte, freudvolle glückliche (pītisukham) erste Vertiefung und verweilt darin.

Er überflutet eben diesen Körper mit dem aus der Abgeschiedenheit gezeugten freudevollen Glück, durchflutet ihn, füllt ihn völlig, durchtränkt ihn, und von seinem ganzen Körper bleibt nichts von dem abgeschiedenheitsgezeugten freudvollen Glück undurchdrungen. [...]

Nach der Beruhigung von geistigem Erfassen (vitarka) und Durchdenken (vicāra) [entsteht] die innere freudige Stille, die Einswerdung des Geistes (ekodibhava cetaso), und er erlangt die von geistigem Erfassen und Durchdenken freie aus der Sammlung gezeugte freudvolle glückliche zweite Vertiefung und verweilt darin.« (DN 2, I 73 f)

Die geistigen Zustände und Prozesse, die hier eine zentrale Rolle spielen, sind geistiges Erfassen (vitarka), Durchdenken (vicāra), Freude (prīti), Glück (sukha) und die Einheit des Geistes, die häufig auch als die Einspitzigkeit des Geistes (P. cittass' ekaggatā, Ssk. cittasya ekāgratā) bezeichnet wird. Auch hier haben wir das Problem, daß wir, um über derartige Prozesse überhaupt reden zu können, eine gemeinsame Beschreibungssprache entwickeln müssen. Da es nicht möglich ist, etwa zu sagen

»das ist Freude« und gleichzeitig auf dieses Ding »Freude« zu zeigen, bleibt nichts anderes übrig, als zu versuchen, den geistigen Prozeß, der mit »Freude« benannt wird, zu beschreiben.

Vorausgesetzt, ich habe mit den Mitteln der achtsamen Selbstbeobachtung hinreichend genau geklärt, wovon ich überhaupt reden will, und vorausgesetzt, ich habe einen Gesprächspartner, der über ähnliche Grundlagen verfügt, gibt es im wesentlichen zwei Mittel der Klärung: Ich kann mit synonymen oder nahezu synonymen Begriffen oder durch Beispiele oder Metaphern die Bedeutung »einzukreisen« versuchen. Von beiden Möglichkeiten wird in der Abhidharma-Literatur Gebrauch gemacht. Die erste Methode – Anhäufung von Synonymen – ist natürlich besonders schwierig zu übersetzen, da hier eigentlich nur Begriffe verwendet werden dürften, die identische Bedeutungsfelder mit den indischen Begriffen haben, was praktisch nie der Fall ist. Zudem bleiben die langen Begriffslisten, die für diesen Typus von Abhidharmatexten typisch sind, dem europäischen Leser sehr fremd. Die Beispiele und Gleichnisse dagegen, mit denen versucht wird, nicht-dingliche Bedeutungen zu erhellen, sind auch für den europäischen Leser sehr gut nachvollziehbar.

Die erste Stufe der Meditation ist noch von zwei intellektuellen Tätigkeiten begleitet, dem geistigen Erfassen (vitakka) und dem Durchdenken (vicāra). Der Begriff *vitakka* kommt von der Verbalwurzel *tak* (Ssk. tark) (anfassen und drehen, anfassen und ziehen). Auf den Geist angewandt heißt das dann: mit dem Geist anfassen und an sich heranziehen, mit dem Geist anfassen und hin- und herdrehen. Eine ähnliche Ausdrucksweise gibt es im Deutschen mit »be-greifen«, allerdings mit einer anderen Bedeutungsentwicklung.

»Was in dieser Situation (samaya) anfassen und ziehen (takka) ist, das ist anfassen und an sich heranziehen (vitakka), das Zusammenbilden (saṅkappa) [von Geist und Gegebenheit], das Festmachen (appanā, Ssk. arpanā), das Erschließen (byappanā, Ssk. vyarpanā), das den Geist [die Gegebenheit] herbei und hinein Erklimmen machen, [die Verwirklichung der] rechten Absicht (sammāsaṇkappa) – das ist in dieser Situation vitakka.« (Dhs § 6, 11)

Der Begriff *vitakka* beschreibt also die Kontaktaufnahme mit einem Gegenstand, einem Gedanken, einem Bild. Mit *vitakka* ist nur dieses erste

Berühren gemeint, nicht, wie *vitarka* in späterer Zeit verwendet wird, die logisch-rationale Analyse, sondern tatsächlich nur die erste Begegnung, allerdings schon eine Begegnung mit der Tendenz zur weiteren Auseinandersetzung.

Diese erste Begegnung mit einem Gedanken hat immer auch eine emotionale Dimension. Der Geist kann sich sozusagen gierig auf einen Gedanken stürzen, sich in ihn hineinwühlen, ihn zerstören – Begriffe wie auseinandernehmen, zerlegen mögen als Bild hierfür genügen. Hier ist aber die Rede von der ersten Stufe der Meditation, die zur Voraussetzung die Ablösung von den fünf Hemmnissen hatte, wo die Begegnung (womit auch immer) nicht mehr geprägt ist von Gier, Haß oder Verblendung, sondern von Freundlichkeit, Respektieren, Achten, Wissenwollen und ähnlichen Regungen. Diese emotionale Dimension wird mit einem Bild verdeutlicht. »Wie jemand, gestützt auf einen Freund oder Bekannten des Königs, zu dessen Palast hinaufsteigt, genauso steigt der Geist (citta), gestützt auf *vitakka*, zu seinem Gegenstand (ārammaṇa, Ssk. ālambana) hinauf.« (Atth § 296, 114) Die Gleichsetzung des Gegenstands mit dem Palast des Königs besagt, daß dem Gegenstand mit großer Ehrfurcht zu begegnen sei. Der Geist ist quasi Gast seines Gegenstandes, nicht sein Eroberer. Dies wird noch dadurch unterstrichen, daß *vitakka*, die geistige Begegnung, nicht als ein Instrument des Geistes, sondern als ein Freund des Königs, des Besitzers des Gegenstandes beschrieben wird. Schließlich geht die Achtung gegenüber den Gegebenheiten, denen der Geist begegnet, bis in die Sprache hinein. Der Begriff *ārammaṇa* (Ssk. ālambana, ārambhaṇa) ist die Ursache, der Grund, das, wovon etwas abhängt, woran es hängt (rambh), das, was man berührt (lamb). Zum Vergleich: Ein Objekt (lat.) ist das, was sich entgegenwirft oder das Preisgegebene, Gegenstand das, was der Wahrnehmung oder dem Denken entgegen (oder milder: gegenüber) steht.

Um zu betonen, daß *vitakka* nur die erste Berührung ist, mit der die Verbindung mit dem Gegenstand anfängt, wird ein weiteres Bild verwendet: Wenn eine Pauke angeschlagen wird, dann vibriert sie weiter, ihr Ton beginnt mit dem Anschlag und klingt nach. Ebenso verhält es sich mit *vitakka:* Es ist der Anschlag, danach kommt das Schwingen, das Nachklingen. Nach diesem Anfang mit *vitakka* muß also notwendig eine weitere Geistestätigkeit folgen: Durchdenken (vicāra). Der Begriff *vicāra* ist abgeleitet von *car*, sich bewegen, gehen, wandern und *vi*, hindurch. Als körperliche Tätigkeit wäre *vicāra* ein Durchwandern, in oder auf etwas hin- und hergehen. Als geistige Tätigkeit ist es ein sich am und im Gegenstand Bewegen.

»Was in dieser Situation das sich Bewegen (cāra) ist, das sich Hindurchbewegen (vicāra), das sich entlang und hindurch Bewegen (anuvicāra), das sich darauf zu und hindurch Bewegen (upavicāra) des Geistes, sein [dem Gegenstand] folgend mit ihm verbunden sein, das umfassende Hinsehen – das ist in dieser Situation *vicāra*.« (Dhs § 7, 10)

Beim Durchdenken verbindet sich der Geist mit dem Gegenstand, bewegt sich in ihm und an ihm entlang (anu), sieht wirklich hin. Der Geist folgt dem Gegenstand und ist mit ihm verbunden, oder, wie der Kommentar sagt (Atth § 297, 114), der Geist versinkt (anumajjana) im Gegenstand, wird mit ihm eins.

Interessant ist in diesem Zusammenhang das Verhältnis zwischen geistigem Erfassen und Durchdenken. Es ist ja offensichtlich, daß sich diese beiden Prozesse nicht voneinander trennen lassen, auch wenn sie in der Beschreibung unterschieden werden. Der Kommentar (Atth § 297, 114 f) bezeichnet das erste als eher grob (oḷārika) im Sinne von makroskopisch, das zweite als fein (sukhuma) im Sinne von mikroskopisch, und knüpft dann an das Beispiel von der Pauke an: Wenn *vitakka* der Anschlag ist, dann ist *vicāra* das Weiterklingen und Vibrieren. Das geistige Erfassen läßt den Geist umfassend erzittern, das Durchdenken ist ruhiger Nachhall.

Um das Verhältnis noch deutlicher zu machen, werden weitere Bilder entworfen. Ein Vogel erhebt sich mit kraftvollem Flügelschweben in die Luft, und dann, wenn er seine Flughöhe erreicht hat, bewegt er sich mit ganz sanften Flügelschlägen weiter und läßt sich von der Luft tragen. Ähnlich verhält es sich mit *vitakka* und *vicāra*: Die Kontaktaufnahme des Geistes mit dem Gegenstand ist ein kraftvoller, bemerkbarer Akt, das weitere Durchdenken ist mühelos, unmerklich, läßt sich vom Gegenstand selbst führen. Auch hier ist wieder der emotionale Aspekt mitgemeint: Die Leichtigkeit, mit der sich ein Vogel von der Luft tragen läßt, ist ein schönes Bild für die Mühelosigkeit, mit der das Denken von seinem Gegenstand geführt wird, sobald es sich wirklich auf ihn einläßt. Der emotionale Gehalt und auch der Gewinn, den der Geist aus dieser Art des Vorgehens zieht, werden an einem weiteren Bild deutlich. Wie eine vom Duft einer Blüte angezogene Biene sich auf dieser Blüte niederläßt, so läßt sich der Geist auf seinem Gegenstand nieder (vitakka). Und wie eine Biene anschließend auf dieser Blüte hin und her läuft, ohne die Blüte und ihre winzigen Bestandteile zu verletzen, so bewegt sich der Geist an und auf seinem Gegenstand (vicāra). Auch diese Metapher läßt die Achtung für den Gegenstand des Geistes sehr deutlich werden, die sanfte und gewaltlose Methode der Annäherung.

Nur am Rande sei bemerkt, daß diese Art der Analyse, so schön und erhellend sie oft sein mag, die Gefahr birgt, aus Prozessen und Begriffen, die notwendig sind, um diese Prozesse zu beschreiben, Dinge zu machen. Der Geist (citta), der im Buddhismus eben nicht ein personal gedachtes inneres Subjekt ist, sondern ein Moment des Lebensprozesses, kann hier unversehens doch wieder als nahezu eigenständige Persönlichkeit gedacht werden. Daß diese Versuchung real bestand, und daß ihr offensichtlich auch buddhistische Denker erlegen sind, zeigt sich daran, daß spätere buddhistische Schulen gegen diese Verdinglichung polemisiert haben.

Neben diesen beiden intellektuellen Prozessen, dem geistigen Erfassen und dem Durchdenken, werden für die erste Vertiefung zwei emotionale Prozesse beschrieben: Freude (pīti, Ssk. prīti) und Glück (sukha). Der hier mit Freude übersetzte Begriff *prīti* kommt von der Wurzel *prī* (sich erfreuen oder jemanden erfreuen), *priya* (freundlich, angenehm, lieb, Freund); *prīti* ist also das Gefühl, das jemand empfindet, wenn er die Welt als freundlich erlebt und wenn er selbst dieser Welt mit Freundlichkeit begegnet. Es gibt in unserer Sprache keinen Einzelbegriff für dieses Gefühl: eine Freude, die aus gegenseitiger Freundlichkeit resultiert. Auf der Basis dieser wörtlichen Bedeutung heißt es:

»Was in dieser Situation Freude ist, das intensive Sich-Erfreuen (āmodana), das Ausgelassensein (pamodana), das Lachen, Auflachen, das Gefundenhaben (vitti), die Aufgerichtetheit (odagya, Ssk. audagrya), das Hochgefühl des Geistes, das ist in dieser Situation Freude.« (Dhs § 8, 10)

Mit der Freude, von der hier die Rede ist, ist ein sehr starkes Gefühl gemeint: von Freude überwältigt sein. Der Begriff *āmodana* (hier übersetzt mit sich intensiv erfreuen) hat im Indischen noch eine zusätzliche Bedeutung: Es ist die Freude, die durch einen Wohlgeruch, etwa durch den intensiven Duft einer Blume entsteht. Man ist innerlich ausgelassen, hat das Gefühl, vor Freude lachen zu müssen, selbst hoch aufgerichtet zu sein. Der Kommentar (Atth 298 f, 115 f) präzisiert: Freude ist danach ein Gefühl, das Geist und Körper durchdringt, also auch körperlich empfunden wird. Der Kommentar unterscheidet fünf Intensitätsgrade. Der erste, die »geringe« Freude, macht einen erschauern, die Körperhärchen richten sich auf – im Deutschen gibt es dafür die Formulierung, man bekomme vor Freude eine Gänsehaut. Der zweite Grad ist die Freude für einen Augenblick, sie ist vergleichbar dem Aufleuchten eines Blitzes. Dann gibt es drittens die überflutende Freude, die den Körper so überflutet, wie Wellen des Meeres den Strand überfluten. Der vierte Grad ist die Freude, die erzittern macht, sie entfacht den Körper so, wie der Wind ein Feuer entfacht. Der fünfte Grad schließlich ist eine Freude, die erschüttert, sie ist voller Kraft und läßt den Körper sich erheben, bis er im Raum schwebt.

Im Unterschied zu Freude wird als Glück ein Gefühl bezeichnet, das weniger körperlich als geistig wahrgenommen wird:

»Was in dieser Situation geistiges Frohsein (sāta) ist, geistiges Glück, gefühltes Frohsein und Glück, das aus der Berührung mit dem Geist gezeugt ist (cetosamphassaja), aus der Berührung mit dem Geist gezeugtes frohes und glückliches Gefühl, das ist in dieser Situation Glück.« (Dhs § 9, 10)

Der Kommentar (Atth § 301, 117) erläutert: Glück ist das, was glücklich macht, was gut tut, was die Niedergeschlagenheit von Körper und Geist »auffrißt« und zerstört. Es ist ein Name für Frohsinn (saumanassa). Um das Verhältnis zwischen Freude und Glück genauer zu bestimmen, bedient sich der Kommentar eines Bildes. Er erzählt die Geschichte eines Wanderers, der durch die sommerliche Wüste geht und müde und durstig ist. In seiner völligen Erschöpfung begegnet er einem anderen Wanderer, der ihm sagt, dort sei ein kühler schattiger Wald und eine Quelle mit frischem köstlichen Wasser. Das Gefühl, das er in diesem Augenblick empfindet, ist Freude. Nicht im Sinne von Vorfreude übrigens – als Freude auf etwas –, sondern als aktuelle Freude über diese Nachricht. Er geht in die gewiesene Richtung, findet den Wald, tritt ein, genießt den Schatten, findet die Quelle mit einem See, trinkt, nimmt ein erfrischendes Bad, legt sich erfrischt nieder im kühlen Schatten, spürt die sanfte Brise. Das Gefühl, das er jetzt empfindet, ist Glück.

In der zweiten Vertiefung sind geistiges Erfassen und Durchdenken zur Ruhe gekommen. Auf dieser Basis entsteht die Einheit des Geistes, ein Zustand ruhiger klarer Sammlung, bei dem die Gedanken nicht mehr abschweifen oder sich zerstreuen.

»Was in dieser Situation das Stehen (ṭhiti, Ssk. sthiti) des Geistes ist, das völlige Stehen (saṇṭhiti), das bei etwas Stehen (avaṭhiti), das nicht abgezogen werden (avisāhāra), das nicht zerstreut werden (avikkhepa), die Nichtabgezogenheit des Denkens, die Stille (samatha), die Fähigkeit der Sammlung, die Kraft der Sammlung, rechte Sammlung – das ist in dieser Situation die Einspitzigkeit des Geistes.« (Dhs § 10, 10)

Für den Kommentar ist das Entscheidende, daß der Geist nicht abgelenkt oder zerstreut ist, daß nicht verschiedene Gedankenströme entstehen, sondern daß alle Gedankenströme zusammengehalten werden. In einem Bild: daß die Gedanken so zusammengefügt werden, wie Staub mit Wasser zu einer einheitlichen Paste zusammengeknetet wird.

4.5 Exkurs zur Kosmologie

Die vier Vertiefungen haben im Buddhismus einen Bezug, den man im weitesten Sinne kosmologisch nennen könnte. Der Begriff »Kosmologie« ist dabei problematisch, da für uns inzwischen der Kosmos nicht mehr die von uns erlebte Welt ist, sondern starr auf die physikalische Welt reduziert ist, während für viele andere Kulturen Kosmos immer die Welt ist, die erlebt wird. Und das Erleben beschränkt sich ja keineswegs auf die physikalische Welt – die physikalische Welt ist ohnehin keine erlebte Welt, sondern eher ein logisches Konstrukt. Nun gibt es immer zumindest eine Zweiteilung der erlebten Welt, die Welt des Wachbewußtseins und die Welt des Traumes. Die Welt des Traumes, die allemal als real angenommen wurde, zeichnet sich dadurch aus, daß die mangelhafte Erinnerung an das Traumgeschehen die exakte Beschreibung dieser Welt einschränkt. Gleichwohl hat sich in vielen Kulturen ein Beschreibungssystem dieser Welt oder Welten entwickelt, das dadurch, daß es zugleich zum Interpretationsrahmen für die erlebten Träume wurde, eine gewisse Konsistenz erlangte.

Anders wird es, wenn sich wie im Buddhismus ein relativ einheitliches Meditationssystem entwickelt hat, das auch zu relativ einheitlichen Erlebnissen führt. Die in der Meditation erlebten Wirklichkeiten zeichnen sich dann ebenfalls dadurch aus, daß sie zumindest hinreichend übereinstimmen, um eine gemeinsame Beschreibung zu gestatten. Der Buddhismus geht zunächst von der sinnlichen Welt aus (kāmaloka oder kāmāvacara), »sinnlich« hier wieder mit der Doppelbedeutung der sinnlichen Wahrnehmung und des sinnlichen Begehrens. Dies ist sozusagen unsere alltägliche Welt, die wir mit anderen Lebewesen teilen: mit Tieren, Höllenbewohnern, Hungergeistern, Halbgöttern (āsura) und mit Göttern. Diese Lebensformen sind es im Prinzip auch, in denen sich der Kreislauf von Geburt und Wiedergeburt abspielt.

Die vorwiegende Interpretation für diesen Kreislauf ist die in Indien zu Buddhas Zeit übliche: Ein Mensch wird nach seinem Tod entsprechend dem, was er im gegenwärtigen Leben getan, gedacht, gewirkt hat (kamma) in einer der Daseinsformen der sinnlichen Welt wiedergeboren, wobei am wünschenswertesten die Geburt als Mensch ist. Denn nur die Geburt als Mensch eröffnet die Chance der Befreiung. Den Tieren fehlt das Bewußtsein, um Befreiung anzustreben, die Hungergeister sind dazu nicht fähig, weil ihre Gier zu groß ist, die Höllenbewohner leben in zu großen Qualen, so daß sie allenfalls die Chance haben, wieder als Menschen geboren zu werden; die Götter schließlich sind zu arrogant und glauben (fast) an ihre Unsterblichkeit.

Es gibt aber auch eine andere Interpretation, die nicht eine derart strenge Trennung zwischen den Lebenswelten macht. Für sie sind die verschiedenen Daseinsformen (gati, eigentlich Gehens-Weise) der sinnlichen Welt alles Existenzweisen, die dem Menschen durchaus zugänglich sind. Und tatsächlich ist es ja so, daß wir, bedingt durch unser Verhalten, ständig in neue Daseinsformen hineingeboren werden. Und plötzlich merken wir, daß uns keine dieser Daseinsformen fremd ist. Wir kennen die bewußtlose Situation der tierischen Sphäre, wenn wir nur den unmittelbaren Notwendigkeiten des sinnlichen Lebens gehorchen, Nahrungsbeschaffung und -aufnahme, Schlaf, Kampf, Sexualität, ohne daß wir dies noch in irgendeiner Weise in unserem Bewußtsein verarbeiten. Als Hungergeister – sie werden immer bildhaft beschrieben als Wesen mit riesengroßen Bäuchen, die nie und nimmer voll werden können, und winzig kleinen Mündern, die für die erstrebten Mengen an Nahrung niemals groß genug sein können – sind wir so gefesselt von unserer Gier, daß deren Befriedigung das einzige ist, woran wir überhaupt denken können. Und dennoch wird diese Gier nie befriedigt; gleich was wir tun, sie wird eher größer als kleiner. Als Höllenbewohner finden wir uns in einer Welt wieder, in der wir nur von bösen Menschen umgeben sind, die nichts anderes im Sinn haben, als uns zu quälen, und die wir natürlich dafür hassen. Als Götter und Halbgötter schließlich leben wir in Welten, wo wir allen anderen – außer den wenigen gleichrangigen – überlegen sind, wo alle unsere Bedürfnisse immer sofort befriedigt werden können, wo wir die Gewißheit haben, daß es etwas Besseres als uns und unsere Daseinsweise ohnehin nicht geben kann, allenfalls eine Etage höher in unserem Himmel. Bis dahin nimmt die buddhistische Kosmologie noch nicht unbedingt Bezug auf die Meditation. Der einzige Berührungspunkt ist, daß der Meditierende in der Lage sein kann, sich an seine früheren Geburten und damit auch an nichtmenschliche Daseinsformen zu erinnern.

Die ersten vier Vertiefungen werden schon nicht mehr der Welt der Sinnlichkeit, sondern der Welt der Formen (rūpaloka oder rūpāvacara) zugerechnet, einem Bereich gestalthaften Erlebens, in dem nur noch akustische und optische Phänomene »wahrnehmbar« sind.

Die Welt der Formen ist nach buddhistischem Verständnis kein leerer Ort. In ihr gibt es eine Anzahl von Existenzebenen, die mit Göttern bevölkert sind. Allerdings spielen diese, außer daß ihre Vorhandenheit akzeptiert wird, im Buddhismus eine untergeordnete Rolle. Im Gegensatz zu den Göttern aus der sinnlichen Welt, die zuweilen als Zuhörer des Buddha in Erscheinung treten, werden die Götter der Welt der Formen in den Texten kaum erwähnt. Dies sollte aber nicht über die Tatsache hinwegtäuschen, daß diese Götter den Buddhisten als genauso real (oder irreal) galten und gelten wie etwa Menschen und Tiere.

An die vierte Vertiefung schließen sich beginnend mit dem Raumunendlichkeitsgebiet vier weitere meditative Erlebnisweisen an, die häufig der vierten Stufe zugerechnet werden. Diese gehören der Welt der Abwesenheit von Formen (arūpaloka oder arūpāvacara) an, in der das Gestalterleben nicht mehr gilt. Da es ja nicht so ist, daß auf dieser Ebene nichts mehr erlebt würde – immerhin konnte über diese vier Vertiefungen noch gesprochen werden –, gibt es hier eine Weise des Erlebens, die sich von allen Partikularisierungen gelöst hat. Damit wird das Erlebte auch der sprachlichen Beschreibung unzugänglich. Auch diese Ebene ist nicht tot, in ihr leben nach buddhistischem Verständnis ebenfalls Götter, die aber schon aufgrund ihres nichtgestalthaften Charakters nicht in Erscheinung treten.

Um die Vorstellung von diesen drei Welten hat sich in der buddhistischen Literatur eine regelrechte Kosmologie entwickelt. Sie hält natürlich einer »wissenschaftlichen« Überprüfung nicht stand, auch wenn es durchaus Bemühungen gibt, sie dem wissenschaftlichen Weltbild anzupassen. Allerdings unterscheidet sie sich von der wissenschaftlichen Kosmologie wohltuend dadurch, daß sie dem Lebendigen nicht nur in seiner molekularbiologischen, sondern auch in seiner geistigen Dimension einen Ort einräumt. Gleichwohl wird im Buddhismus die »objektive« Existenz dieser Welten außerhalb des Meditierenden weder behauptet noch geleugnet. Diese Welten sind zwar in der Meditation erlebbar, aber Buddha selbst hat mehrfach davor gewarnt, aus meditativen Erlebnissen und Wahrnehmungen Schlüsse auf die Existenz oder Nichtexistenz von irgend etwas zu ziehen. In einer Lehrrede (DN 1, I 1 ff) sind zahlreiche Beispiele dafür aufgelistet, wie aus meditativen Erlebnissen, die keineswegs in Frage gestellt werden, falsche Theorien entstehen können.

4.6 Die himmlischen Verweilungen

Voraussetzung für den Eintritt in die vier Vertiefungen ist die Ablösung von den Hemmnissen (auf Sinnlichkeit gerichtetes Wollen, Übelwollen, Erstarren und Trägheit, Aufgeregtheit und Unruhe, schwankender Zweifel); als Grundform aller unheilsamen geistigen Prozesse gelten Gier, Haß und Verblendung. Ausgehend von den Achtsamkeitsübungen kann man leicht zu dem Schluß kommen, daß allein schon das aufmerksame Beobachten hinreichend sei, um die Hemmnisse zum Verschwinden zu bringen, daß also das Erkennen die Auflösung nach sich ziehe. Es hat sich aber auch eine weitere Meditationsform entwickelt, die ausschließlich dem Zweck dient, unheilsame Gegebenheiten zu überwinden und heilsame zu fördern. Diese Meditation, die als Entfaltung (bhāvana) der vier himmlischen Verweilungen (brahmavihāra) bezeichnet wird, wurde in späteren buddhistischen Meditationssystemen zum unabdingbaren Bestandteil jedes meditativen Prozesses.

»Er verweilt mit einem Geist voller Freundlichkeit (mettā, Ssk. maitrī) eine Richtung durchdringend, genauso die zweite, genauso die dritte, genauso die vierte, genauso oben und unten und ringsum: überall allgegenwärtig die ganze Welt durchdringt er mit einem Geist voller Freundlichkeit, ausgedehnt und grenzenlos, unermeßlich, ohne Feindschaft und ohne Übelwollen.
Er verweilt

mit einem Geist voller Mitgefühl (karuṇā)
mit einem Geist voller Mitfreude (muditā)
mit einem Geist voller Gleichmut (upekkhā, Ssk. upekṣā)

eine Richtung durchdringend, genauso die zweite, genauso die dritte, genauso die vierte, genauso oben und unten und ringsum: überall allgegenwärtig die ganze Welt durchdringt er mit einem Geist voller Freundlichkeit, ausgedehnt und grenzenlos, unermeßlich, ohne Feindschaft und ohne Übelwollen.« (MN 7, I 38)

Diese in den Texten häufig wiederkehrende Formel wird in der zitierten Lehrrede mit einem Gleichnis eingeleitet. Angenommen, ein Färber will einen Stoff einfärben. Wenn der Stoff schmutzig ist, voller Flecken, dann läßt er sich nicht sauber einfärben, er bleibt immer schmutzig und fleckig. Nur ein sauberer, fleckenloser Stoff kann auch sauber eingefärbt werden. Ebenso verhält es sich mit dem Geist: Wenn er voller Flecken ist, dann ist ein schlechter weiterer Weg (duggati, kann auch heißen eine schlechte Wiedergeburt) zu erwarten; nur wenn er rein ist, ist mit einem guten Weg (sugati) zu rechnen. Als Flecken (upakilesa) des Geistes, von denen hier die Rede ist, seien beispielhaft genannt Selbstsucht, Zorn,

Niedertracht, Bosheit, Neid, Tücke – die Reihe ließe sich beliebig fortsetzen.

Zur Reinigung des Geistes werden die vier »himmlischen Verweilungen« (brahmavihāra) angeführt. Das mit »himmlisch« übersetzte *brahma* hat nichts mit dem christlichen Himmel gemein; »göttlich« oder »heilig« wäre auch brauchbar, hätte aber immer das Problem, daß der christliche Zusammenhang falsche Assoziationen liefert – besonders wenn es um die Reinigung des Geistes von unheilsamen Gegebenheiten geht, wo dann schnell Sünden und die Hölle in den Sinn kommen. Es wäre übrigens ein Mißverständnis, das Ganze als eine »technische« Übung zu betrachten, bei der ich mich hinsetze und nacheinander Freundlichkeit, Mitgefühl, Mitfreude und Gleichmut auszustrahlen versuche – möglicherweise noch mit Formeln wie »mögen alle Lebewesen glücklich sein«. Das angeführte Gleichnis kann hier zum Verständnis helfen. Man muß sich die Verzweiflung des Färbers vorstellen, der eine anständige handwerkliche Arbeit abliefern will, aber immer wieder scheitert, solange er mit einem fleckigen Stoff arbeitet. Ebenso erhalten die »himmlischen Verweilungen« erst dann ihre Bedeutung, wenn ich über die eigenen »Flecken« des Geistes wirklich verzweifelt bin, wenn ich merke, daß diese Flecken immer wieder da sind, gleich was ich anfange.

In späteren Texten werden dann auch sehr praktische Hinweise für diese Übungen gegeben. Für die Übung der Freundlichkeit (richtig wäre auch die Übersetzung mit »Liebe«) wird empfohlen, sich die eigene Mutter vorzustellen, sich zu erinnern, wie sie einen als Kleinkind gestillt, gepflegt, genährt, gereinigt hat, wie sie einen unter mehr oder weniger großen Mühen großgezogen hat. Hinzu kommt die Vorstellung der Entbehrungen, die die Mutter dabei erlitten hat – kurz, man versucht eine möglichst konkrete Vorstellung davon zu gewinnen, wieviel man seiner eigenen Mutter verdankt. Dies ließe sich unter dem Oberbegriff zusammenfassen, daß man seiner Mutter nicht mehr und nicht weniger verdankt als das eigene Leben – die Gefahr ist dabei allerdings, daß es bei dieser abstrakten Feststellung bleibt. Ziel dieser Vorstellungen ist es, ein möglichst intensives Gefühl der Freundlichkeit und der Dankbarkeit zu entwickeln, der Einsicht, daß man das, was die eigene Mutter für einen getan hat, ohnehin nie wird »gutmachen« können. Sobald dieses Gefühl deutlich und klar ist, versucht man es auf andere Menschen auszudehnen, die man kennt und zu denen man generell ein freundliches Verhältnis hat. Auch bei ihnen wird an Eigenschaften und Verhaltensweisen angeknüpft, die der Stimmung von Freundlichkeit förderlich sind: an ihre Fürsorge für andere, an ihre Bemühungen, Schwierigkeiten zu bewältigen und dergleichen mehr. Schritt für Schritt dehnt man diese Stimmung dann auf weitere Menschen aus, bis sie tatsächlich die »ganze Welt« einschließt. In späteren Meditationsübungen wird diese Stimmung dann mit dem Atem verbunden, mit der Vorstellung, wie mit jedem Ausatmen Freundlichkeit in die Welt strömt, und wie mit jedem Einatmen Feindschaft und Haß aus der Welt gezogen und im eigenen Körper in einem Feuer der Liebe verbrannt werden.

Es wäre hier kein Problem einzuwenden, daß dies alles eine höchst willkürliche Auswahl von eigenen Vorstellungen ist, die mit der komplexen Wirklichkeit nur wenig zu tun hat. Das stimmt. Aber andererseits stimmt auch, daß sich Gefühle wie Zorn oder Abneigung auf eine ähnlich willkürliche Auswahl stützen. Auch hier suche ich mir bestimmte Aspekte der Wirklichkeit aus, auf die sich meine Abneigung stützen kann, auch hier interpretiere ich Wirklichkeit immer so, daß am Ende herauskommt, daß meine Abneigung gerechtfertigt ist. Die entscheidende Frage ist also nicht, was hierbei wirklich ist, sondern ob ich meine Abneigung behalten will oder nicht.

Bei der Entfaltung von Mitgefühl ist der Ausgangspunkt zunächst ein Freund, dem es gerade schlecht geht, der etwa unter einer Krankheit leidet, der traurig oder unglücklich ist. Man bemüht sich dabei, all jene Begleitgefühle, die mit Mitgefühl leicht verbunden sein können, wegzulassen: etwa die Überzeugung, daß er eigentlich nicht ganz unverdient ins Unglück geraten sei, oder das Gefühl, daß er ein »armes Schwein« sei, wobei im Mitgefühl derjenige, dem das Mitgefühl gilt, herabwürdigt wird, und der Mitfühlende aus diesem Grund untätig bleiben kann. Auch geht es beim Mitgefühl nicht darum, sich selbst darin zu bestätigen, ein guter Mensch zu sein, sondern um ein Gefühl, das wirklich auf »den anderen« gerichtet ist. Das so entstehende Gefühl wird wieder schrittweise ausgedehnt, bis es die ganze Welt umfaßt.

Auch die Entwicklung von Mitfreude beginnt bei einem Freund, diesmal bei einem, dem es im Moment sehr gut geht und der glücklich ist. Man versucht sich mitzufreuen, ohne Mißgunst und Neid, ohne darüber nachzudenken, ob er sein Glück wirklich verdient hat. Auch hier lassen sich beliebig Einwände formulieren. Dieses Gefühl wird wieder schrittweise ausgedehnt, bezieht auch Menschen ein, denen es gut geht und die man weniger mag – bis wieder die ganze Welt in diese Stimmung einbezogen ist. Als letztes schließlich wird Gleichmut entwickelt. Gemeint ist nicht eine Stimmung, in der alles gleichgültig ist, sondern ein Gefühl, das Freundlichkeit, Mitgefühl und Mitfreude einbezieht, das bereit ist, die Wirklichkeit so zu akzeptieren, wie sie ist. Das Ergebnis faßt der zitierte Text so zusammen: »So ist es. Es gibt Niedriges, es gibt Herausragendes, es gibt jenseits des Wahrnehmbaren eine Befreiung (nissaraṇa).« (MN 7, I 38)

5. Die Sicht der Wirklichkeit

5.1 Ablehnung ontologischer Postulate

Bei den Achtsamkeitsübungen wurde schon auf zwei für den Buddhismus zentrale Gesichtspunkte hingewiesen: Der Buddhismus lehnt die Theorie eines Selbst (ātman) ab, das sozusagen als konstanter Wesenskern eines Menschen von seiner Geburt bis zu seinem Tod, und der Wiedergeburtslehre zufolge über seinen Tod hinaus in einem nächsten Leben existiert. Und der Buddhismus geht darüber hinaus grundsätzlich davon aus, daß es überhaupt keine konstanten Dinge oder Gegebenheiten gibt, sondern daß ein ständiger Prozeß des Entstehens und Vergehens stattfindet. Diese allgegenwärtige Vergänglichkeit aller Gegebenheiten wurde als einer Gründe des Leidens angegeben. Hinzu kommt, daß im Buddhismus eine ganze Anzahl von Fragestellungen vorwiegend ontologischer Art rundweg abgelehnt wurden, teils weil ihre Beantwortung unmöglich, hauptsächlich aber, weil ihre Beantwortung nicht wichtig ist.

Es ist schwer zu sagen, ob die in den Texten gegebenen Beispiele für derartige Fragen willkürlich konstruiert sind oder ob sie tatsächlich diskutierten philosophischen Fragestellungen der damaligen Zeit entsprechen; auf jeden Fall charakterisieren sie mögliche philosophische Positionen, wie sie uns zum größten Teil auch aus dem abendländischen Denken vertraut sind. An der Spitze der abgelehnten Theoreme stehen ontologische Positionen:

»Für gewöhnlich neigen die Menschen zu zwei Ansichten: Es-ist-heit (atthitā, Ssk. astitā) und Es-ist-nicht-heit (natthitā, Ssk. nāstitā). Für einen, der das Entstehen der Welt wirklichkeitsgemäß in rechter unterscheidender Erkenntnis sieht, für den gibt es in der Welt keine Es-ist-nicht-heit. Für einen, der das Vergehen der Welt wirklichkeitsgemäß in rechter unterscheidender Erkenntnis sieht, für den gibt es in der Welt keine Es-ist-heit. [...] ›Alles ist (sabbam atthi)‹ ist das eine Ende. ›Alles ist nicht (sabbam natthi)‹ ist das zweite Ende. Diese beiden Enden vermeidend zeigt der Vollendete aus der Mitte heraus die Lehre.« (SN XII, 15, II 17)

Als Lehre aus der Mitte heraus (oder einfach »mittlere Lehre«) wird dann die Formel von der bedingten Entstehung angegeben, von der noch die Rede sein wird. Bei diesem »alles ist« muß immer beachtet werden, daß der Buddhismus nicht die Unterscheidung in objektive und subjektive Gegebenheiten oder in Materielles und Nichtmaterielles trifft, daß also mit »alles« hier tatsächlich alles gemeint ist. Bemerkenswert ist übrigens, daß hier in aller Kürze auch das Kriterium genannt wird, nach dem die jeweils extremen Standpunkte zurückgewiesen werden: Wer die Entstehungsprozesse von Welt – und Welt heißt im Buddhismus immer belebte Welt – mit Vernunft beobachtet, wird sich nicht auf den Standpunkt stellen, »es ist nicht«; wer die Prozesse des Vergehens beobachtet, wird sich nicht auf den Standpunkt stellen »es ist«. Es ist offensichtlich, daß dieser Zurückweisung ontologischer Postulate ein Verständnis von »es ist« zugrunde liegt, nach dem etwas, was ist, dadurch, daß es ist, unvergänglich ist. Deshalb folgt auch auf die Zurückweisung der beiden Extreme konsequenterweise die Formel der bedingten Entstehung als das Paradigma für die prozessuale Beschreibung der Wirklichkeit.

Von den philosophischen Standpunkten, bei denen es nutzlos ist, sich genauer mit ihnen zu beschäftigen, seien hier nur einige (MN 63, I 426 f) erwähnt. »Die Welt ist ewig (sassata, Ssk. śāśvata) – die Welt ist nicht ewig«, »Die Welt ist endlich (antavā, Ssk. antavān) – die Welt ist nicht endlich«, hier dürften tatsächlich zeitgenössische Anschauungen angesprochen sein. »Dies ist das Leben(sprinzip) (jīva), dies (gleiche) ist der Körper (sarīra, Ssk. śarīra) – ein anderes ist das Leben(sprinzip), ein anderes ist der Körper«. In diesem Zusammenhang wird *jīva* häufig auch mit Seele wiedergegeben; auf jeden Fall wird schon an dieser Stelle die Frage nach einem Dualismus zwischen Leib und Seele, oder unbelebtem Körper und Lebensprinzip zurückgewiesen. Interessant ist eine Denkfigur, die oft als Tetralemma bezeichnet wird:

»Der Vollendete (tathāgata) existiert nach dem Tod – der Vollendete existiert nicht nach dem Tod – der Vollendete existiert und existiert nicht nach dem Tod – weder existiert der Vollendete nach dem Tod noch existiert er nicht.«

Hier dürfte es sich um Theorien handeln, die innerhalb der Buddhisten selbst zu der Frage im Umlauf waren, wie es sich damit verhält, wenn ein Buddha, einer, der den Weg so (tathā) auf die richtige Weise gegangen (gata) ist, das Nirvāṇa erreicht hat. Diese Frage wird insofern wichtig gewesen sein, als sie die Frage nach dem ontologischen Charakter des Nirvāṇa beinhaltet. Es wäre übrigens falsch, die vier erwähnten möglichen Standpunkte als logische Aussagen anzusehen, sie also im logischen Sinne als »a«, »nicht a«, »a und nicht a«, »nicht (a und nicht a)« zu interpretieren. Danach wäre die dritte Aussage auf jeden Fall falsch und die vierte tautologisch. Gemeint sind vielmehr existentielle Aussagen, bei denen es sehr wohl einen Sinn hat zu sagen, »er existiert und er existiert nicht«.

Mit »existiert« ist in diesen Sätzen *hoti* (Ssk. bhavati) wiedergegeben. Im Pāli wie auch im Sanskrit gibt es zwei Verben, die beide dem deutschen »sein« entsprechen: *bhū* und *as*. Beide Verben können sowohl als Kopula (er *ist* alt) als auch als eigenständige Verben benutzt werden. Die Verbalwurzel *bhū* (entsprechend gr. phy, wachsen) hat stärker den Charakter von »werden«, wird aber gleichwohl häufig im Sinne von »sein« gebraucht. Die Wurzel *as* dagegen wird ausschließlich im Sinne von »sein« benutzt; explizit ontologische Aussagen verwenden im allgemein diese Wurzel mit ihren Ableitungen: *asti* (ist), *sat* / *sant* (seiend).

Als jemand Antwort auf diese Fragen verlangt, weil sie für ihn Voraussetzung für die Entscheidung ist, ob er sich dem Buddha anschließt oder nicht, antwortet der Buddha mit einem Gleichnis: Ein Mann wurde von einem vergifteten Pfeil getroffen. Seine Freunde und Bekannten rufen ihm einen heilkundigen Arzt. Er weigert sich aber, sich den Pfeil herausziehen zu lassen, solange er nicht vorher Antwort auf die wichtigen Fragen erhält: Wer hat den Pfeil abgeschossen? Welcher Kaste gehört er an? Woher stammt er? Wie ist seine Hautfarbe? Was für ein Bogen war es, mit dem der Pfeil abgeschossen wurde? Wie ist der Pfeil beschaffen? und dergleichen mehr. Dieser Mann hätte keine Gelegenheit, die Antworten zu erhalten – er stürbe zuvor. Und am Ende sagt Buddha, unabhängig davon, wie die Antwort auf diese Fragen lauten möge, »Geburt ist, Alter ist, Sterben ist, Kummer, Jammer, Leiden, Schwermut, Verzweiflung sind, deren Vernichtung schon in diesem Leben lehre ich.« (MN 63, I 431) Nichts könnte deutlicher den lebensbezogenen Charakter der buddhistischen Philosophie unterstreichen.

5.2 Die Komponenten des Lebensprozesses

Nach diesen Hinweisen, welche Ansichten der Buddhismus nicht teilt und/oder nicht für erwägenswert hält, stellt sich natürlich die Frage, welche Ansichten der Buddhismus unterstützt. Die Fragen, die den Buddhismus bewegen, sind: Wie kommt die Verstrickung in den Prozeß des Leidens zustande und welcher Weg führt zur Befreiung? Innerhalb dieses Zusammenhangs wird auch genauer untersucht, was denn nun den individuellen Lebensprozeß ausmacht.

Hier haben sich zwei Modelle entwickelt, die einander ergänzen und teilweise überschneiden. Das eine untersucht den individuellen Lebensprozeß von der Geburt bis zum Tod, wobei, wie schon öfters erwähnt, auch die aktuelle Situation gemeint sein kann: der Tod aus einem Augenblick heraus und die Geburt in den nächsten Augenblick. Das andere Modell ist weniger an einer Reihenfolge orientiert als einer momentanen Beschreibung – dies nicht statisch gedacht, sondern als Versuch, die einzelnen Komponenten des Lebensprozesses genauer zu bestimmen. Diese Komponenten (khandha, Ssk. skandha), die schon bei den Achtsamkeitsübungen erwähnt wurden, sind: Form (rūpa), Gefühl (vedanā), Wahrnehmung (saññā, Ssk. saṃjñā), formende Kräfte (saṅkhāra, Ssk. saṃskāra) und Bewußtsein (viññāna, Ssk. vijñāna). Der Begriff *khandha*, der hier mit Komponente wiedergegeben wird (häufige Übersetzungen sind Persönlichkeitsbestandteil, Gruppe, Stück), meint ursprünglich Schulter bei Menschen und Tieren, von daher auch die Stelle an einem Baum, an der ein Ast abzweigt, und im übertragenen Sinne: Teil, Bestandteil, Abteilung etwa eines Lehrbuchs. Zentral dabei ist, daß es sich immer um den nicht trennbaren Teil eines Ganzen handelt. Als Begriff für die Komponenten des Lebensprozesses wird damit betont, daß es sich hier nicht um isolierte oder isolierbare Teile handelt, sondern lediglich um Teilprozesse oder Verzweigungen, die ohne die jeweils anderen nicht denkbar sind. Es wird also schon im Begriff angedeutet, daß es sich hier um eine Abstraktion handelt, die lediglich der besseren Beschreibung dient. Im allgemeinen ist immer von den Anhangen-Komponenten (upādāna-khandha) die Rede, insofern diese Komponenten aus dem Anhangen an die Welt entstehen, und gleichzeitig Mittel und Gegenstand dieses Anhangens sind.

Zu dem Verhältnis von Anhangen und Komponenten wird in einer Lehrrede die Frage gestellt, ob beides miteinander identisch sei, oder ob es außerhalb dieser fünf Komponenten ein Anhangen gäbe, und die Antwort ist: »Nicht sind Anhangen und Anhangen-Komponenten [identisch], aber es gibt getrennt von den Anhangen-Komponenten kein Anhangen. Das, was bei den fünf Anhangen-Komponenten der Wille und Verlangen (chandarāga) ist, das ist Anhangen.« (MN 109, III 16) Und Wille und Verlangen wird so erläutert, daß alleine schon das Vorhandensein der Komponenten Anlaß zu dem Wunsch ist, daß diese Komponenten sich in einer bestimmten Weise entwickeln oder verändern mögen. Besonders aber besteht das Anhangen darin, daß die fünf Komponenten Ausdruck und Mittel der Illusion sind, es gäbe ein konstantes Selbst, wobei dann Bewußtsein für das Selbst (ātman) gehalten wird und die übrigen vier zu diesem Selbst gehörend (ātmīya) (AVS 87).

Absichtlich wurde bislang nicht vom individuellen Lebensprozeß geredet, sondern vom Lebensprozeß allgemein. Sieht man sich nämlich die Definitionen der einzelnen Komponenten dieses Prozesses an, dann begegnen immer wieder diegleichen Wendungen: »Alles, was es an Form gibt (an Gefühl, an Wahrnehmung, an formenden Kräften, an Bewußtsein), vergangen, zukünftig, gegenwärtig, innen, außen, grob, fein, niedrig, herausragend, entfernt, nah, das heißt Form (Gefühl, Wahrnehmung, formende Kräfte, Bewußtsein).« (MN 109, III 16f) Von der Sache her sind diese Komponenten offenbar nicht personal gedacht, auch wenn sie im konkreten Fall die erlebte Individualität konstituieren.

Mit Form (rūpa) wird dabei ganz allgemein die äußere Form bezeichnet. Hierher gehört im weitesten Sinne die Körperlichkeit, aber nicht im Sinne einer Materialität, sondern als Gestalt, als körperlicher Zusammenhalt. Zur Form gehören die Sinnesorgane und die Tatorgane, gebil-

det wird sie aus den vier elementaren Kräften. Aber auch diese werden nicht in erster Linie materiell verstanden, sondern als prozessuale Elemente. Erde ist Schwere, Festigkeit und Beharrungsvermögen, wie es elementar als das Erlebnis der eigenen Schwere ins Bewußtsein tritt und wie es sich in den festen Körperbestandteilen manifestiert. Wasser ist Fließendheit, das Flüssigsein, vergegenständlicht in den Körperflüssigkeiten. Wärme ist das Element des Reifens, des Verdauens und der Energie, Luft schließlich die Leichtigkeit und die Beweglichkeit. Daß Form einer der Hauptbestandteile der Illusion eines konstanten Selbst ist, liegt auf der Hand. Gerade die Tatsache, daß die Form eine klare Grenze zwischen Individuum und Umwelt zieht, suggeriert, daß Individualität konstant und isolierbar sei. Daß die Form aber keine dingliche Konstanz besitzt, sondern einem ununterbrochenen Prozeß des Entstehens und Vergehens unterworfen ist, haben schon die Achtsamkeitsübungen gezeigt. Gleichwohl erleben wir unsere Form durchaus als konstant, wir bemerken nicht einmal, daß schon die stoffliche Zusammensetzung unseres Körpers nicht mehr identisch ist mit der vor etwa zehn Jahren.
Die gestalthafte Ausgliederung aus der umgebenden Welt ist Voraussetzung dafür, daß diese Welt dem so konstruierten Individuum als äußerlich gegenübertritt, und daß die vielfältig komplexe Vernetzung des Ganzen jetzt als Berührung (phassa, Ssk. sparśa) zwischen diesem Individuum und der umgebenden Welt erscheint. »Berührung ist der Grund, ist die Bedingung, daß die Komponente Gefühl erscheint.« (MN 109, III 17) Auf der Basis dieser Berührungen entstehen Gefühle (vedanā), angenehme bei als lustvoll erlebten Berührungen, unangenehme bei als schmerzhaft oder abstoßend erlebten Berührungen und indifferente schließlich bei Berührungen, die weder angenehm noch unangenehm sind. Ebenso wie diese Berührungen sich ununterbrochen verändern, verändern sich auch die Gefühle. Keines dauert länger als die Berührung selbst, auch wenn es uns immer wieder gelingt, Gefühle so festzuhalten, daß sie Dauer zu gewinnen scheinen. So speist sich etwa das Wohlbefinden, das wir aus dem Erleben einer schönen Landschaft gewinnen können, aus einem ständigen Strom von Berührungen, die zu immer neuen Gefühlsmomenten führen, denen wir dann in unserem Bewußtsein eine gewisse Kontinuität verleihen.

Die Berührungen zwischen den beiden Konstrukten »Individuum« und »Welt« werden ausdifferenziert zur Wahrnehmung (saññā, Ssk. saṃjñā), die sich nach den sechs Wahrnehmungsfeldern gliedert: Wahrnehmung von Formen, Tönen, Gerüchen, Geschmäcken, Tastungen und Gegebenheiten – letzteres vermittelt durch das Denken oder den Geist (manas) als die Integration der unmittelbaren sinnlichen Wahrnehmungen aber zugleich auch als notwendige Wahrnehmung, die sinnliche Wahrnehmung überhaupt erst möglich macht: Wahrnehmung ist immer schon vergangen, wenn sie bewußt wird, ist also recht eigentlich immer Erinnerung. »Wahrnehmung« meint hier nicht das, was wir als die Aufnahme von Sinnesdaten bezeichnen würden. Der Begriff *saṃjñā* heißt wörtlich »Zusammenkennen« und »Bezeichnen«; es handelt sich also um eine Wahrnehmung, die bereits im Prozeß des Wahrnehmens klassifiziert und kategorisiert. Dies stimmt übrigens überzeugend mit den Erkenntnissen der Psychologie überein, wonach das reine Sinnesdatum ohne einen psychisch vorgegebenen Interpretationsrahmen nicht verarbeitet werden kann. Blind geborene Menschen, die etwa als Jugendliche durch eine Operation die optische Sehfähigkeit gewinnen, können nicht mehr sehen lernen – dieses Wahrnehmungsfeld existiert nicht für sie.

5.3 Formende Kräfte und Bewußtsein

Das Verhältnis zwischen Individuum und Welt (wieder sei daran erinnert, daß *loka* in erster Linie belebte Welt heißt und hier wieder zuvorderst menschlich belebte Welt) ist ein ständiger Prozeß von gegenseitiger Veränderung. Die Kräfte oder Impulse für diese Veränderungen sind die formenden Kräfte (saṅkhāra, Ssk. saṃskāra), einer der Begriffe der buddhistischen Theorie, für die bislang kein geeigneter Ausdruck in einer abendländischen Sprache gefunden wurde. Übersetzt wird er öfter mit »Geistesfaktoren«, »Karmaformationen«, »Gestaltungen«, »Bildungen«, »Bildekräfte« und dergleichen mehr. Die Lexikon-Übersetzung gibt allenfalls einen ersten Anhaltspunkt: *kāra* kommt von *kṛ* (machen) und kann stehen für das Machen, den Agenten des Machens und das Gemachte; die Vorsilbe *saṃ* bedeutet »mit«, »zusammen«, *saṃskāra* wäre dann wörtlich am ehesten so etwas wie »Zusammenmachung«, wobei alle drei Dimensionen – Agent, Aktion und Resultat – mitgemeint sind. Auch »formende Kraft« transportiert nur andeutungsweise etwas von dem, was mit *saṃskāra* gemeint ist. Als Alternativen könnten auch die Begriffe »Verhaltensmuster« oder »Struktur« verwendet werden – dies zeigt schon die Bandbreite.

In manchen Zusammenhängen (z.B. MN 44, I 301) werden die formenden Kräfte eingeteilt in solche des Körpers, der Rede und des Geistes. Was mit den formenden Kräften gemeint ist, wird hier konkreter: Formende Kraft des Körpers ist das Ein- und Ausatmen, sozusagen die minimale Tätigkeit des Körpers. Wenn der Körper auch sonst nichts tut, solange er lebt, atmet er. Der Atem ist also Verhaltensmuster, dem der Körper immer folgt und das er immer wieder erzeugt. Zum Vergleich lassen sich leicht andere Beispiele konstruieren. In dem Augenblick, in dem ich eine körperliche Handlung beginne, etwa indem ich einen Fuß hebe, um einen Schritt zu machen, schaffe ich eine formende Kraft, die mich, um den Schritt zu vollenden, vielleicht nicht unbedingt zwingt, den Fuß auch wieder zu senken, die aber doch ein starker Impuls in diese Richtung ist.

Als formende Kraft der Rede wird geistiges Erfassen und Durchdenken angegeben, zwei geistige Tätigkeiten, die schon im Zusammenhang mit der Meditation erörtert wurden. Sobald ich eine sprachliche Äußerung beginne, erzeuge ich einen vorgreifenden Impuls, der mich bewegt, diese Äußerung fortzusetzen. Ich habe eine Wortwahl getroffen, was zumindest ein minimales geistiges Erfassen und Durchdenken dessen, was ich sagen will, voraussetzt. Die Rede erzeugt also selbst einen Impuls, der dazu geeignet ist, diese Rede zu produzieren. Und selbst eine nicht geäußerte Rede – wie das innere Sprechen (manojalpa) – ist von dieser formenden Kraft bestimmt.

Als Minima der formenden Kräfte des Geistes schließlich werden Wahrnehmung und Gefühl angegeben. Sobald ich etwas wahrnehme und zu dem Wahrgenommenen ein Gefühl entwickle – angenehm, unangenehm, neutral – bestimmt dies die nächsten »Schritte«: Unangenehmes und Angenehmes ziehen mein positives oder negatives Interesse auf sich, darauf folgen Reaktionen und möglicherweise Aktivitäten. Deutlicher noch wird die Rolle der formenden Kräfte bei Lustverlangen, Haß und Verblendung, die zuweilen auch die basalen Formenden Kräfte des Geistes genannt werden. Hier wird etwas klar, was bei den formenden Kräften von Körper und Rede weniger deutlich wurde: Formende Kräfte können durchaus auch Fesseln sein. Gerade bei den geistigen Tätigkeiten, wo ich meinen könnte, völlige Freiheit zu haben – ich bin nicht gezwungen, einen angefangenen Gedanken zu Ende zu denken; eine Abneigung, die ich gegen jemanden aus einem aktuellen Anlaß entwickle, muß ich nicht zwangsläufig auch fünf Minuten später noch haben – setzen die formenden Kräfte der Freiheit Grenzen. Sobald ich, aus wie guten Gründen auch immer, gegen jemanden Haß entwickle, schaffe ich eine formende Kraft, die dazu drängt, diesen Haß ständig zu erneuern.

Der Mechanismus ist jedem vertraut. Ich hasse jemanden – weil er etwas sagt oder tut, was mir nicht angenehm ist, oder auch weil er »einfach schlecht ist«. Ich fühle mich in meinem Haß nicht wohl, ich ärgere mich, daß ich mich nicht wohl fühle, ich nehme dem Objekt meines Hasses übel, daß er Anlaß meines Unwohlseins ist, ich hasse ihn, weil er mir das antut. Kurz: Ich hasse ihn, weil ich ihn hasse. Ähnliches gilt für das Lustverlangen. Ich empfinde Verlangen nach jemand, weil ich ihn anziehend finde, ich fühle mich (zumindest solange es »gut geht«) wohl mit meinem Lustverlangen, ich finde es freundlich von ihm, daß er mir diese Freude macht, deshalb finde ich ihn anziehend. Auch Verblendung ist eine formende Kraft, die sich selbst erzeugt. Ich verschließe vor etwas die Augen, weil ich es nicht sehen will. Ich habe jede Möglichkeit, mir auszudenken, was ich alles sehen würde, wenn ich die Augen aufmachen würde, ich komme auf diese Weise möglicherweise zu unumstößlichen Gewißheiten, die den Vorteil haben, daß alles genau so ist, wie ich es mir ausdenken will, und gerate auf diese Weise in die Situation, daß ich die Augen auf keinen Fall öffnen darf.

Natürlich lassen sich auch Beispiele angeben, bei denen der Freiheitsspielraum erweitert wird. Habe ich etwa zu jemand aufrichtiges Vertrauen, dann ist damit eine formende Kraft erzeugt, die mir nicht nur hilft, dieses Vertrauen aufrecht zu erhalten – ich interpretiere etwa sein Verhalten immer im Sinne dieses Vertrauens und damit zu seinen Gunsten –, sondern auch obendrein noch, die Gefängnisse von Haß oder Verblendung zu vermeiden. Schon dieses kleine Beispiel zeigt allerdings, daß die formenden Kräfte, die meine Freiheit einengen, leichter auftauchen und leider auch stabiler sind, als die formenden Kräfte, die Freiheiten schaffen. Diese Tatsache wird übrigens im Buddhismus mit dem Begriff *karman* (P. kamma) umschrieben: Als Summe aller formenden Kräfte bestimmt *karman* von einer Situation zur nächsten die möglichen Freiheiten und die möglichen Fesseln.

Von dieser Bestimmung der formenden Kräfte her wird auch deutlich, daß die formenden Kräfte – zumindest soweit sie dem Geist oder dem Bewußtsein zugeordnet sind – besonderes Interesse fanden. Es wurden lange Untersuchungen angestellt – immer basierend auf dem schon dargestellten Verfahren der achtsamen Selbst- und Fremdbeobachtung –, welche formenden Kräfte unter welchen Bedingungen oft auch noch in welchen Kombinationen heilsam sind, welche unheilsam und welche neutral.

In anderen Darstellungen (z.B. SN XXII, 56, III 60) werden die formenden Kräfte als Akte des Wollens den sechs Wahrnehmungsfeldern zugeordnet: auf Sehwahrnehmungen (Formen) gerichtet, auf Töne, Gerüche, Geschmäcke, Tastungen und auf Gegebenheiten (dhamma) als den Gegenständen der Denkwahrnehmung, wobei sich hinter den Gegenständen der Denkwahrnehmung wieder die formenden Kräfte der Rede und des Geistes verbergen. Hier liegt die Betonung auf der unmittelbaren Realisierung der formenden Kräfte: Ich sehe etwas; was ich sehe, macht mir ein unangenehmes Gefühl (hier wirken frühere Erfahrungen, die selber Resultat formender Kräfte waren); ich entwickle einen Impuls der Abwehr (ich will die Welt so verändern, daß das unangenehme Gefühl verschwindet). Dieser Impuls ist eine formende Kraft, die meine Wahrnehmung, mein Denken und mein Handeln bestimmt.

Als letzte Komponente des Daseinsprozesses schließlich wird Bewußtsein (viññāna, Ssk. vijñāna) aufgeführt. Bewußtsein wird als Sehbewußtsein, Hör-, Riech-, Schmeck-, Tast- und Denkbewußtsein den sechs Feldern der Wahrnehmung zugeordnet. Wieder ist das Denkbewußtsein – noch am ehesten identisch mit dem, was wir als Bewußtsein bezeichnen würden – die Funktion der Integration der anderen Bewußtseine. Dieses Bewußtsein, dessen Gegenstand alle Gegebenheiten (dhamma) sind, zieht naturgemäß wieder das Interesse der Untersuchung auf sich, da sich hier die heilsamen und die unheilsamen Gegebenheiten realisieren. Der Begriff *vijñāna*, der von manchen Autoren auch mit »Erkennen« übersetzt wird, ist im Indischen ein Begriff mit eher verbaler Bedeutung, zusammengesetzt aus *vi* (weg, auseinander) und *jñāna* (Erkennen). Von der Wortbedeutung her ist *vijñāna* also ein trennendes Erkennen, ein Erkennen, das noch im Akt des Erkennens zwischen Erkennendem und Erkanntem trennt.

Der Umstand, daß Wahrnehmung, Gefühl, Bewußtsein und generell das Denken (manas) immer auf der gleichen Ebene wie unsere fünf Organe der sinnlichen Wahrnehmung angesiedelt sind, mag auf den ersten Blick befremden. Tatsächlich ist aber die Unterscheidung zwischen dem, was das Denken und dem, was das Auge wahrnimmt, recht äußerlich: Die Wahrnehmung eines Gegenstands und die Wahrnehmung eines Einfalls hat für mich zunächst den den gleichen Wirklichkeitscharakter. Erst das Kriterium der Übereinstimmung mit anderen Menschen (Intersubjektivität) zieht eine Trennlinie zwischen der Sinneswahrnehmung (sofern es sich nicht um eine Sinnestäuschung und damit um eine Denkwahrnehmung handelt) und der Denkwahrnehmung. Die Tatsache, daß Gefühl, Wahrnehmung und Bewußtsein sich auf die sechs Wahrnehmungsfelder beziehen, läßt deutlich werden, wie eng diese drei Komponenten miteinander zusammenhängen:

»Was da Gefühl ist, was Wahrnehmung, was Bewußtsein – diese Gegebenheiten entstehen zusammen, nicht getrennt. Man kann diese Gegebenheiten nicht voneinander absondern und ihre Verschiedenheit zeigen. Was man fühlt, das nimmt man wahr, was man wahrnimmt, dessen ist man sich bewußt. Deshalb entstehen diese Gegebenheiten zusammen, nicht getrennt.« (MN 43, I. 293)

5.4 Nicht-Selbst

Die fünf Komponenten des Lebensprozesses zeichnen sich alle dadurch aus, daß ihnen keine Konstanz zugeschrieben wird. Die tatsächliche Beobachtung, so wie sie in den Übungen zur Achtsamkeit praktiziert wurde, liefert die lebendige Erfahrung, daß alle diese Komponenten einem ständigen Prozeß des Entstehens und Vergehens unterworfen sind. Das hat aber unmittelbar zur Folge, daß diese Komponenten, weder einzeln noch in ihrer Gesamtheit, als Bausteine eines konstanten Selbst – entsprechend dem *ātman* in anderen indischen Weltanschauungen – anzusehen sind. Übrigens auch nicht als eine konstante Seele im Sinne der christlichen Lehre. Darüber, wie trotzdem die Illusion von einem Selbst zustande kommen kann, heißt es in einer Lehrrede:

»Und wie kommt es zur Theorie der Individualität (satkāyadiṭṭhi)? Ein durchschnittlicher Mensch betrachtet die Form vom Selbst stammend oder das Selbst als Form habend, oder die Form im Selbst [enthalten], oder das Selbst in der Form; betrachtet das Gefühl, die Wahrnehmung, die formenden Kräfte, das Bewußtsein vom Selbst her, oder das Selbst als Gefühle, Wahrnehmung, formende Kräfte, Bewußtsein habend, oder das Gefühl, die Wahrnehmung, die formenden Kräfte, das Bewußtsein im Selbst [enthalten], oder das Selbst im Gefühl, in der Wahrnehmung, in den formenden Kräften, im Bewußtsein.« (MN 109, III 17)

Es werden also alle Möglichkeiten durchgespielt: das Selbst als ein Subjekt mit einer undefinierbaren Beziehung zu den Komponenten des Lebensprozesses, das sozusagen von außen die Komponenten betrachten könnte; oder das Selbst als »Besitzer« der Komponenten – das kommt unserem Denken nahe, das dazu neigt zu sagen: mein Körper, meine Psyche, meine Seele, meine Gefühle; oder das Selbst als »Behältnis«, welches die Komponenten enthält – hierher könnten Theorien gehören, die von einem umfassenden Selbst, fast pantheistisch gedacht, ausgehen; oder das Selbst als irgendwo in den Komponenten enthalten – etwa wie eine Seele, die im Herzen oder sonstwo im Organismus ruht.

Und es wird auch eindringlich betont, daß ein Wissender angesichts des mit Bewußtsein ausgestatteten Körpers und all der äußeren Bilder (nimitta) den Dünkel von Ich-heit oder Mein-heit nur vermeiden kann, wenn er sich bei allen Komponenten immer wieder klarmacht:

»Was es da auch an Form geben mag, vergangene oder zukünftige oder gegenwärtige, innere oder äußere, grobe oder feine, gemeine oder hohe, ferne oder nahe, für jede Form gilt: ›Das ist nicht mein, das bin ich nicht, das ist nicht mein Selbst.‹« (MN 109, III 19) Die gleiche Betrachtungsweise gilt auch für die anderen Komponenten. Die Annahmen, für eine der fünf Komponenten, oder für das, was man wahrgenommen hat, oder für das, was einem bewußt geworden ist, könne gelten »Das ist mein, das bin ich, das ist mein Selbst«, wird ausdrücklich als falsche

Sichtweise (diṭṭhi), also als Gegenteil zur rechten Sichtweise bezeichnet. Um zu vermeiden, daß das Selbst dann anderswo geortet werden könnte, wird noch als falsche Sichtweise hinzugefügt: »Das ist die Welt, das ist das Selbst, dahingegangen werde ich jenes, unvergänglich, beständig, ewig, eine unveränderliche Gegebenheit, ewig der gleiche: So werde ich bleiben.« (MN 22, I 135)

Auf alle diese Ansichten, die auf welchem Wege auch immer ein konstantes Ich oder Selbst zu konstruieren versuchen, gibt der Buddhismus immer die gleiche Antwort. Und zur Begründung dient immer die gleiche Argumentation: Alles ist vergänglich, was vergänglich ist, ist veränderlich, was vergänglich und veränderlich ist, ist Leiden, was vergänglich und veränderlich und Leiden ist, für das gilt: »Das ist nicht mein, das bin ich nicht, das ist nicht mein Selbst.« Zusammengefaßt wird dies in den berühmten Versen des Dhammapada (v. 277 ff)

»Alle formenden Kräfte sind vergänglich
wer das mittels unterscheidender Erkenntnis sieht
der wendet sich vom Leiden ab
das ist der Weg zur Läuterung

Alle formenden Kräfte sind Leiden
wer das mittels unterscheidender Erkenntnis sieht
der wendet sich vom Leiden ab
das ist der Weg zur Läuterung

Alle Gegebenheiten sind nicht das Selbst
wer das mittels unterscheidender Erkenntnis sieht
der wendet sich vom Leiden ab
das ist der Weg zur Läuterung«

5.5 Die bedingte Entstehung

Neben der eher querschnittsartigen Darstellung des Lebensprozesses in Form der fünf Komponenten gibt es noch eine zweite, die Theorie der bedingten Entstehung (paṭicca-samuppāda, Ssk. pratītya-samutpāda). Dabei handelt es sich um eine Theorie, die die Beziehungen verschiedener Elemente und Stadien des Lebensprozesses – wieder als ganzer verstanden – darstellt. Eine der üblichen Formulierungen in den Lehrreden lautet:

»Wenn jenes ist, dann wird dieses, wegen der Entstehung von jenem entsteht dieses: Durch Nichtwissen bedingt sind formende Kräfte, durch formende Kräfte bedingt ist Bewußtsein, durch Bewußtsein bedingt ist Name und Form, durch Name und Form bedingt ist der sechsfache Bereich, durch den sechsfachen Bereich bedingt ist Berührung, durch Berührung bedingt ist Gefühl, durch Gefühl bedingt ist Durst, durch Durst bedingt ist Anhangen, durch Anhangen bedingt ist Werden, durch Werden bedingt ist Geburt, durch Geburt bedingt kommen Alter und Tod, Kummer, Jammer, Leiden, Gram und Verzweiflung zustande.« (MN 38, I 262 f)

Insgesamt gibt es vier mögliche Formulierungen dieser Reihe, die auch alle vier an zahlreichen Stellen aufgeführt sind. Zwei davon behandeln das Entstehen der Gegebenheiten: die angeführte (durch Nichtwissen bedingt ... bis Tod), eine analytische in umgekehrter Reihenfolge (was muß sein, damit Tod entsteht), eine über die Auflösung (ist Nichtwissen aufgelöst ... dann ist Tod aufgelöst) und diese wiederum in umgekehrter Reihenfolge (was muß aufgelöst werden, damit Tod nicht entsteht). Die zweite dieser Reihen wird oft – analog zur ersten – mit den Worten eingeleitet: »Wenn jenes nicht ist, wird dieses nicht, wegen der Auflösung von jenem löst sich dieses auf ...«

Als Nichtwissen gilt in diesem Zusammenhang vor allem das Nichtkennen der vier edlen Wahrheiten: der Wahrheit vom Leiden, von der Leidensentstehung, von der Leidensauflösung und vom zur Leidensauflösung führenden Weg. Insofern ist das Nichtwissen die Negation der rechten Sichtweise, wie sie als erstes Glied des achtfachen Weges definiert wurde. Darüber hinaus (z.B. AVS 5 f) wird aber auch das Nichterkennen (ajñāna) aller möglichen Gegebenheiten genannt, insbesondere das Nichterkennen von Karma, von dem Heranreifen von Karma, von dem, was richtig ist und was falsch – kurz, von fast allem, was überhaupt denkbar ist. Nichtwissen ist also nicht die völlige Abwesenheit von Wissen sondern eher die Tatsache, daß die Intelligenz nicht so funktioniert, wie sie sollte.

Nichtwissen bildet die Voraussetzung dafür, daß formende Kräfte, insbesondere solche unheilsamer Art, entstehen. Nur wenn ich nicht erkenne, was ich tue, unterliege ich dem Mechanismus, bei dem ich mir mit den formenden Kräften selbst ein Gefängnis baue. Was hier angesprochen ist, ist der unmittelbaren Erfahrung zugänglich. Jedem ist vertraut, daß er sich durch sein eigenes Verhalten Schritt für Schritt Zwänge schafft, aus denen er nicht mehr herauskommt. Bei diesem Schaffen von Strukturen oder Mustern, die das künftige Leben bestimmen und einengen, ist es normalerweise nicht so, daß jemand beschlösse »ich schaffe jetzt die oder jene Struktur, die mich in dieser oder jener Weise festlegt«. Vielmehr »passiert das einfach«, ohne daß ich auch nur bemerke – das ist das Nichtwissen –, daß es passiert.

Aufs ganze Leben betrachtet heißt das nicht mehr und nicht weniger, als daß aus einer Situation heraus, bei der am Anfang noch alle Möglichkeiten offen sind, sich diese Möglichkeiten immer weiter reduzieren, bis sie – bei vielen schon in jungem Alter – auf eine einzige zusammengeschrumpft sind. Das ganze Leben ist dann schon vorgezeichnet. Und im Normalfall handelt es sich dabei um einen Weg, der nicht glücklich macht. Hier geht es aber noch um mehr: Selbst Verhalten, das vordergründig Freiheitsspielräume zu eröffnen scheint, kann im buddhistischen Sinne unheilsam sein. Es kann den Menschen in eine Richtung verändern, die ihn immer tiefer ins Leiden verstrickt. Im allgemeinen werden innerhalb der Formel von der bedingten Entstehung als formende Kräfte die des Körpers (Ein- und Ausatmen), der Rede (geistiges Erfassen und Durchdenken) und des Geistes (Wollen bestimmt von Lustverlangen, Haß und Verblendung) angegeben (AVS 7f).

Auf der Basis der formenden Kräfte entsteht Bewußtsein. Hier wird meist wieder die übliche Erklärung gegeben: Es handle sich um die sechs Arten des Bewußtseins, die mit der Wahrnehmung verknüpft sind, Seh-, Hör-, Riech-, Schmeck-, Tast- und Denkbewußtsein. Da Bewußtsein nie als ein Ding verstanden wird, in dem die verschiedenen Bewußtseinsinhalte angesiedelt sind, sondern als Prozeß ständig entstehenden und vergehenden Bewußtwerdens, ist es offensichtlich, daß das empirische Bewußtsein immer zusammen mit den formenden Kräften entsteht und von diesen bestimmt wird.

Bedingt durch Bewußtsein ist Name und Form. Häufig wird Name und Form gleichgesetzt mit den fünf Komponenten, wobei Name für Gefühl, Wahrnehmung, formende Kräfte und Bewußtsein steht. Da Name und Form ein auch außerhalb des Buddhismus gebräuchlicher Begriff für ein Individuum ist – was einen Menschen von außen gesehen ausmacht, ist seine Gestalt und sein Name – leuchtet diese Gleichsetzung insofern ein, als der individuell erscheinende Lebensprozeß mit der Theorie der fünf Komponenten beschrieben wird. Besonders in späteren Texten (z.B. AVS 8 f) wird daher auch diese Gleichsetzung bruchlos übernommen. In den älteren Darstellungen dagegen wird zwar Form mit der entsprechenden Komponente gleichgesetzt – Form wird wie dort definiert – aber Name wird etwas abweichend als Gefühl, Wahrnehmung, Wille, Berührung, Aufmerksamkeit aufgeschlüsselt (MN 9, I 53). Folgt man diesen Hinweisen, dann wäre hier der Zusammenhang zwischen Bewußtsein und Name und Form so zu interpretieren, daß entweder »von innen« gesehen die Existenz einer Persönlichkeit (Name und Form) voraussetzt, daß ein Bewußtsein da ist, das sich dieser Persönlichkeit bewußt ist. Oder man akzeptiert die übliche Erklärung, daß zwischen Bewußtsein und Name und Form der Übergang von einer Existenz zur nächsten liegt. Beide Interpretationen hat es in der buddhistischen Lehre gegeben.

Für letztere Interpretation spricht, daß es auch Lehrreden gibt, bei denen Bewußtsein das erste Glied der Kette ist. So heißt es in einem Dialog zwischen Buddha und seinem Jünger Ānanda:

»›Bedingt durch Bewußtsein ist Name und Form‹, ist nun auch gesagt worden. Und das, Ānanda, daß bedingt durch Bewußtsein Name und Form ist, ist in folgender Weise zu verstehen: Wenn das Bewußtsein nämlich, Ānanda, nicht in den Mutterleib herabkäme, würde sich dann im Mutterleib Name und Form erheben?‹ – ›Das wohl nicht, Herr.‹ – ›Und wenn das Bewußtsein, Ānanda, nachdem es in den Mutterleib herabgekommen ist, wieder wegginge, würde sich dann Name und Form zur Hierheit entfalten?‹ – ›Das wohl nicht, Herr.‹ – ›Und wenn das Bewußtsein, Ānanda, bei dem noch kleinen Jungen oder Mädchen zerstört würde, könnte dann Name und Form zum Entwickeln, zum Wachsen, zum Gedeihen gelangen?‹ – ›Das wohl nicht, Herr.‹ – ›Deshalb, Ānanda, ist dies der Grund (hetu), dies die Grundlage (nidāna), dies der Ursprung (samudaya), dies die Bedingung (paccaya) von Name und Form: nämlich das Bewußtsein.‹ – ›Bedingt durch Name und Form ist Bewußtsein, ist nun auch gesagt worden. Und das, Ānanda, daß bedingt durch Name und Form Bewußtsein ist, ist in folgender Weise zu verstehen. Wenn das Bewußtsein, Ānanda, in Name und Form nicht seinen Stand (patiṭṭha) nähme, könnte man dann zukünftig das Zustandekommen der Entstehung von Geburt, Alter, Tod und Leiden erkennen?‹ – ›Das wohl nicht, Herr.‹« (DN 15, II 63)

Nach diesem Text geht nach dem Tod das Bewußtsein in einen Mutterleib ein und wird dort zu einem neuen Organismus (nāma-rūpa) oder nimmt »seinen Stand« in einem neuen Organismus. Um klarzumachen, daß diese Vorstellung nicht am Ende doch auf die Auffassung hinausläuft, es gäbe ein Selbst, wurde verschiedentlich das Beispiel einer Flamme herangezogen. Wenn ich mit einem Licht ein anderes entzünde, ist dann die Flamme zu dem neuen Licht gewandert?

Organismus und Bewußtsein bilden eine untrennbare Einheit. Bedingt durch Name und Form sind die sechs Wahrnehmungsfelder (saḷāyatana, Ssk. ṣaḍāyatana), wobei wieder neben den Feldern der sinnlichen Wahrnehmung auch die Wahrnehmung durch das Denken eingeschlossen ist. Die Wahrnehmungsfelder werden immer gegliedert in die inneren (die Sinne) und die äußeren; mit der Bildung eines Organismus bildet sich also auch immer die ihn umgebende Welt. Von »innen« gesehen – und die hier gegebene Darstellung ist ja in erster Linie eine Innenperspektive – ist das völlig einsichtig: Erst in dem Augenblick, in dem es ein bewußtes Wesen gibt, das die Welt um sich herum wahrnehmen kann, tritt für dieses Wesen die Welt als von ihm wahrgenommene Umgebung ins Dasein. Das hat nichts zu tun mit Formeln wie »die Welt ist nur meine Vorstellung«, sondern nur damit, daß es für mich die Welt nur insofern gibt, als sie mir bewußt ist. Daß dies gleichzeitig eine Spaltung in »Ich« und »Anderes« bedeutet, daß also ein untrennbares Ganzes (ich wäre ohne die mich umgebende Welt gar nicht denkbar) hier in Teile zerlegt wird, war den Buddhisten wohl bewußt und spielte in späteren Systemen eine wichtige Rolle.

Auf der Basis dieser Spaltung von Wirklichkeit in Welt und Individualität geschieht Berührung (phassa, Ssk. sparśa). Mit den Sinnen berührt ein Mensch die ihn umgebende Welt und die Welt berührt ihn. Und mit dem Denken berührt er ebenfalls Gegebenheiten, die außerhalb seiner liegen: Er denkt an jemand oder etwas, erinnert sich, und selbst bei Gedanken, die ihm kommen, handelt es sich häufig um Gedanken, die von anderen durch Sprache in die Welt gebracht wurden. Es hat übrigens wenig Sinn, die hier entwickelte Vorstellung in Begriffen unserer Wahrnehmungspsychologie ausdrücken. Man kann zwar statt »Berührung« Perzeption sagen, man kann auch die sich berührenden Teile Sinnesorgan und Sinnesdaten nennen, man wird aber zwangsläufig immer am sechsten Bereich, dem Denken und den Gegebenheiten, scheitern: Hier handelt es sich weder um Perzeption noch um Sinnesdaten. Die Vorstellungen, die der buddhistischen Theorie hier zugrunde liegen, sind viel urprünglicher. Hier gibt es noch nicht die Verdinglichung aller Prozesse, hier wird noch der Versuch gemacht, das, was geschieht, einfach so zu beschreiben, wie es erlebt wird.

Bedingt durch Berührung ist Gefühl. Jeder Kontakt mit der Welt oder mit sich selbst ist mit Gefühlen verbunden, unangenehmen und angenehmen, und selbst da, wo keines dieser Gefühle auftritt, ist von einem neutralen Gefühl die Rede. Und mit diesem Gefühl ist der Durst da, der angenehme Gefühle halten und wiederholen, unangenehme Gefühle jetzt und künftig vermeiden und neutrale Gefühle ignorieren will. Der Durst ist bewegendes Moment, die umgebende Welt so zu verändern, daß sie am Ende nur noch angenehme Gefühle bringen soll. In der oben zitierten Lehrrede heißt es dazu:

»So ist also, Ānanda, durch Gefühl bedingt Durst, durch den Durst bedingt ringsum Suchen, durch Suchen bedingt Finden, durch Finden bedingt Unterscheiden, durch Unterscheiden bedingt Wollen und Lustverlangen, durch Wollen und Lustverlangen bedingt Anklammern, durch Anklammern bedingt ringsum Ergreifen, durch Ergreifen bedingt Selbstsucht, durch Selbstsucht bedingt Verteidigen, und mit dem Verteidigen greift man zu Stöcken, greift man zu Waffen, es kommt zu Kampf, Streit, Zank, Auseinandersetzung, Anschuldigung, Lüge; zahlreiche schlechte, unheilsame Dinge entstehen.« (DN 15, II 58 f)

Mit der Berührung und mit den mit ihr verbundenen Gefühlen beginnt die Verstrickung: Bedingt durch Durst ist Anhangen (upādāna). Der indische Begriff ist hier noch umfassender und präziser: *ādāna* ist in Empfang nehmen, in Besitz nehmen, ergreifen, die Vorsilbe *upa* steht für »hin zu etwas«, »gegen etwas«, *upādāna* ist dann sich auf etwas zubewegen, um davon Besitz zu ergreifen, sich an etwas festhalten, festklammern. Und es ist keineswegs so, daß wir uns nur an den angenehmen Dingen festklammern. Das gilt schon bei kleinsten Dingen. Wer schon einmal registriert hat, mit welch geradezu unglaublicher Konzentration man lauschen kann, ob man ein als störend empfundenes Geräusch nicht doch hört, weiß, wovon hier die Rede ist. Bei »großen« Angelegenheiten, positiven wie auch negativen, ist das Anhangen entsprechend umfassender. Dieses Anhangen wird häufig genauer bestimmt als Anhangen an Sinnlichkeit, Anhangen an Sichtweisen, Theorien, Ideologien und dergleichen, Anhangen an Tugenden und Gelübde, Anhangen an die Theorie von einem Selbst (DN 15, II 58).

Durch Anhangen bedingt ist Werden, das empirische Leben mit seinen ständigen Veränderungen. In den entsprechenden Texten wird Werden hier immer bestimmt als Werden im Bereich der Sinnlichkeit (kāmabhava), im Bereich der Formen (rūpabhava) und im Bereich der Nichtformen (arūpabhava). Schon im Zusammenhang mit der Meditation wurde darauf hingewiesen, daß diesen Bereichen einerseits durchaus kosmologische Vorstellungen zugrunde liegen, daß sie andererseits aber auch für psychisch erlebte Wirklichkeiten stehen. Für das menschliche Interesse steht dabei der Bereich der Sinnlichkeit im Mittelpunkt, in dem es die Daseinsformen von Menschen, Tieren, Hungergeistern, Höllenbewohnern, Halbgöttern und Göttern gibt. Es sei noch einmal daran erinnert, daß diese Daseinsweisen beides sein können: Orte der Wiedergeburt, aber auch Arten menschlichen Lebens. Bedingt durch Werden schließlich ist Geburt, bedingt durch Geburt sind Alter, Tod und Leiden.

Über die Interpretation der Formel von der bedingten Entstehung hat es nicht nur in der abendländischen Buddhismusforschung, sondern auch innerhalb des Buddhismus selbst starke Differenzen gegeben, auf die einzugehen hier den Rahmen sprengen würde. Einige Hinweise mögen genügen. Was ganz sicher nicht gemeint ist, ist eine lineare Kausalitätskette, bei der jedes Glied die Ursache für das folgende und die Wirkung des vorhergehenden wäre. Dazu sind die Beziehungen zwischen den einzelnen Gliedern dieser Kette viel zu verschieden. Bei der Analyse der unterschiedlichen Bedingtheiten hat es ein Werk aus dem Abhidhamma-Piṭaka immerhin auf vierundzwanzig verschiedene Verhältnisse gebracht. Auch an der Interpretation, daß es sich um eine zeitliche Abfolge dreier Leben handle, sind ernsthafte Zweifel anzumelden. Gerade die Erklärungen, die es in der Abhidharma-Literatur und in alten Kommentaren gibt, zeigen, daß bei vielen Gliedern dieser Formel von einem gleichzeitigen Entstehen auszugehen ist, so daß selbst im Kleinen hier von einer zeitlichen Abfolge gar keine Rede sein kann. Und der oben gegebene Hinweis, daß Bewußtsein durch Name und Form bedingt sei und Name und Form durch Bewußtsein, belegt, daß Linearität nicht intendiert ist. Was bleibt, ist ein Geflecht von Beziehungen der einzelnen Elemente untereinander, das zwar insgesamt zeitliche Dimensionen aufweist, das aber nicht als zeitliche Reihenfolge verstanden werden kann. Es muß eher danach gefragt werden, ob nicht womöglich unser Weltbild der zeitlichen Reihenfolgen, das ja sehr eng zusammenhängt mit der Tatsache, daß auch unsere Sprache eben nur ein Wort nach dem anderen erlaubt, etwas problematisch ist.

Dies läßt sich an einem alltäglichen Beispiel zeigen. Ich sitze am Tisch, gebe völlig automatisch einen Löffel Zucker in den Kaffee und rühre um, lese gleichzeitig in der Zeitung etwas über Ereignisse aus einem Krieg und denke dabei darüber nach, wie es dort zu einem Frieden kommen könne. Nur von außen gesehen finden hier Ereignisse in einer linearen Abfolge statt. Von innen gesehen finden die einzigen Ereignisse, die in der Gegenwart stattfinden, nämlich daß ich Zucker in den Kaffee gebe und umrühre und dabei Zeitung lese, gar nicht statt. Beim Zucker würde lediglich das Nichtstattgefundenhaben zu einem Ereignis in dem Augenblick, wo ich beim ersten Schluck schmecke, daß ich den Zucker vergessen habe. Habe ich ihn nicht vergessen, merke ich nicht einmal, daß ich ihn nicht vergessen habe. Auch das Lesen würde mir nur dann bewußt, wenn mich etwa jemand fragte, was ich gerade tue. Erlebte Wirklichkeit dagegen ist, daß da ein Krieg ist, obwohl die Ereignisse, über die ich lese, vergangen sind, daß da möglicherweise ein Frieden sein könnte, der noch unklar ist, und möglicherweise daß ich »da« bin – wahrscheinlich wird mir auch dies in dem Augenblick nicht bewußt. Zeitliche Reihenfolgen spielen in dieser Situation keine Rolle.

Ähnlich scheint es sich auch mit der Formel von der bedingten Entstehung zu verhalten. In dem Augenblick, wo Leben da ist, ist auch Geburt, Alter, Tod und Leiden da, nicht der Reihe nach, sondern es ist einfach da. Wenn Tod da ist, ist auch Geburt da, wenn Geburt da ist, ist auch Tod da, äußerlich gesehen vielleicht eins nach dem anderen, von innen gesehen alles zugleich – und zugleich auch überhaupt nicht. Die gesamte Formel wäre dann so zu interpretieren, daß am Anfang die Frage steht: Woher kommen Alter und Tod, woher kommt das Leiden – nicht zufällig die

Fragen, die Siddhārtha veranlaßt haben, sich auf die Suche zu machen, und nicht umsonst die existentiellen Tatsachen, die uns so sehr verunsichern, daß wir sie am liebsten gar nicht zur Kenntnis nehmen. Und hier lautet zunächst die einfache und logische Antwort: Wenn es Geburt gibt, dann gibt es auch Alter und Tod, was geboren wird, muß sterben.

Als logische Aussage ist das banal, als existentielle Aussage nicht. Hier nimmt dann das weitere Fragen seinen Ausgang: Der Prozeß des Werdens – man könnte hier vielleicht besser sagen »des Daseins«, obwohl dann im Begriff der dynamische Charakter verloren geht – schließt alle drei ein, Geburt, Alter und Tod. Und wodurch ist dann der Prozeß des Daseins bedingt? Und wieder erfolgt eine klare Antwort: durch das Anhangen an diesem Dasein – ich bin auch deshalb da, weil ich da sein will! –, durch die Verstrickungen in einem Geflecht von Fesseln, die ich mir alle selbst angelegt habe. Und dieses Anhangen – nicht umsonst heißen die Komponenten des Lebensprozesses Komponenten des Anhangens – ist unmittelbare Folge der Tatsache, daß ich als ein einzelner bewußtseiender Mensch in einer Welt lebe, die ich wahrnehme, zu der ich Gefühle habe, von der ich etwas will, von der ich letztlich sogar will, daß sie eigentlich so sein soll, wie es mir – wohlgemerkt: nicht jemandem anderen – am besten gefällt. Und alle diese Fesseln, alle diese selbstgebauten Gefängnisse, existieren in erster Linie in meinem Bewußtsein, hier aktualisieren sie sich ständig, hier werden sie neu produziert.

Hier setzt dann die nächste Frage an: Und wodurch ist dieses Bewußtsein bedingt? Es ist durch die formenden Kräfte so, wie es ist. Und die formenden Kräfte? Sie sind bedingt durch das Nichtwissen.

Da das Nichtwissen identisch ist mit der Abwesenheit der rechten Sichtweise, liegt hier auch die Chance, den blinden Mechanismus der bedingten Entstehung zu durchbrechen. Als »Kurzformel« wird dies auch sichtbar in der Formulierung »durch Auflösung des Nichtwissens ist Auflösung der formenden Kräfte ...«, die eine der Standardformulierungen der bedingten Entstehung ist. Daß die Verhältnisse etwas komplexer sind, zeigt die Lehrrede über die rechte Sichtweise (MN 9, I 46 ff). Dort wird zunächst die allgemeine Frage gestellt, was überhaupt die Grundlage sei, auf der ein individuelles Lebewesen (zuvorderst geht es hier natürlich um den Menschen) entstehen und sich erhalten kann. Identifiziert werden dann vier Arten der »Nahrung« (āhāra): körperbildende Nahrung, Berührung, geistiges Wollen (mano-sañcetanā) und Bewußtsein. Nach späteren Erklärungen (Vsm 341) nährt Berührung die drei Arten der Gefühle, geistiges Wollen nährt das Sich-Zusammenfügen (paṭisandhi) in einer der drei Arten des Werdens (im Bereich der Sinnlichkeit, der Formen, der Nichtformen), Bewußtsein nährt Name und Form im Augenblick des Sich-Zusammenfügens.

Ein Wort zu dem Begriff *paṭisandhi*: »das Sich-Zusammenfügen« ist eine sehr wörtliche Übersetzung: Im Augenblick der Empfängnis fügen sich Name, Form und Bewußtsein – in anderen Darstellungen die fünf Komponenten – zusammen. Es sei daran erinnert, daß für jede dieser Komponenten an zahlreichen Stellen immer wieder betont wird, daß es sich hier nicht um »Dinge« handelt, sondern um Prozesse ständigen Entstehens und Vergehens.

In der Lehrrede geht die Frage weiter: Wie kommt es überhaupt zur Nahrung, wobei sich die Frage natürlich auf das geistige Wollen konzentriert, da dieses das Werden nährt. Aus der Entstehung des Durstes entsteht die Nahrung, aus der Auflösung des Durstes löst sich die Nahrung auf, und diese Auflösung des Durstes wurde in den vier edlen Wahrheiten gelehrt als der achtfache Weg, der mit rechter Sichtweise – also dem Gegenteil von Nichtwissen – anfängt. »Sobald nun ein edler Jünger so die Nahrung klar erkennt, so die Entstehung der Nahrung klar erkennt, so die Auflösung der Nahrung klar erkennt, so den zur Auflösung der Nahrung führenden Weg klar erkennt, gibt er die Neigung zum Lustverlangen auf, verläßt er die Neigung zur Abwehr, vernichtet er die Neigung zu der Sichtweise ›ich bin‹, gibt er das Nichtwissen auf, entfaltet das Wissen und macht noch in diesem Leben dem Leiden ein Ende.« (MN 9, I 48) Und genau diese Methode wird nun Schritt für Schritt auf die einzelnen Glieder der bedingten Entstehung angewandt. Angefangen bei Alter und Tod wird jedes der Glieder zum Ausgangspunkt für den achtfachen Weg, bei jedem Glied also wird die rechte Sichtweise (es sei daran erinnert, daß diese selbst wieder die vier edlen Wahrheiten enthält) entwickelt, ebenso die anderen Glieder des Weges bis zur rechten Sammlung.

Am Beispiel der »Nahrung« wird auch klargemacht, daß der Prozeß der bedingten Entstehung kein Subjekt hat, das als Träger dieses Prozesses durch alle seine Veränderungen am Ende doch so etwas wie ein Selbst wäre. Auf die Frage, wer denn die Nahrung »Bewußtsein« zu sich nimmt, also auf die Frage nach dem Ich, das am Ende sagen könnte, »ich habe ein Bewußtsein«, antwortet Buddha:

»Die Frage ist nicht korrekt. ›Nimmt zu sich‹ sage ich nicht. Würde ich sagen ›nimmt zu sich‹, dann wäre die Frage korrekt ›wer nimmt denn nun zu sich‹, aber so rede ich nicht. Da ich so nicht rede, wäre, wenn mich jemand fragte, ›wozu dient denn die Nahrung Bewußtsein‹, die korrekte Frage. Dann wäre die korrekte Antwort: ›Die Nahrung Bewußtsein ist Bedingung für künftiges Wiederwerden und sich Entwickeln (abhinibatti), ist dieses entstanden, [dann entsteht] der sechsfache Sinnesbereich, aus dem sechsfachen Sinnesbereich als Bedingung die Berührung.« (SN XII, 12, II 13)

Auf die gleiche Weise werden die Fragen: wer berührt?, wer fühlt?, wer dürstet? und wer hängt an? beantwortet. Die Erkenntnis, daß es für die Prozesse, die in ihrer Gesamtheit das menschliche Dasein ausmachen, kein Subjekt in dem Sinne gibt, daß jemand von sich sagen könnte »ich bin der Träger« dieses Prozesses, wurde im Verlauf der Geschichte immer klarer formuliert. Hier nur ein Beispiel:

»Im höchsten Sinne (paramatthena) sind alle Wahrheiten als leer (suñña, Ssk. śūnya) zu betrachten, weil ein Fühlender (vedaka), ein Handelnder (kāraka), ein Erloschener (nibbuta), ein Gehender (gamaka) nicht da ist.« (Vsm 512)

Die vier Wahrheiten sind also im höchsten Sinne leer, weil es keinen gibt, der das Leiden fühlt, keinen, der durch sein Handeln das Leiden erzeugt, keinen, der als Erloschener die Aufhebung des Leidens erlebt, keiner, der den Pfad zur Leidensauflösung geht.

»Deshalb heißt es:

Leiden gibt es, aber keinen Leidenden,
Handlungen, aber kein Handelnder ist zu finden.
Es gibt das Erloschen (nibbuti), nicht den erloschenen Mann,
Es gibt den Weg, der Gehende ist nicht zu finden.

Oder auch:

Von Beständigkeit (dhuva), Schönheit und Glück leer sind die beiden ersten [Wahrheiten]
Von einem Selbst leer ist der todlose Ort,

Von Beständigkeit, Glück und Selbst ledig ist der Weg. Bei diesen [allen ist] Leere (suññatā).« (Vsm 513)

5.6 Nirvāṇa und Buddha

Auf den vergangen Seiten war viel von der Befreiung die Rede. Der Begriff Nirvāṇa (P. nibbāna), wörtlich Erlöschen, Verwehen, wird an zahlreichen Stellen durch Verneinungen erklärt: als das Erlöschen der drei Gifte Gier (oder Lustverlangen), Haß und Verblendung. Nirvāṇa heißt im indisch-buddhistischen Verständnis immer auch Befreiung aus dem Kreislauf von Geborenwerden und Sterben (saṃsāra), als die Befreiung von neuen Geburten. Daß der Buddhismus kein konstantes Selbst kennt, weder innerhalb eines Lebens noch auch über dieses hinaus, spielt dafür keine Rolle: Auf jeden Fall geht nach jedem Tod ein Leben weiter, eine fiktive Individualität erlöscht, eine neue entsteht, und zwischen vorhergehenden und folgenden Individualitäten gibt es eine Kontinuität – auch wenn dies im höchsten Sinne (paramatthena) fiktiv ist. Nirvāṇa ist aber auch die Befreiung in diesem Leben: die Befreiung aus den selbstgeschaffenen Fesseln der formenden Kräfte, die in ihrer Gesamtheit unter dem Begriff Karma zusammengefaßt werden. Bei Nirvāṇa handelt es sich also nicht um irgendeinen Ort, den man erreichen könnte, eine Art von geistigem Paradies oder auch einen Ort der Nichtexistenz – ein Mißverständnis, das auch zu Buddhas Zeit schon bestand.

»Man kann die Frage nicht so stellen: ›Wo können denn, Herr, die vier großen Elemente ohne jeden Rest erlöschen, nämlich das Erdelement, das Wasserelement, das Feuerelement, das Windelement.‹ So muß die Frage gestellt werden:

Wo ist es, daß Wasser und Erde, Feuer und Wind nicht gründen,
lang und kurz und feinstes und grobes, schönes und unschönes,
wo ist es, daß Name und Form sich restlos auflösen?

Da ist dies die Erklärung:

Bewußtsein (viññāna) ist unaufzeigbar ohne Ende überall verschwunden.
Dort ist es, daß Wasser und Erde, Feuer und Wind nicht gründen,
lang und kurz und feinstes und grobes, schönes und unschönes,
dort ist es, daß Name und Form restlos zerstört werden.
Durch die Auflösung (nirodha) des Bewußtseins dort wird dieses restlos aufgelöst« (DN 11, I 223)

Gleichwohl wäre es ebenso ein Mißverständnis, Nirvāṇa als Nichts zu betrachten – auch dies ein Mißverständnis schon zu Buddhas Zeit.

»Es gibt, ihr Mönche, jenes Gebiet (āyatana), wo weder Erde ist noch Wasser noch Feuer noch Wind noch das Raumunendlichkeitsgebiet noch das Bewußtseinsunendlichkeitsgebiet noch das Nichtirgendetwasgebiet noch das Weder-Wahrnehmung-noch-Nichtwahrnehmunggebiet noch diese Welt noch eine jenseitige Welt noch beides, Sonne und Mond. Dort, ihr Mönche, rede ich nicht von Kommen noch von Gehen noch von Verharren noch von Wegschwinden noch von Hinzukommen. Ohne Stützpunkt (appatiṭṭha), ohne Weitergehen (appavattam), ohne eine Grundlage: genau dies ist das Ende des Leidens.« (Udāna VIII, 1)

»Es gibt, ihr Mönche, ein passim Nicht-passim Geborenes, passim Nicht-passim Gewordenes, passim Nicht-passim Gemachtes, passim Nicht-passim Gestaltetes. Wenn es, ihr Mönche, dieses passim Nicht-passim Geborene, passim Nicht-passim Gewordene, passim Nicht-passim Gemachte, passim Nicht-passim Gestaltete passim Nicht gäbe, dann wäre kein Entrinnen aus dem passim Geborenen, passim Gewordenen, passim Gemachten, passim Gestalteten sichtbar. Weil es nun aber, ihr Mönche, ein passim Nicht-passim Geborenes, passim Nicht-passim Gewordenes, passim Nicht-passim Gemachtes, passim Nicht-passim Gestaltetes gibt, ist auch ein Entrinnen aus dem passim Geborenen, passim Gewordenen, passim Gemachten, passim Gestalteten sichtbar.« (Udāna VIII, 3)

Nirvāṇa ist also ein ethisches, nicht ein ontologisches Ziel. Und der, der es erreicht hat, wird als Erwachter (buddha) bezeichnet, als Tathāgata, einer der den Weg so (tathā) gegangen (gata) und am Ziel angekommen (āgata) ist.

II. Das Große Fahrzeug (Mahāyāna)

1. Ausgangspunkte

1.1 »Großes« und »Kleines« Fahrzeug

Es ist schwer, aus dem, was überliefert ist, die historische Entwicklung der buddhistischen Lehre eindeutig zu rekonstruieren. Die Versuche, die insbesondere die europäische Buddhismusforschung gemacht hat, sind beeindruckend, sind aber noch weit entfernt davon, ein vollständiges Bild zu liefern. Dennoch lassen sich aus den verschiedenen Überlieferungssträngen einige Entwicklungslinien nachzeichnen, die für die Entfaltung buddhistischer Ideen bedeutsam sind.

In den ersten Jahrhunderten nach Buddhas Tod entwickelte sich ein Mönchs- und ein Nonnenorden, wobei der Nonnenorden der Aufsicht der Mönche anvertraut war. Die Mönche und Nonnen lebten in klosterähnlichen Anlagen (vihāra) oder als Wanderasketen, wobei das Klosterleben in der Regenzeit die Wanderschaft ablösen konnte. Meist waren es Menschen aus den beiden oberen Kasten, auch wenn es keinerlei Kastenbeschränkungen gab. Die Klosteranlagen verdankten sie reichen Spendern, ihre Nahrung erhielten sie bei dem allmorgendlichen Bettelgang von Laienanhängern, die durch ihre Gaben hofften, gutes Karma für eine günstige Wiedergeburt anzuhäufen. Es entstand also ein soziales Gefüge, bei dem die einen ernährt wurden und die anderen durch Gaben Verdienst ansammelten. Dieses System beschränkte sich im übrigen nicht auf die Buddhisten, sondern war in ähnlicher Form auch bei anderen religiösen Gemeinschaften anzutreffen.

Einen besonderen Aufschwung erhielt der Buddhismus, als er von Kaiser Aśoka (Regierungszeit ungefähr von 270 – 230 v.u.Z), der ein großes Reich im Norden Indiens (bis Afghanistan) regierte, zur Staatsreligion erhoben wurde, ohne daß übrigens die anderen Religionen behindert oder gar verboten worden wären. Aśoka versuchte eine der buddhistischen Ethik verpflichtete Gesellschaft zu gestalten und sandte buddhistische Missionare in alle Welt, von denen allerdings nur die nach Śrī Laṅkā geschickten dauerhaften Erfolg hatten.

In mehreren Konzilen (das erste kurz nach Buddhas Tod, das zweite wenig später, das dritte um 250 v.u.Z) versuchten die Mönche die buddhistische Lehre zu kodifizieren. Anlaß des zweiten Konzils waren nach der Überlieferung des Theravāda-Buddhismus Differenzen in der Ordenszucht, woraufhin die »Neuerer«, die eine Lockerung anstrebten, das Konzil verließen. Ergebnis der Konzile war die Kanonisierung der buddhistischen Lehre, wobei vollständig nur der Pāli-Kanon erhalten ist (aus anderen Zweigen sind einzelne Texte überliefert).

Aus den Lehren der verschiedenen buddhistischen Schulen läßt sich ein etwas konkreteres Bild konstruieren, allerdings immer mit dem Vorbehalt, daß diese Konstruktion historisch nicht genau datierbar und belegbar ist. Danach läßt sich der Buddhismus der älteren Überlieferung (theravāda, Ssk sthaviravāda), dem der erste Hauptteil dieses Buches gewidmet ist, als eine abgeschlossene Lehre betrachten. Etwa im ersten vorchristlichen Jahrhundert dürfte der Pālikanon in seiner heutigen Form vorgelegen haben, die darauf folgende Literatur von Kommentaren und Einzelwerken bemühte sich um die Erklärung und Zusammenfassung, ging aber davon aus, daß insgesamt nichts Neues mehr zu entwickeln sei. Gleichwohl scheint es Ansätze einer Diskussion mit anderen Schulen gegeben haben, die allerdings nur einen geringfügigen Einfluß auf die Lehre hatten. Von anderen »orthodoxen« Schulen ist nur wenig direkt überliefert; eine ausführliche Darstellung der Abhidharmalehren einer Schule verdanken wir dem buddhistischen Philosophen Vasubandhu (ca. 4. Jh.). Nach dem, was bekannt ist, dürften die Differenzen innerhalb dieser Schulen nicht allzu groß gewesen sein.

Wahrscheinlich im Umfeld und in der Nachfolge derjenigen Mönche, die das zweite Konzil verlassen hatten und die sich selbst Mahāsāṅghika (der größere Teil der Gemeinde) nannten, entwickelte sich mit der Zeit eine neue Schule, die sich später den Namen Mahāyāna (das Große Fahrzeug) gab – für ihre Opponenten prägten sie den Namen Hīnayāna, das

Kleine Fahrzeug, ein abschätzig gemeinter Begriff, der heute von Buddhisten kaum noch verwendet wird; statt dessen wird vom »Fahrzeug der Hörer« (śrāvakayāna) gesprochen. Mit der Namensgebung wird schon die Intention deutlich: Im Gegensatz zum Kleinen Fahrzeug, in dem nur wenige Menschen Platz haben, sollte das Große Fahrzeug Platz für viele, ja sogar für alle Menschen bieten.

Sieht man den Buddhismus der älteren Überlieferung als soziales System, dann gibt es auf der einen Seiten die Mönche und Nonnen, die sich ihrem eigenen Heil widmen, die einen Tagesablauf haben, der ausschließlich an ihnen selbst orientiert ist – Meditation und Studium, Bettelgang, Ernährung, gemeinsame Rezitation. Auf der anderen Seite sind die Laien, die die materielle Versorgung der Mönche und Nonnen übernehmen und so ihre Chancen auf eine günstige Wiedergeburt erhöhen. Als Gegenleistung hielten zumindest die älteren Mönche und Nonnen religiöse Rituale ab, unterwiesen in der buddhistischen Lehre und standen auch für persönliche Beratung zur Verfügung. Angelegenheiten der Lehre waren ausschließlich den Mönchen vorbehalten, die Laien spielten praktisch keine Rolle.

1.2 Soziale Verantwortung

Selbst wenn in der buddhistischen Meditation die vier »himmlischen Verweilungen« (Freundlichkeit, Mitgefühl, Mitfreude und Gleichmut) geübt wurden, mußte sich dies nicht zwangsläufig auf die sozialen Beziehungen auswirken. Man konnte dies durchaus auch als eine Art geistige Gymnastik verstehen, die eben der Überwindung von Gier, Haß und Verblendung diente. Zumindest für die Laienanhänger muß sich dieses soziale System zuweilen so dargestellt haben, daß die Mönche und Nonnen das Ziel ihrer eigenen Befreiung nur zum eigenen Nutzen verfolgten, und daß aus dem gelehrten Gleichmut längst Gleichgültigkeit geworden war. Daß dies nicht mit der Lehre Buddhas in Übereinstimmung stand, liegt auf der Hand.

Es muß einen Grundkonflikt zwischen den Laien und dem »Klerus« gegeben haben, unabhängig davon, ob dieser Konflikt manifest wurde oder nicht. Wenn die Laien die Mönche und Nonnen ernähren, und die

Zahl der zu Ernährenden so groß ist, daß deren Ernährung größeren Aufwand erfordert, dann müssen zwangsläufig die Erwartungen der Laien an die von ihnen Ernährten steigen. Das kann sich verschieden auswirken. Die Laien können eine Gegenleistung in Form von Ritualen erwarten. Gerade im Kontext der indischen Religionen spielen derartige Rituale eine Rolle. Sie ernährten eine ganze Kaste (die Brahmanen), und daß auch buddhistische Mönche dazu neigten, eine solche Rolle zu übernehmen, geht aus mehreren Textstellen hervor. Eine andere Möglichkeit war, daß die Laien einen sehr hohen moralischen Anspruch an die Mönche und Nonnen stellten. Gerade die Ethik des Buddhismus und seine sanfte Asketik legen eine derartige Erwartung nahe.

Es muß übrigens auch einen Konflikt zwischen Männern und Frauen gegeben haben. Die Körperfeindlichkeit, die sich in erster Linie gegen die Frauen als die Repräsentantinnen des Lustverlangens (rāga) richtete, hat mindestens zum Teil zu einer Frauenfeindlichkeit geführt, die aus der buddhistischen Lehre allein nicht begründbar ist. Der Buddha hat nach der Überlieferung einem Nonnenorden nur mit großen Bedenken zugestimmt; er prophezeite, dies werde die Lebensdauer der buddhistischen Lehre verkürzen. Frauenfeindliche Passagen lassen sich in den Texten finden, auch wenn sie im Vergleich etwa zu den biblischen Religionen eher harmlos erscheinen.

Was die Überlieferung und Systematisierung der Lehre betrifft, so hatten die Mönche in den Jahrhunderten nach Buddhas Tod wirklich Großes geleistet. Zugleich scheinen sie zuweilen der Gefahr erlegen zu sein, aus den prozeßorientierten Lehren, in denen es keine feststehenden Dinge und kein konstantes Selbst gab, doch wieder ontologische Postulate zu entwickeln. So so bildete sich etwa eine sehr einflußreiche orthodoxe Schule mit dem Namen »Alles-ist-Lehre« (sarvāstivāda) heraus, die zwar an der Nicht-Selbst-Lehre festhielt, aber etwa den Komponenten des Daseinsprozesses ontologischen Rang verlieh.

Diese wenigen Andeutungen sollen genügen, um das Klima zu umreißen, in dem der Mahāyāna-Buddhismus entstanden ist. Um genauer zu verstehen, wie sich die Entwicklung vollzogen hat, muß man sich noch einmal einige Fixpunkte des Buddhismus vergegenwärtigen. Ausgangspunkt sind die edlen vier Wahrheiten: die Einsicht, daß das empirische Leben Leiden beinhaltet, die alltägliche Erfahrung, daß vieles im Leben einfach weh tut. Die Analyse führte zur Auffassung, dieses Leiden sei Ergebnis des eigenen Durstes: des Durstes nach sinnlicher Befriedigung, nach sinnlichen Erlebnissen, nach Lust; des Durstes nach Dasein und Werden, nach Leben und danach, daß angenehme Dinge und Situationen sich wiederholen mögen; des Durstes nach »Entwerden«, danach daß unangenehme Dinge und Situationen verschwinden oder am besten gar nicht erst auftreten, aber auch danach, selbst nicht da zu sein. In anderen Zusammenhängen (Theorie der bedingten Entstehung) wird auch das Nichtwissen als Ausgangspunkt für die Entstehung von Leiden angenommen, wobei allerdings auch dieses Nichtwissen eng mit dem Durst verknüpft ist. Die Botschaft des Buddhismus ist – und da sind sich alle Schulen einig – daß es eine Möglichkeit gibt, das Leiden aufzulösen, indem der Durst zum Verschwinden gebracht wird, und daß es einen Weg dahin gibt, den edlen achtfachen Weg.

Eine ganz offensichtliche logische Konsequenz dieser Überlegungen ist, daß man »nur« den Durst aufgeben müsse, um das Leiden zu besiegen. Dies mündete in einer asketischen Haltung, die die Bekämpfung und Vernichtung aller Bedürfnisse zum Ziel hatte; die psychischen Verwerfungen, die dabei entstehen können (nicht müssen!), lassen sich an dem uns vertrauteren Beispiel der christlichen Askese studieren. Daß dieses Ziel selbst wieder zum Durst werden konnte, sei nur am Rande bemerkt. Auf jeden Fall ist die konsequente Verfolgung dieses Ziels fast zwangsläufig sehr ichbezogen. Bei der Überwindung des eigenen Durstes ist jeder definitionsgemäß mit sich selbst alleine; andere Menschen sind hier eher störend. Niemand stellte in Frage, daß dieses Verfahren erfolgreich sein konnte. Wer zum Ziel gelangte, wurde Pratyekabuddha (Buddha für sich alleine) genannt. Auch nach der Überlieferung zum Leben Buddhas mußte Siddhārtha, als er zum Buddha geworden war, erst einmal nachdrücklich an seine soziale Verpflichtung erinnert werden.

Es läge also durchaus in der Logik, daß sich auf diese Weise eine völlig egoistische Erlösungslehre entwickeln konnte, eine Philosophie, die, obwohl sie von einem Nicht-ich ausgeht, am Ende doch das Ich eines Menschen ins Zentrum stellt. Die Auseinandersetzungen um die »richtige« Lehre weisen denn auch genau auf diese beiden Fragen: Wie egoistisch kann und darf der Weg zur eigenen Befreiung sein? Und, gibt es tatsächlich etwas, was man als seiend bezeichnen könnte?

In dieser Situation tauchten (ungefähr ab dem zweiten Jahrhundert v.u.Z.) plötzlich neue Lehrreden des Buddha auf. Die Anhänger des Theravāda-Buddhismus sind sich mit der abendländischen Buddhismusforschung einig, daß diese neuen Lehrreden keineswegs auf Buddha zurückgehen, sondern daß sie später verfaßt wurden, um neuen Lehren Autorität zu verleihen. Dem steht die Überzeugung der Anhänger des Großen Fahrzeugs gegenüber, daß es sich sehr wohl um Worte des Buddha handle. Eine »objektive« Geschichtsauffassung wird wohl eher der ersten Ansicht zustimmen müssen. Man könnte allenfalls darauf hinweisen, daß auch an anderen Lehrreden, die als authentisch gelten, durchaus weiter gearbeitet wurde. Geht man allerdings davon aus, daß die Lehrreden der älteren Überlieferung um Kerngedanken des Buddha herum aufgebaut sind – nicht zwangsläufig bewußt konstruiert, sondern durchaus in meditativer Vertiefung und in Klarsicht erinnert –, dann spricht nichts dagegen, ähnliches auch für die »neuen« Lehrreden gelten zu lassen: Da wurden in Reaktion auf bestimmte Entwicklungen in der buddhistischen Lehre bis dahin kaum beachtete Zweige der Überlieferung neu belebt und »erinnert«. Tatsächlich gibt es kaum ein Thema in den »neuen« Lehrreden, zu dem sich nicht Ansatzpunkte auch im Pāli-Kanon finden ließen, die dann dort allerdings relativ isoliert stehen und nicht weiter ausgeführt sind.

Es spricht vieles dafür, daß die neuen Lehrreden nicht in unmittelbarem Zusammenhang mit der Bildung fester Schulen standen, sondern daß sie einen eigenen Überlieferungsstrom bilden, der ab dem 1. Jh. v.u.Z. (ab diesem Zeitpunkt breitet sich die Verwendung der Schrift aus und löst die bis dahin vorherrschende mündliche Überlieferung ab) in der schriftlichen Fixierung neuer Lehrreden mündet, die oft um ein vielfaches umfangreicher waren als die alten. In diesen Lehrreden wird das bis dahin Überlieferte nicht in Frage gestellt – manches wird allerdings neu interpretiert, anders gewichtet –, aber es wird ergänzt durch Überlegungen, die nach Überzeugung der Anhänger des Mahāyāna notwendig zu dem bislang Gelehrten hinzugehörten, und die deshalb auch von Buddha, der ja alles wußte (sarvajña) und alles gelehrt hat, notwendigerweise gelehrt worden waren. Diese kamen mit den neuen Lehrreden ans Licht.

2. Vollkommenheit der Erkenntnis

2.1 Die Vollkommenheiten

Es gibt eine ganze Anzahl von Lehrreden, die den Begriff *prajñāpāramitā* im Titel tragen. Mit *prajñā* wird eine Art von Erkenntnis bezeichnet, die die Dinge auseinanderhält (dharmānām pravicaya), eine brauchbare Übersetzung wäre also eher »analytische Erkenntnis« als das häufig verwendete »Weisheit«; *pāramitā* ist die Vollkommenheit, so daß der Gesamtbegriff mit »Vollkommenheit der Erkenntnis« zu übersetzen ist. Allerdings haben die Buddhisten selbst den Begriff *pāramitā* häufig interpretiert als »zum anderen Ufer oder zur anderen Seite (pāram) gegangen (ita)«, was zwar etymologisch zweifelhaft ist, aber ganz gut zu dem Verständnis des Buddhismus als Fähre (yāna) paßt, die zum anderen Ufer führt: vom Leiden zum Nirvāṇa. Der inhaltliche Unterschied ist übrigens gering: »zum anderen Ufer gegangen« wird im Sanskrit auch im übertragenen Sinne gebraucht, um auszudrücken, daß etwas in höchster Vollkommenheit ausgeführt wird.

Die Vollkommenheit der Erkenntnis ist die letzte der sogenannten sechs Vollkommenheiten, die auf dem Weg zum Erwachen angestrebt werden: der Vollkommenheit des Gebens (dāna), der ethischen Orientierung (śīla), der Geduld (kṣānti), der Energie (vīrya), der Meditation (dhyāna) und der Erkenntnis. Bei allen diesen Vollkommenheiten hat die Interpretation »zum anderen Ufer gegangen« noch einen weiteren Sinn. Versteht man darunter, daß es sich um etwas handelt, was die Grenzen der eigenen Individualität hinter sich läßt, dann ist die Vollkommenheit des Gebens ein Geben, das sich wirklich an den anderen richtet und nicht nur dazu dient, sich die Genugtuung zu verschaffen, ein guter Mensch zu sein (oder im buddhistischen Umfeld: sich einen Verdienst zu erwerben); die ethische Orientierung ist nur dann vollkommen, wenn sie sich an anderen Menschen und deren Wohl orientiert; Vollkommenheit der Geduld heißt, sich auf den Weg zum Erwachen völlig einzulassen, nicht nur ihn zu erdulden; Vollkommenheit der Energie meint, das, was zu tun ist, ohne Anstrengung zu tun, einfach weil es getan werden muß; Vollkommenheit der Meditation oder Vertiefung ist dann gegeben, wenn die Meditation sich völlig auf das Ziel des Erwachens orientiert; Vollkommenheit der Erkenntnis schließlich ist eine Erkenntnis, die sich dem Erkannten wirklich hingibt, die die Dinge sieht, nicht die eigenen Vorstellungen.

In den Lehrreden zur Vollkommenheit der Erkenntnis wird, wie in anderen Lehrreden des Großen Fahrzeugs auch, die Kenntnis der alten Überlieferung, zumindest was ihren systematischen Teil betrifft, vorausgesetzt. Um diese Kenntnisse zu vermitteln, wurden Zusammenfassungen verfaßt, die die einzelnen Begriffsreihen auflisteten und meist auf die traditionelle Weise erklärten. Ein derartiges Werk (die Lehrrede von der Darlegung der Bedeutungen, arthaviniścayasūtra) wurde im ersten Teil einige Male zitiert. Die Lehrreden des Großen Fahrzeugs decken weite Themenbereiche ab; es gibt kaum ein Thema, das Bedeutung für die religiöse Theorie oder Praxis hätte und zumindest in den großen Lehrreden nicht angesprochen würde.

Geradezu ein Leitmotiv der Lehrreden zur Vollkommenheit der Erkenntnis ist die Zurückweisung jeder Form der »Verdinglichung«, jeden Versuchs, irgendwelche Dinge als seiend oder überhaupt als Dinge festzuschreiben. Den Texten auf jeder Seite anzumerken, daß sie bemüht sind, jede Verfestigung zu unterlaufen. Um zunächst einen Eindruck von der Argumentationsweise zu gewinnen, hier ein Beispiel. Der ehrwürdige Subhūti fragt den Buddha:

»So ist, Erhabener, ein Bodhisattva Mahāsattva mit dem großen Rüstzeug gerüstet, ist mit dem Großen Fahrzeug aufgebrochen, hat das Große Fahrzeug bestiegen. Und was ist nun das Große Fahrzeug? Wie soll man sich vorstellen, mit ihm aufgebrochen zu sein? Von wo aus wird das Große Fahrzeug auslaufen? Wer ist mit dem Großen Fahrzeug aufgebrochen? Wo wird das Große Fahrzeug stehen? Wer wird mit diesem Großen Fahrzeug auslaufen?« (ASPP 12)

Wo in den »alten« Lehrreden immer von Mönchen die Rede war, wird jetzt von einem Bodhisattva, einem Wesen (sattva), das sich auf das Erwachen (bodhi) zubewegt, geredet. Der das gleiche meinende Begriff *mahāsattva* könnte mit »großes Wesen« übersetzt werden, aber nach den Erklärungen muß es eher heißen: ein Wesen, das Großes im Sinn hat, Großes bewältigt, Großes leistet und dergleichen mehr. Daß der Bodhisattva im Mittelpunkt steht, ist ein generelles Kennzeichen des Mahāyāna. Mit Bodhisattva wird hier ein Mensch bezeichnet, der sich das Erwachen zum Ziel gesetzt hat, aber nicht aus Eigennutz, sondern um anderen Menschen und im weiteren Sinn allen Lebewesen zu helfen, sich zu befreien. Konsequenterweise verzichtet der Bodhisattva auch auf das Nirvāṇa, solange es Lebewesen gibt, die noch nicht befreit sind.

2.2 Es gibt keine »Dinge«

Subhūti fragt nach dem Verhältnis von Bodhisattva und Großem Fahrzeug, und er fragt in einer doppelten Weise. Zum einen fragt er, als handle es sich um Dinge. Er redet von dem Großen Fahrzeug wie von einem Schiff, das einen Hafen hat, das ausläuft, wo Menschen an Bord gehen und auf ein Ziel zusteuern. Zum anderen fragt er natürlich auch metaphorisch: Er knüpft damit an die reichhaltige Bilder- und Gleichniswelt des Buddhismus an, die von Anfang an ein hervorragendes Mittel war, um komplexe Zusammenhänge zu veranschaulichen und emotionale Komponenten deutlich zu machen. Das Bild vom Fahrzeug, das zum anderen Ufer übersetzt, in einem Gleichnis der alten Überlieferung als Floß, das sich ein Mensch baut, um alleine überzusetzen, wird jetzt abgelöst von einem Großen Fahrzeug, in dem sich viele Menschen gemeinsam auf den Weg machen, in dem keiner zurückgewiesen wird. Auch die Antwort ist beides. Zum einen versteht sie die Frage metaphorisch und gibt metaphorische Hinweise, zum anderen versteht sie die Frage dinglich und weist sie in paradoxen Redewendungen zurück:

»Subhūti, ›Großes Fahrzeug‹ wird es wegen seiner Unermeßlichkeit genannt. Und ›unermeßlich‹ wegen der Unbegrenztheit. Und wenn du, Subhūti, nun so sprichst: ›Wie soll man sich vorstellen, mit ihm aufgebrochen zu sein? Von wo aus wird das Große Fahrzeug auslaufen? Wer ist mit dem Großen Fahrzeug aufgebrochen? Wo wird das Große Fahrzeug stehen? Wer wird mit diesem Großen Fahrzeug auslaufen?‹ [dann antworte ich:] Mit den Vollkommenheiten ist man mit ihm aufgebrochen. Aus dem dreifachen Bereich läuft es aus. Insofern es die Grundlage ist, bricht es auf. In der Allwissenheit wird es stehen. Der Bodhisattva Mahāsattva läuft aus. – Aber es ist auch wieder so, daß es von nirgendwo ausläuft. Und keiner bricht mit ihm auf. Nirgendwo steht es. Aber es wird auch in der Allwissenheit stehen, weil dies der Nichtstandort ist. Und niemand ist mit diesem Großen Fahrzeug ausgelaufen, oder wird auslaufen, oder läuft aus. Und aus welchem Grund? Wer ausläuft und womit er ausläuft, diese beiden Dinge (dharma) sind nicht zu finden, sind nicht zu erfassen. Und weil genauso alle Dinge nicht zu finden sind, welches Ding könnte dann mit welchem Ding auslaufen? So also ist, Subhūti, der Bodhisattva Mahāsattva mit dem Großen Fahrzeug gerüstet, mit dem Großen Fahrzeug aufgebrochen, hat das Große Fahrzeug bestiegen.« (ASPP 12)

Die Aussage, daß ein Bodhisattva das Große Fahrzeug bestiegen habe und aufgebrochen sei, wird also keineswegs abgelehnt. Abgelehnt wird aber, von Dingen zu reden – ich habe *dharma* hier mit »Ding« übersetzt, weil im vorliegenden Zusammenhang tatsächlich immer von Dingen die Rede ist. Auf der metaphorischen Ebene gibt es klare Angaben, worum es geht: der Bodhisattva bricht nicht mit einem Fahrzeug auf, das sozusagen vorhanden wäre und nur noch bestiegen werden müßte, damit es ausläuft und ihn zum anderen Ufer bringt. Er bricht auf mit den sechs Vollkommenheiten, oder genauer mit dem Entschluß, diese Vollkommenheiten zu verwirklichen. Auf diese Hinweise antwortet Subhūti:

»›Großes Fahrzeug, Großes Fahrzeug‹ sagt der Erhabene. Die Welt mit ihren Göttern und Menschen und Dämonen hat es überwunden und es läuft aus in seiner Gleichheit mit dem Raum in seiner überwältigenden Größe, dieses Große Fahrzeug. Und wie im Raum (ākāśa) Platz (avakāśa) ist für die unermeßlichen unzählbaren Lebewesen, genau so, Erhabener, ist auch in diesem Fahrzeug Raum für die unermeßlichen unzählbaren Lebewesen. Auf genau diese Weise ist dies das Große Fahrzeug der Bodhidsattvas Mahāsattvas. Man sieht nicht sein Kommen, man sieht nicht sein Gehen, sein Hiersein nimmt man nicht wahr. Genau so, Erhabener, erfaßt man nicht den Anfang des Großen Fahrzeugs, noch erfaßt man sein Ende, noch erfaßt man seine Mitte. Denn es ist das Gleiche, Erhabener, dieses Fahrzeug. Deshalb sagt man ›Großes Fahrzeug, Großes Fahrzeug‹.« (ASPP 12)

Das Große Fahrzeug läuft aus in seiner Gleichheit mit dem Raum; und da der Raum als alles umschließend und enthaltend begriffen wird, fährt das Große Fahrzeug hinaus in sich selbst, alles fährt hinaus in das Alles, oder nichts fährt hinaus in das Nichts. Das Gleichnis mit dem Raum trägt aber noch weiter. Im Raum haben alle Lebewesen ihren Platz, nicht nur einige wenige wie im Kleinen Fahrzeug. Aber wenn das Große Fahrzeug wie der Raum ist, dann ist es auch der Raum, in dem alle Welten mit allen ihren Lebewesen sind, mit ihren Göttern, Menschen und Dämonen. Das Große Fahrzeug ist letztlich die Welt insgesamt, in der wir leben. Sie wird zum Großen Fahrzeug in dem Moment, wo der Bodhisattva erkennt, daß sie es ist. Deshalb sieht man auch nicht Kommen oder Gehen oder Hiersein, nicht Anfang oder Ende oder Mitte. Es gibt keinen Unterschied zwischen diesem Großen Fahrzeug oder irgend etwas, es ist immer das Gleiche. Deshalb redet man vom Großen Fahrzeug, und man meint auch etwas damit, aber meint auch wieder nichts.

Der Unterschied zwischen Subhūti und den Hörern der früheren Überlieferung ist offensichtlich. In diesen Reden haben die zuhörenden Mönche zwar auch geantwortet, aber sie haben selten die Gedanken Buddhas so kreativ weiterentwickelt. In den Lehrreden des Großen Fahrzeugs finden sich echte Dialoge. Es erscheint mir unwahrscheinlich, daß die tatsächlichen Gespräche des Buddha mit seinen Jüngern so monologartig gewesen sind, wie sie in der älteren Überlieferung dargestellt werden. Zumindest, was den Stil der Unterhaltungen betrifft, könnte es sich bei den Lehrreden des Großen Fahrzeugs durchaus um eine authentische Überlieferung handeln.

Im Anschluß an die zitierte Passage greifen zwei weitere Mönche in die Unterhaltung ein, Pūrṇa und Śāriputra. Nun ist Śāriputra kein Unbekannter. Er gilt der alten Überlieferung als der erste Jünger des Buddha, wiederholt wird sein Scharfsinn erwähnt, oft führt er selbst Lehrreden des Buddha ganz in dessen Sinn zu Ende. Für die alte Überlieferung ist er eine Autorität. Ihm steht jetzt Subhūti gegenüber, der älteren Überlieferung unbekannt, und Subhūti erklärt ihm, wie man die Lehre richtig verstehen muß. Da ist schon der Name Programm: *su* heißt gut, *bhūti* ist das Entstehen, die Geburt, das Gelingen, der Erfolg. Wäre Subhūti kein Name, sondern ein Titel, dann müßte man übersetzen »der Wohlgeratene« oder einfach »der Beste«.

Pūrṇa wirft Subhūti vor (ASPP 13 f), er erkläre die Vollkommenheit der Erkenntnis aus dem Großen Fahrzeug, was in der Tat ein zentraler Fehler wäre, da die Erkenntnis der Ausgangspunkt für alle Untersuchungen ist. Er wird aber von beiden, von Buddha und von Subhūti, zurechtgewiesen: Für Subhūti ist die Vollkommenheit der Erkenntnis der Ausgangspunkt und von hier aus erklärt er auch das Große Fahrzeug, genau so, wie es der Buddha lehrt. Dann geht Subhūti, daran, beispielhaft an einem Bodhisattva zu demonstrieren, wie es gemeint ist, nicht von Dingen zu reden. Ein Bodhisattva ist genauso grenzenlos wie die Form, wie Gefühl, Wahrnehmung, formende Kräfte und Bewußtsein. Er ist mit keiner dieser Komponenten der Persönlichkeit (skandha) identisch. Es ist also nirgendwo in keiner Weise ein Ding (dharma) zu finden, von dem man sagen könnte, es sei ein Bodhisattva, man sieht also nichts, was die Bezeichnung »Bodhisattva« trüge. Das gleiche gilt für die Vollkommenheit der Erkenntnis, für die Allwissenheit; es gibt also überhaupt kein Ding, über das geredet werden oder das gelehrt werden könnte. Dann erinnert Subhūti daran, daß in einer ganz ähnlichen Weise auch schon die Existenz eines konstanten Selbst zurückgewiesen wurde:

»›Buddha, das ist nur die Benutzung eines Namens. ›Bodhisattva‹, ›Vollkommenheit der Erkenntnis‹, das ist nur die Benutzung eines Namens. Das, was der Name bezeichnet, ist nicht entstanden (anabhinirvṛtta). Wenn gesagt wird ›das Selbst, das Selbst‹ ist trotzdem niemals ein Selbst entstanden. Wenn auf diese Weise alle Dinge (dharma) ohne Dasein aus sich selbst (svabhāva) sind, was ist dann Form, die man nicht ergreifen kann und die nicht entstanden ist? Was ist dann Gefühl, Wahrnehmung, formende Kräfte, was ist dann Bewußtsein, welches man nicht ergreifen kann und welches nicht entstanden ist? Was auf diese Weise die Eigenschaft aller Dinge ist, ohne eigenes Dasein zu sein, das ist ihre Nichtentstehung. Was die Nichtentstehung aller Dinge ist, das sind nicht die Dinge. Wie soll ich, wenn die Vollkommenheit der Erkenntnis nicht entstanden ist, die Nichtentstehung beschreiben und verkünden? Aber man kann fern von der Nichtentstehung alle Dinge, oder die Buddha-Dinge, oder Bodhisattva-Dinge nicht erfassen, oder auch denjenigen, der dem Erwachen entgegengeht.« (ASPP 13)

Hier demonstriert Subhūti die Methode, die sich wie ein roter Faden durch die Lehrreden von der Vollkommenheit der Erkenntnis zieht. Wir können über Dinge reden, aber dadurch, daß wir darüber reden, ist noch lange nichts entstanden. Wie schon die alte Überlieferung gelehrt hat, sind alle Gegebenheiten bedingt entstanden – sie haben also kein Dasein aus sich selbst – und sie sind ohne Dauer (anitya). Wenn sie aber ohne Dauer sind, dann sind sie in dem selben Augenblick, in dem sie entstehen, auch schon wieder vergangen. Sie sind »momentan« (kṣaṇika), und deshalb im eigentlichen Sinne gar nicht vorhanden. Es bleibt nichts, was man ergreifen könnte, woran man sich festhalten könnte. Es sei daran erinnert, daß es bei den Dingen, von denen hier die Rede ist, nicht in erster Linie um Steine oder Atome geht, sondern um Gegebenheiten, wie die Komponenten des Daseinsprozesses, um psychische Ereignisse, oder zusammengefaßt um die Wirklichkeit menschlichen Lebens. Daß diese Lehre, die es letztlich unmöglich macht, überhaupt über irgend etwas zu reden, extrem verunsichernd wirkt, ist auch für Subhūti klar:

»Wenn so gesprochen, wenn so gezeigt, wenn so gelehrt wird, wenn da der Geist eines Bodhisattva, eines Mahāsattva nicht stockt, nicht erstarrt, nicht verzagt, nicht dem Verzagen anheimfällt, wenn sein Denken nicht verzweifelt, wenn es nicht zerbricht, wenn er nicht erschrickt, dem Schrecken anheimfällt, dann muß man ihn so wahrnehmen: Dieser Bodhisattva, dieser Mahāsattva wandelt in der Vollkommenheit der Erkenntnis. Dieser Bodhisattva, Mahāsattva entfaltet die Vollkommenheit der Erkenntnis. Er untersucht die Vollkommenheit der Erkenntnis. Er schaut die Vollkommenheit der Erkenntnis. Aus welchem Grund? In dem Augenblick, wenn der Bodhisattva, Mahāsattva diese Dinge in Vollkommenheit der Erkenntnis untersucht, in diesem Augenblick geht er nicht auf Form zu, nähert sich nicht an Form an, betrachtet nicht die Entstehung von Form, betrachtet nicht die Auflösung von Form. Genauso geht er nicht auf Gefühle, nicht auf Wahrnehmung, nicht auf formende Kräfte, nicht auf Bewußtsein zu, er nähert sich nicht an, betrachtet nicht die Entstehung, betrachtet nicht die Auflösung. Und aus welchem Grund? Es ist nämlich so: Was die Nichtentstehung der Form ist, das ist nicht die Form. Was das Nichtvergehen von Form ist, das ist nicht die Form. So sind die Nichtentstehung und die Form nicht zwei und nicht zweifach gestaltet (advaidhīkāra). So sind das Nichtvergehen und die Form nicht zwei und nicht zweifach gestaltet. Was man wiederum ›Form‹ nennt, das ist ein einzeln Aufzählen von etwas, was nicht zwei ist. [Dasselbe gilt für Gefühl, Wahrnehmung, formende Kräfte und Bewußtsein].« (ASPP 13)

Die Ablehnung jeder Dinglichkeit, die die Nicht-Selbst-Lehre der alten Überlieferung konsequent zu Ende denkt, ist nicht nur Verunsicherung, sondern sie ist zugleich der Ausgangspunkt dafür, alles loszulassen, an das man sich klammern könnte. Das, was etwa in den Übungen zur Achtsamkeit beobachtet wird – das ständige Entstehen und Vergehen, die Nichtdauer aller Gegebenheiten –, das wird hier auch intellektuell auf die Spitze getrieben. Beobachtet wird eigentlich gar nichts, auch kein Entstehen und kein Vergehen. Eine Gegebenheit ist weder ihr Entstehen oder Vergehen, noch ist sie das nicht. Wenn man von einem Ding redet, dann sondert man etwas aus, spaltet es ab, um darüber reden zu können.

2.3 Der Bodhisattva

Es ist offensichtlich, daß dieser Anschauung die Gefahr innewohnt, die erlebte Welt mit ihrem Leiden gering zu schätzen. Śāriputra kleidet dies in die Frage, wie ein Bodhisattva, den es gar nicht gibt, sich auf den schweren Weg machen soll und wie er die Leiden ertragen soll, um anderen Lebewesen zu helfen? Darauf antwortet Subhūti:

»Ich will gar keinen Bodhisattva, Mahāsattva, der sich auf den schweren Weg macht, oder einen, der sich in der Wahrnehmung von Schwierigkeiten bewegt. Aus welchem Grund? Es kann nämlich einer, der die Wahrnehmung von Schwierigkeiten erzeugt, nicht zum Wohl der unermeßlich vielen Lebewesen wirken. Aber jemand, der die Wahrnehmung von Glück erzeugt hat. In bezug auf all diese Lebewesen, Männer und Frauen, hat er die Wahrnehmung Mutter, Vater, Sohn, Tochter entwickelt. Diese Wahrnehmungen hat er entwickelt und so geht ein Bodhisattva, Mahāsattva den Weg des Bodhisattva. Daher soll ein Bodhisattva, Mahāsattva bei allen Lebewesen die Wahrnehmung Mutter, Vater, Sohn, Tochter entwickeln bis hin zur Wahrnehmung ich selbst (ātmā): Wie ich selbst (ātmā) immer und überall von allen Leiden befreit werden soll, so sollen alle Lebewesen immer und überall von allen Leiden befreit werden. So muß bei allen Lebewesen die Wahrnehmung entwickelt werden: Ich darf alle diese Lebewesen nicht im Stich lassen. Ich will allen Lebewesen bei der Befreiung aus der unermeßlichen Masse von Leiden helfen. Ich will ihnen gegenüber keinen haßvollen Geist entwickeln, selbst wenn ich hundertmal dahingeschlachtet werde. Auf diese Weise soll ein Bodhisattva, Mahāsattva seine Einstellung (citta) entfalten. Wenn er solchen Geistes verweilt, dann wird er nicht in der Wahrnehmung von Schwierigkeiten wandeln und verweilen. Und ein Weiteres: Ein Bodhisattva, Mahāsattva soll diese Einstellung entfalten: So wie immer und überall, bei allem ein Selbst nicht zu finden und nicht zu erfassen ist, so sind auch immer und überall, bei allem Dinge nicht zu finden und nicht zu erfassen. So ist bei allen Dingen, seien sie innen oder außen, die Wahrnehmung zu entfalten.« (ASPP 14)

In diesem Passus wird das ethische Ideal des Bodhisattva eindrucksvoll dargelegt. Bedeutsam ist hier auch wieder die psychologische Kenntnis: Daß einer, der glaubt, lauter Schwierigkeiten auf sich zu nehmen, um anderen zu helfen, der selber leidet, damit es anderen gut geht, die Hilfsbedürftigen am Ende nicht mögen wird, ist auch bei uns in der »Helfer-Psychologie« ein Thema. Der Passus zeigt aber auch, daß die Lehre, daß nichts ein eigenständiges Dasein habe und alle Dinge in Wahrheit bloße Namen seien, in erster Linie dazu dient, Freiheitsspielräume zu eröffnen. Zunächst und vor allem liefert sie das Argument, daß es keine Verschiedenheiten oder Getrenntheiten gibt, daß also die Grenze und die Unterscheidung zwischen »Ich« und »Anderen« keine Rechtfertigung hat. Damit wird auch die Freiheit gegeben, andere Lebewesen – auch hier wieder zuvorderst andere Menschen – als die eigenen Mütter, Väter, Söhne, Töchter zu betrachten, oder auch als sich selbst. Die ethische Selbstverpflichtung des Bodhisattva, für sich selbst so lange auf Nirvāṇa zu verzichten, bis alle Lebewesen befreit sind, erhält hier fast einen ontologischen Rang: Befreiung kann nur die Befreiung aller sein.

Es ist nur scheinbar ein Widerspruch, sich selbst und anderen und überhaupt allen Dingen den Charakter des Wirklichen abzusprechen und zugleich das Ideal zu vertreten, allen Lebewesen bei der Befreiung zu helfen. In unserer Kultur hingegen gilt jeder andere Mensch als höchst wirklich, auch seine eigenständige Existenz wird nicht im geringsten in Frage gestellt. Daraus folgt aber keineswegs, daß eine zwingende Verpflichtung gelte, leidenden Menschen zu helfen. Einen unmittelbaren Zusammenhang zwischen der ontologischen und ethischen Orientierung gibt es hier nicht. Wenn aus der Anschauung, daß es kein Selbst gibt, für die Anhänger des Großen Fahrzeugs tatsächlich ein hohes Maß an Selbstlosigkeit folgte, dann war dies jedenfalls keine äußerliche und erzwungene Einstellung, sondern die Freisetzung einer ganz ursprünglichen menschlichen Solidarität.

Bei der ethischen Orientierung könnte der Unterschied zwischen einem Bodhisattva und dem Schüler (śrāvaka, wörtlich Hörer) und Heiligen (arahant) der älteren Überlieferung noch als graduell bezeichnet werden. Sie enthält im Prinzip nichts, was nicht schon in der älteren Überlieferung aus den Regeln für die Mönche und Nonnen oder aus dem

Leben und den Vorleben des Buddha bekannt war. Neu ist allenfalls, auf die eigene Befreiung zu verzichten, um erst anderen Lebewesen zu helfen. Aber auch dies entspricht durchaus noch den Berichten aus den früheren Leben des Buddha, in denen gerade das Dasein für andere eine zentrale Rolle spielt. Neu hingegen ist, daß ein Bodhisattva nicht zwangsläufig ein Mönch oder eine Nonne sein muß. Die Lehrreden des Großen Fahrzeugs richten sich häufig an »edle Söhne und Töchter«, also an Laien, und die Bodhisattvas können entsprechend auch Laien sein.

Darüber hinaus hat sich zur Beschreibung des spirituellen Weges eines Bodhisattvas ein komplexes System entwickelt, bei dem in oft sehr bildhafter Sprache die Etappen dieses Weges beschrieben werden. Schon die Terminologie macht klar, daß es sich nicht um Wegabschnitte handelt, die man absolvieren könnte, sondern um Daseinsweisen, die das gesamte Leben einbegreifen. Es wird von zehn spirituellen Ebenen des Bodhisattva gesprochen, wobei für »Ebene« im Sanskrit *bhūmi* steht, ein Begriff, der ursprünglich »Erde« oder »Weltgebiet« bedeutet. In voll entwickelter Form liegt dieses System in der Lehrrede von den zehn spirituellen Stufen (daśabhūmikasūtra) vor, wo die Praxis und Orientierung jeder Stufe ausführlich dargestellt wird. Hinweise auf dieses System finden sich in nahezu jeder Lehrrede des Großen Fahrzeugs.

2.4 Zwei Wahrheiten

Um klarzumachen, daß auf zwei Ebenen geredet wird, wenn zum einen von der Leere aller Gegebenheiten (śūnyatā) die Rede ist, und zum anderen davon, daß ein konkreter lebendiger Mensch einem anderen Menschen hilft, wurde die Lehre von den zwei »Wahrheiten« (satya, man könnte auch sagen Seinsebenen) eingeführt. Danach gibt es zwei Ebenen: einmal die Wahrheit im höchsten Sinn (paramārthasatya), so etwas wie eine absolute Wahrheit, die eigentlich gar keine Aussage gestattet, und dann die konventionelle Wahrheit (saṃvṛtisatya), in der wir uns normalerweise bewegen, und in der von Menschen, von Komponenten, vom Leiden und von der Befreiung, vom Leben die Rede ist. Diese Thematik findet sich in zahlreichen Lehrreden des Großen Fahrzeugs in immer neuen Variationen. In einer Lehrrede zur Nicht-Selbsthaftigkeit (nairātmya) gibt es einen Dialog zwischen Anhängern des Großen Fahrzeugs und Andersgläubigen (tīrthika) zu der Frage eines Selbst. Dort wird die sich aufdrängende Frage gestellt: Wenn nach der buddhistischen Lehre der menschliche Organismus (śarīra) ohne ein Selbst (nairātmaka) ist, wie können dann »Lachen, Weinen, Verspieltsein, Zorn, Dünkel, Neid, Eifersucht und dergleichen entstehen?« Und die Antwort darauf lautet:

»›Ein höchstes Selbst ist‹, wenn man so spricht, ist das sinnloses Gerede. Wenn [das Selbst] ist, wie kommt es dann, daß man das höchste Selbst nicht sieht, wenn man Haare und die ganzen anderen Körperbestandteile außen und innen untersucht? Auch die mit dem himmlischen Auge sehen es nicht. Was weder Farbe noch Form hat, noch irgendeine Struktur (saṃskāra), wie könnte man das sehen?

›Es ist nicht«, wenn man so spricht, ist das sinnloses Gerede. Wenn [das Selbst] nicht ist, wie kämen dann Lachen, Weinen, Verspieltsein, Zorn, Dünkel, Neid, Eifersucht und dergleichen zustande? Deshalb ist es nicht angebracht zu sagen: es ist nicht. Beide Aussagen kann man nicht machen. – Wenn man nicht sagen kann, Es ist, oder es ist nicht, worauf kann man sich dann noch stützen? – Es gibt nichts, worauf man sich stützen kann! – Es ist also leer, so wie der Raum? – Genau so. Genau so. Leer wie der Raum. – Wenn es so ist, wie kann man dann Lachen, Weinen, Verspieltsein, Zorn, Dünkel, Neid, Eifersucht und dergleichen sehen? – Man soll dies sehen wie einen Traum, wie ein Blendwerk.« (Nairātmyaparipṛcchāsūtra, Mahāyānasūtrasaṃgraha 177)

In guter buddhistischer Tradition werden hier beide Aussagen abgelehnt: »Es ist« und »Es ist nicht«. Und daß wieder das Bild des Raumes herangezogen wird, hat seinen Sinn: Genauso, wie alles im Raum enthalten ist, wie alles letztlich Raum ist, ist auch in der Leere alles enthalten, ist alles Leere.

»Welcher Art ist das: Trugbild, Traum, Netz Indras? – Nichts als eine Erscheinungsform (upalakṣaṇamātra) ist das Trugbild, nicht greifbar; nichts als ein Widerschein ist der Traum, seine Form ist Leere von Natur aus; das Blendwerk ist als ein künstliches Ding zu betrachten. So sind alle [Gegebenheiten] gleich wie ein Trugbild, ein Traum, ein Blendwerk zu betrachten. Darüber hinaus sind sie in zweierlei Art aufgezeigt: als konventionelle [Wahrheit] und [als Wahrheit] im höchsten Sinn.

Konventionelle Wahrheit heißt hierbei: Dies ist das Selbst, dies der Andere, genauso: Seele (jīva), Mensch (puruṣa), Individuum (pudgala), Handelnder (kāraka), Fühlender (vedaka). Was da die Vorstellung von Reichtum, Söhnen,

Ehefrau und dergleichen ist, das heißt konventionelle [Wahrheit]. Wo kein Selbst und kein Anderer ist, keine Seele, kein Mensch, kein Individuum, kein Handelnder, kein Fühlender, kein Reichtum, keine Söhne, keine Ehefrau, das ist der mittlere Zugang [zwischen ›es ist‹ und ›es ist nicht‹] zu den Dingen.« (Nairātmyaparipṛcchāsūtra, Mahāyānasūtrasaṃgraha 177 f)

Im höchsten Sinn kann man von all diesen Gegebenheiten nicht reden, sie sind als leer zu betrachten. Es sei aber noch einmal darauf hingewiesen, daß damit keine Geringschätzung des Bereichs der konventionellen Wahrheit – der alltäglichen Wirklichkeit – verbunden ist. In diesem Bereich spielt sich nicht nur das Drama menschlichen Lebens, Sterbens und Leidens ab, hier ist auch der Ort der vier edlen Wahrheiten, der Bodhisattvas mit ihrer ethischen Selbstverpflichtung, des Großen Fahrzeugs, das zur Befreiung führt.

2.5 Leere, Verstrickung und Befreiung

Die Argumentation in den Lehrreden von der Vollkommenheit der Erkenntnis legt natürlich die Frage nahe, wie denn angesichts der Tatsache, daß im Grunde weder von Lebewesen geredet werden kann noch von ihrer Verstrickung im Lebenskreislauf (saṃsāra) noch davon, daß sie befleckt sind mit Lustverlangen, Haß und Verblendung, überhaupt noch an Befreiung zu denken ist. Wenn andererseits die Wahrheiten vom Leiden und von der Leidensauflösung ohnehin im Bereich der konventionellen Wahrheit anzusiedeln sind, wenn der Weg zu Befreiung hier in diesem Leben – das ja in letzter Wahrheit leer sein mag – zu gehen ist, welchen Sinn hat dann die Rede von der Leere? Handelt es sich hier nicht letztlich genau um die Art der Spekulation, die der Buddha mit der Begründung zurückgewiesen hat, daß sie nicht der Befreiung diene? Subhūti stellt diese Frage:

»Wenn alle Dinge losgelöst sind, wenn alle Dinge leer sind, wie soll man dann die Befleckung (saṃkleśa) der Lebewesen erkennen? Wie soll man dann die Läuterung der Lebewesen erkennen? Etwas Losgelöstes kann nicht befleckt werden, etwas Losgelöstes kann nicht geläutert werden. Und etwas Leeres kann nicht befleckt werden, etwas Leeres kann nicht geläutert werden. Etwas Losgelöstes oder etwas Leeres kann nicht zum völligen Erwachen erwachen. Gesondert von der Leere ist kein Ding zu erfassen, keiner der zum völligen Erwachen erwacht ist, keiner der erwachen wird, keiner der erwacht.« (ASPP 198)

Auf diese Frage hin entwickelt sich ein Dialog zwischen dem Buddha und Subhūti, in dem der Buddha folgende Gedanken entwickelt. Die Lebewesen – wieder zuvorderst natürlich die Menschen – wandeln für eine lange Zeit im Glauben an ein Ich und an ein Mein. Das Sanskrit hat hier wesentlich schönere Formulierungen zur Verfügung: Hier heißt es, eine lange Nacht lang (dīrgharātra) wandeln sie im Ich-Machen und Mein-Machen (ahaṃkāra und mamakāra). Dieser Glaube ist leer – ihm entspricht nichts in der höchsten Wirklichkeit.

»Auf diese Weise muß man die Befleckung der Lebewesen erkennen. Insofern die Lebewesen [Dinge] herausgreifen und an ihnen haften, insofern werden sie befleckt. Und doch ist hier niemand, der befleckt wird. Insofern kein Herausgreifen und kein Anhaften ist, ist auch kein Glaube an ein Ich, kein Glaube an ein Mein zu erkennen. So ist die Läuterung aller Lebewesen zu erkennen. Insofern die Lebewesen nicht herausgreifen und nicht anhaften, werden sie geläutert. Und hier ist niemand, der geläutert wird. So wandelnd wandelt ein Bodhisattva Mahāsattva in der Vollkommenheit der Erkenntnis.« (ASPP 198 f)

Es geht also darum – und hier gibt es wieder keinen Unterschied zur älteren Überlieferung –, den Glauben an Ich und Mein aufzugeben, und hierzu kann die Einsicht in die Leere aller Dinge helfen. Daß das Konzept der Leerheit (śūnyatā) nicht als Nichts zu verstehen, sondern allenfalls als Nicht (nicht dieses und nicht jenes), wird auch daran deutlich, daß die Leerheit oft mit der Soheit (tathatā) gleichgesetzt wird. Die Gegebenheiten sind nicht dies oder das, sie sind nicht irgend etwas, aber sie sind so, wie sie sind. In ihrer Soheit besteht zwischen den Gegebenheiten kein Unterschied, in ihrer Soheit sind sie ein Ganzes, sind wie der leere Raum. In dieser Soheit besteht insofern auch kein Unterschied zwischen einem Buddha und einem »normalen« Menschen (pṛthagjana) – hier deutet sich schon eine Überzeugung an, die in anderen Lehrreden eng verknüpft ist mit der allen Lebewesen innewohnenden Möglichkeit, Buddha zu werden.

In der schon zitierten Lehrrede erklärt Subhūti, inwieweit er mit dem Buddha, mit dem Vollendeten identisch sei. Er bedient sich dabei des

Ausdrucks *anujāta* (nach jemandem geboren), der im Sanskrit einfach »Sohn« heißen kann, der aber im übertragenen Sinn für »nach dem Vorbild von jemand entwickelt« gebraucht wird. Dies läßt sich im Deutschen leider nicht so nachahmen (ich habe deshalb »nach jemandem geboren« gewählt, wobei das »nach« eben nicht zeitlich verstanden soll), so wenig wie das Wortspiel mit *tathatā* (Soheit) und *tathāgata* (der Vollendete, wörtlich der so Gegangene), wobei *tathāgata* auch noch häufig so interpretiert wird, als hieße es *tathatāṃ gata* (zur Soheit gegangen).

»Weil der ehrwürdige Subhūti nicht geboren ist, ist er nach dem Vollendeten (tathāgata) geboren (anujāto). Er ist als die Soheit nach dem Vollendeten geboren. So wie die Soheit des Vollendeten nicht gekommen und nicht gegangen ist, so ist die Soheit des Subhūti nicht gekommen und nicht gegangen. So ist Subhūti nach der Soheit des Vollendeten geboren. Von allem Anfang an ist Subhūti nach der Soheit des Vollendeten geboren. Aus welchem Grund? Was die Soheit des Vollendeten ist, das ist die Soheit aller Dinge. Was die Soheit aller Dinge ist, das ist die Soheit des Vollendeten. Was die Soheit des Vollendeten und die Soheit aller Dinge ist, genau das ist die Soheit des Subhūti. Nach dieser Soheit ist Subhūti geboren. Insofern ist er nach dem Vollendeten geboren. Und diese Soheit ist die Nicht-Soheit. Nach dieser Soheit ist er geboren. So ist Subhūti nach dem Vollendeten geboren. Was die Beständigkeit (sthititā) der Soheit des Vollendeten ist, durch diese Beständigkeit ist Subhūti nach dem Vollendeten geboren. So wie die Soheit des Vollendeten unveränderlich veränderungslos ist, ohne falsche Vorstellungen und frei von falschen Vorstellungen, so ist es auch die Soheit des Subhūti [...] Die Soheit des Vollendeten und die Soheit aller Dinge ist eine einzige Soheit, ist nicht zwei und nicht zweifach gestaltet, ist die Soheit des ›nicht-zwei‹. Diese Soheit ist nicht irgendwo, nicht irgendwoher, nicht irgendjemandes. Weil diese Soheit nicht irgendjemandes ist, deshalb ist diese Soheit nicht zwei und nicht zweifach gestaltet, ist die Soheit des ›nicht-zwei‹. So ist also Subhūti nach dem Vollendeten geboren wegen der Soheit des Nichtgemachten (akṛta). Und diese Soheit des Nichtgemachten ist auf keine Weise nicht Soheit.« (ASPP, 153)

Obwohl es eigentlich nicht möglich ist, den Inhalt der größeren Lehrreden von der Vollkommenheit der Erkenntnis zusammenzufassen, einfach weil sie zu viele Themen behandeln, lassen sich doch zwei Hauptstränge erkennen, die hier wenigstens ansatzweise diskutiert wurden: die Lehre, daß es unmöglich sei, in letzter Wahrheit überhaupt irgend etwas über die Gegebenheiten zu sagen, weil diese leer sind, daß also die Leerheit die höchste Wirklichkeit sei; und die Darstellung der radikalen Ethik des

Bodhisattva. Mit weitaus weniger Gewicht kommt noch ein drittes Thema hinzu, die Soheit aller Dinge, die gleichzeitig die Soheit des Buddha ist – eine Idee, die die Fähigkeit aller Lebewesen andeutet, Buddha zu werden. Von der Logik her liegt dem eine Denkfigur zugrunde, die auch aus anderen Philosophien bekannt ist. Es handelt sich hier um den Versuch, die Tatsache in Worte zu fassen, daß ganz offensichtlich alles, was ist, zusammengehört, daß nichts ohne das andere sein kann, obwohl die Dinge uns als voneinander getrennte und trennbare erscheinen.

Da mögen Figuren wie: Alle Dinge sind seiend, ihre fundamentale Eigenschaft ist das Sein, also ist das Sein das Gemeinsame, Ganze (wobei man seiend und Sein für den vorliegenden Zusammenhang durch leer und Leerheit, in theistisch-mystischen Zusammenhängen durch göttlich und Gott ersetzen kann) ein logisches Konstrukt oder gar ein logischer Kniff sein; ihre existentielle Signifikanz ist offensichtlich. Sie stellen die Gemeinsamkeit, die Gleichheit, die Ganzheit all dessen, was ist, fest, und sie tun dies nicht auf einer banalen Ebene (alles besteht aus der gleichen Materie), sondern auf einer Ebene, die den ganzen Menschen auch in seiner geistigen Dimension mit einbezieht. Daß dabei dieses Gemeinsame, hier die Leere, leicht zu einem Etwas werden kann, das jenseits und außerhalb der Gegebenheiten liegt, ist offensichtlich.

Betrachtet man dagegen die kürzeren – und damit auch populäreren – Lehrreden zur Vollkommenheit der Erkenntnis, dann reduziert sich die ganze Themenvielfalt auf ein einziges Motiv: auf die Leere. Hier nur ein Beispiel aus der Lehrrede »Herz der Vollkommenheit der Erkenntnis« (prajñāpāramitāhṛdayasūtra):

»Die fünf Komponenten des Lebensprozesses (skandha) sind als leer zu betrachten [...] Form ist Leere, Leere ist Form. Gesondert von Form ist keine Leere, gesondert von Leere ist keine Form. Was Form ist, das ist Leere. Was Leere ist, das ist Form. Genauso sind Gefühl, Wahrnehmung, formende Kräfte und Bewußtsein Leere. So haben alle Dinge das Kennzeichen der Leere, sie sind unentstanden, unvergangen, unbefleckt, fleckenlos, nicht gegenwärtig, nicht vergangen (asaṃpūrṇa). Von daher ist in der Leere keine Form, kein Gefühl, keine Wahrnehmung, keine formenden Kräfte, kein Bewußtsein; keine Augen, keine Ohren, keine Nase, keine Zunge, kein Körper, kein Denken (manas); keine Form, kein Ton, kein Geruch, kein Geschmack, keine Tastung, keine Gegebenheiten (dharma) [...] Nicht die Bereiche der Wahrnehmung, nicht der Prozeß der bedingten Entstehung, nicht Alter und Sterben, nicht das Schwinden von Alter und Sterben, nicht Leiden, nicht Leidensentstehung, nicht Leidensauflösung, nicht der Weg zur Leidensauflösung, nicht Wissen (jñāna), nicht Erlangen (prāpti), nicht Nichterlangen.« (Mahāyānasūtrasaṃgraha I 98)

Es wird hier zwar immer betont, daß die Leere nicht ein von den Gegebenheiten getrenntes Etwas ist, aber dennoch kann leicht das Mißverständnis entstehen, der Inhalt dieser Lehrreden sei letztlich: »Es gibt gar nichts«. Vor dieser Gefahr wurde vielfach gewarnt: Wer an den Gegebenheiten hängt, der ist nicht auf dem Weg zur Befreiung, er muß lernen, die Gegebenheiten als leer zu sehen. Wer aber an der Leere hängt, der ist verloren, denn er hat den Boden verlassen, auf dem der Weg zur Befreiung gegangen wird. Die Leere hat nichts zu tun mit der schon von Buddha abgelehnten Position des »es ist nicht« (nāstitva). Oder wie der Philosoph Nāgārjuna (2. Jh.) es später ausdrückte:

»Die falsch gesehene Leere vernichtet den Toren wie eine falsch angefaßte Schlange oder eine falsch durchgeführte magische Handlung.« (Madhyamakaśāstra XXIV,11)

3. Grundbewußtsein und Buddhanatur

3.1 Die Besonderheit des Bewußtseins

Es bestand nicht nur die Gefahr, daß die Konzeption der Leere mißverstanden wurde – und sie wurde von den hinduistischen Philosophen der damaligen Zeit schlicht als Nihilismus interpretiert –, sondern es gab auch einen ganz offensichtlichen Mangel dieser Konzeption. Sie formulierte als Antwort auf die Frage nach der Herkunft des Leidens: Obwohl alle Dinge leer sind, bilden wir uns ein, daß da eine Welt wäre, der wir als Subjekte gegenüberstünden, wenngleich es in letzter Wahrheit beides nicht gibt. Dies müßten wir nur erkennen – und erleben –, und schon hätten wir die Befreiung erreicht. Warum und wie dieser Prozeß überhaupt abläuft, wird kaum untersucht. Auch wenn alle Dinge leer sind, auch wenn sie in ihrer Leere gleich sind, auch wenn sie in ihrer Gleichheit gleichrangig sind, und auch wenn die Trennung in Dinge genauso leer ist wie die Dinge, gibt es unter all diesen Dingen doch ein besonderes »Ding«, das sich von allen anderen abhebt. Der Geist oder das Bewußtsein erlebt das Leiden, erkennt die Leere, strebt nach Befreiung und ist in der Lage, die Buddhaschaft zu verwirklichen.

Ein weiteres kommt hinzu. Auf der Seite des Erkennens wird in den Sūtras von der Vollkommenheit der Erkenntnis die Konzeption der Leere entwickelt und auf der Seite des praktischen Verhaltens in der erlebten Welt das ethische Ideal des Bodhisattva, der sein Leben der Befreiung anderer widmet. Zwischen diesen beiden Bereichen existiert als Brücke lediglich, daß die Einsicht in die Leere auch dazu führt, sich selbst nicht mehr so wichtig zu nehmen. Nach Ansicht der buddhistischen Mystiker und Yogis, die sich mit diesen Fragen befaßten, bleibt hier die Tatsache ausgespart, daß beide Bereiche sich im menschlichen Bewußtsein manifestieren.

Auch diese Probleme muß der Buddha gesehen haben, er muß sich dazu geäußert haben, es mußten sich Menschen daran erinnern. Deshalb gab es auch andere Lehrreden, in denen diese Fragen im Vordergrund stehen. Wenn hier von Buddha die Rede ist, dann ist inzwischen nicht mehr nur der Mensch Buddha gemeint, der einige Jahrhunderte zuvor gelebt und gelehrt hat. Häufig ist Buddha als Prinzip gemeint. Insofern Erwachen heißt, daß alle Verdinglichungen enden, daß es nicht mehr die Spaltung von Welt in Ich und Andere gibt, gibt es im höchsten Sinn auch nicht einen Buddha oder gar viele Buddhas. Es gibt das Prinzip des Erwachtseins, das sich im Augenblick seiner Verwirklichung in die Leere auflöst. Aus Liebe zu den leidenden Menschen bleibt derjenige Mensch, in dem dieses Erwachen sich vollzieht, konkreter Mensch, um den anderen auf dem Weg aus dem Leiden beizustehen, er ist ein konkreter Buddha. Wann immer also das Erwachtsein da ist, ist auch ein Buddha da, der lehrt. Die Frage, ob eine Lehrrede »tatsächlich« vom historischen Buddha stammt, kann sich insofern gar nicht stellen. Es gibt ein berühmtes Wort: »buddhabhāṣitaṃ subhāṣitam«, das allgemein wiedergegeben wird mit »was der Buddha gesprochen hat, ist gut gesprochen.« Es könnte aber auch übersetzt werden: »Was gut gesprochen ist, das hat der Buddha gesprochen.«

Eine der Lehrreden, die sich mit den erwähnten Fragen befassen, ist das Laṅkāvatārasūtra, die Lehrrede von der Herabkunft auf Laṅkā. Die Einleitung zu dieser Rede macht schon deutlich, daß nicht nur der historische Buddha spricht, sondern auch das Prinzip des Erwachtseins. Der Erhabene zieht in der Einleitung in einem himmlischen Luftwagen in die Stadt Laṅkā ein, läßt durch Zauberkraft juwelengeschmückte Berge entstehen, auf denen er selbst und der Dämonenkönig Rāvana, der Herrscher von Laṅkā, zu sehen sind, sowie die Stadt und alle ihre Bewohner. Dann läßt er dies alles wieder verschwinden. In diesem Augenblick hat der König eine zentrale Einsicht:

»Das ist also das wirkliche Wesen (dharmatā) aller Gegebenheiten (dharma): Sie gehören dem Bereich des Geistes an. Die kindlichen Menschen verstehen das nicht, weil sie von der Gesamtheit ihrer Vorstellungen (vikalpa) verblendet sind.

Es gibt niemand, der sieht, und nichts zu sehendes, niemand, der spricht, und nichts zu sprechendes. Es ist anders: Dies ist trennende Vorstellung (vikalpa): Buddha und Lehre, Erscheinungsform [des Buddha] und Standort [der Lehre].

Die so sehen, wie [schon immer] gesehen wird, die blicken nicht auf den, der sie führt (nāyaka).

Es herrscht [allenfalls] die Vorstellung von Nichtentfaltung (apravṛtti), wenn man den Buddha nicht sieht. Erst in der [wirklichen] Nichtentfaltung ist Buddha und man erwacht völlig (sambuddha), wenn man sieht.« (LS 4 f)

Teilweise ließe sich das durchaus noch in der Terminologie der Lehrreden von der Vollkommenheit der Erkenntnis formulieren: Rāvana begreift, daß die empirisch erlebte Wirklichkeit genauso leer ist wie die Vision des Buddha, die er hatte. Deshalb gibt es auch niemanden, der sieht, und keine sichtbare Welt, keinen Buddha, keine Lehre. Gleichzeitig wird aber etwas völlig anderes ausgedrückt. Die Tatsache, daß alles, empirisch erlebte Welt oder Leere, zunächst und vor allem im Geist (citta) erscheint, wird ganz nachdrücklich unterstrichen: Es ist geradezu das Wesen der Dinge, daß sie dem Bereich des Geistes angehören – nicht etwa das Wesen des Geistes, daß er sich der Dinge bewußt würde –, oder noch präziser gesagt: Alles ist nur Geist (cittamātra). Damit wird übrigens nicht behauptet, daß der Geist ist; auch diese Lehrrede vermeidet konsequent die Extreme »es ist« – »es ist nicht«. Das Nichtwissen, das für alle buddhistischen Lehrmeinungen als ein oder der Ursprung des Leidens gilt, wird in gewissem Umfang neu bestimmt: Der kindliche Mensch (*bāla*, eigentlich »Kind« und von daher auch »einfältig«) begreift nicht, daß die Welt nur Geist ist, weil er von seinen eigenen Vorstellungen (vikalpa) geblendet ist. Die Befreiung von diesen Vorstellungen vollzieht sich in einer völligen Umkehrung (parāvṛtti) des Bewußtseins im weitesten Sinne, einem Prozeß, der bei Rāvana spontan einsetzt, wie es später im Zen so stark betont wurde.

In der Lehrrede von Lankā werden alle hier angedeuteten Themenbereiche aus den unterschiedlichsten Blickwinkeln genauer untersucht, wobei – wie in vielen Lehrreden des Großen Fahrzeugs – eine Ordnung nicht erkennbar ist. Suzuki, der die Lehrrede ins Englische übersetzt hat, empfiehlt, den Text in möglichst viele Teile zu zerlegen; der indische Herausgeber hält es für möglich, daß irgendwann in der Überlieferung die Blätter hoffnungslos durcheinandergeraten seien, und daß der Text dann so chaotisch weiter überliefert wurde.

3.2 Dinge und Prozesse

Auch die Lehrrede von Laṅkā stützt sich auf das Konzept der Leere, versucht es aber unter dem Gesichtspunkt zu präsentieren, daß auch die Leere zunächst ein Begriff ist, eine Vorstellung, die dazu dient, etwas auszudrücken, was im Grunde der Sprache nicht zugänglich ist.

»Auch die Leere ist dem Wesen nach eine umfassende Vorstellung (parikalpita). Weil die Menschen einen Hang zu etwas dem Wesen nach umfassend Vorgestelltem haben, reden sie von Leere, Nichtentstehung (anutpāda), Nichtwerdung (abhāva), Nicht-zwei (advaya), daß die werdenden Dinge (bhāva) nicht aus sich selbst werdend (niḥsvabhāva) sind.« (LS 31)

Für Dinge, für Gegebenheiten wird in diesem Passus das Wort *bhāva* verwendet. Das buddhistische Sanskrit hat mehrere Begriffe, die zur Benennung eines »Etwas« verwendet werden. Der älteste und häufigste ist *dharma* (P. dhamma), der hier mit »Gegebenheit«, im Zusammenhang mit der Vollkommenheit der Erkenntnis auch mit »Ding« übersetzt wurde. Ein möglicher Begriff, *sat* (seiendes), wird fast nur negativ verwendet: Es gibt nichts Seiendes – alles unterliegt schon nach der alten Überlieferung einem ständigen Werden und Vergehen. Das einzige Etwas, das diesem Prozeß nicht unterliegt, das Nirvāṇa, ist kein Etwas, und folglich kann darüber auch allenfalls metaphorisch geredet werden. Um der Prozeßhaftigkeit der Gegebenheiten Ausdruck zu verleihen, wurde der Begriff *bhāva* verwendet. Abgeleitet von *bhū* (werden), könnte *bhāva* wörtlich mit »Werdung« oder »Werdendes« wiedergegeben werden, etwas, das sich in ständigem Werden befindet. Der Begriff hat auch die Bedeutung »Gefühlszustand« (der definitionsgemäß vorübergehend ist).

Dabei darf aber nicht außer acht gelassen werden, daß mit *bhāva* einfach alle Dinge oder Gegebenheiten gemeint sind, mit Betonung auf ihrer Prozeßhaftigkeit und Nichtseiendheit. Erinnert werden soll hier wieder an die Tatsache, daß mit den Gegebenheiten zwar durchaus auch

Dinge wie Pflanzen oder Steine gemeint sind, daß es sich aber in erster Linie um »menschennahe« Gegebenheiten handelt, wie etwa die fünf Komponenten des Lebensprozesses. Ein Stein wäre in diesem Zusammenhang immer als ein Gegenstand der Wahrnehmung gemeint, nicht als ein Stein an und für sich ohne einen Bezug zu einem Menschen. Dies ist eine sehr präzise Beschreibung von Wirklichkeit: Tatsächlich stellt ja bereits das Reden über etwas eine Beziehung zwischen dem Redenden und diesem Etwas her, das Etwas wird in diesem Augenblick Inhalt des Denkbewußtseins (manovijñāna), und nur davon ist dann die Rede.

Abgeleitet aus *bhāva* gibt es einen weiteren zentralen Terminus: *svabhāva*, ein *bhāva*, der aus sich selbst da ist. Ein solches Etwas kann es nach buddhistischer Auffassung gar nicht geben, weil alles immer in Abhängigkeit von etwas anderem da ist. Um die Terminologie noch etwas komplizierter zu machen, gibt es *svabhāva* noch in einer zweiten Funktion: Als zweites Glied eines Kompositums steht es oft für »dem Wesen nach«, »das Wesen habend«, aber auch in dem Sinn »dem eigenen Wesen nach« oder »aus sich selbst«.

Der Begriff *bhāva* drückt ganz gut den augenblicklichen (kṣaṇika) Charakter aller Dinge aus, die Tatsache, daß sie im Moment ihres Entstehens auch schon wieder vergehen. Zur Demonstration werden oft verschiedene Beispiele angeführt: Eine Flamme sieht zwar aus wie ein Ding, aber sie verändert sich ununterbrochen, nicht nur in ihrer äußerlichen Gestalt, sondern auch in ihrer Stofflichkeit. Ich kann nicht sagen, daß eine Flamme dieselbe sei, die sie zuvor war, ich kann nicht sagen, daß sie eine andere sei. Ähnliches gilt auch für einen Fluß oder für ein Samenkorn; beim Samenkorn verlaufen die Veränderungsprozesse erheblich langsamer, aber nicht weniger umfassend und stetig. Während verschiedentlich von buddhistischen Philosophen überlegt wurde, ob ein Ding überhaupt für einen Augenblick da sei, und wenn ja, für wie lange, wird in der vorliegenden Lehrrede auch dieses Konzept zurückgewiesen.

»Leer, unbeständig, augenblicklich, so stellen sich kindliche Menschen die empirische Wirklichkeit (saṃskṛta) vor. Der Sinn von ›augenblicklich‹ wird anhand der Beispiele Fluß, Flamme und Samen vorgestellt. ›Augenblicklich‹ heißt ohne jede Tätigkeit, losgelöst, frei von Vergehen, Nichtentstehung der Gegebenheiten – so beschreibe ich den Sinn von ›augenblicklich‹. Ich lehre nicht [einmal] für die kindlichen Menschen das ununterbrochene Entstehen und Vergehen. Die Vorstellung, daß die Gegebenheiten (bhāva) ununterbrochen [entstehen und vergehen], bewegt sich auf dem Weg der Existenz.« (LS 96 f)

3.3 Leere und Ganzheit: Alles ist Geist

Während die Lehrreden von der Vollkommenheit der Erkenntnis über die Feststellung hinaus, daß alles leer sei, nichts für sagbar halten, fängt in der Lehrrede von Laṅkā an dieser Stelle das Bemühen um Sagbares erst an. Ausgangspunkt ist (vgl. LS 7), daß die Unterscheidungen, die wir treffen und die wir treffen müssen, um überhaupt von etwas reden zu können, vor allem die Unterscheidung in das, was wir gerade meinen (wovon wir gerade reden, was wir wahrnehmen, an uns nehmen, denken), und das, was wir gerade nicht meinen (dharma-adharma), nicht zum edlen Wissen (āryajñāna) führen. Vorstellungen (vikalpa), die Gegensätze herstellen, zerstören eine Ganzheit, die in den Lehrreden von der Vollkommenheit der Erkenntnis Leere genannt wird. Als Beispiele werden wieder Flammen und Samenkörner herangezogen. Auch wenn der Ursprung von ganz verschiedenen Feuerbränden eine einzige Flamme ist, oder ganz verschiedene Pflanzenteile und Pflanzen aus einem einzigen Samenkorn stammen, zerlegen wir diese Ganzheiten in einzelne Gegebenheiten.

Dieses Beispiel wird auf die buddhistische Lehre von der bedingten Entstehung angewandt, die das Nichtwissen als Ausgangspunkt für den Prozeß des Lebens – Geburt, Alter, Tod und Leiden – analysiert. Nichtwissen wird hier praktisch als eine Gegebenheit angenommen, aus der alles entsteht: innere wie äußere Gegebenheiten, die Komponenten des individuellen Lebensprozesses, die elementaren Kräfte (Erde, Wasser, Feuer, Wind), die Wahrnehmungsfelder, kurz, alles, was es überhaupt gibt. Unterscheidungen sind immer das Ergebnis von falscher Vorstellung. Da aber sowohl das Nichtwissen als auch falsche Vorstellungen letztlich nur Prozesse des eigenen Geistes sind, folgt hieraus auch, daß die erlebte Welt letztlich nur Geist ist (cittamātra).

»Alles ist nur Geist (cittamātra), zweifach entfaltet sich der Geist: Er wird zu Wahrnehmendem (grāhaka) und Wahrgenommenem (grāhya). Ein Selbst und zum Selbst Gehöriges ist nicht zu finden.« (LS 85)

»Als vergangen wird Vergangenes vorgestellt. Genauso Zukünftiges und Gegenwärtiges. Auf Grund des Wesens der Gegebenheiten sind die Vollendeten ohne falsche Vorstellungen; bei ihnen ist die Vielfalt (prapañca) der falschen Vorstellungen vergangen. So etwas wie Form aus sich selbst (rūpasvabhāva) [und andere Komponenten des Daseinsprozesses] stellen sie sich nicht vor.« (LS 8)

3.4 Bewußtsein

Die Betonung darauf, daß alles, was als existierend angenommen wird, letztlich nur Geist sei, verlangt geradezu danach, daß die Prozesse des Bewußtseins genauer untersucht werden. Die ältere Überlieferung hatte sechs Bewußtseine angenommen, fünf mit den Sinnen verknüpfte und das Denkbewußtsein (manovijñāna). Etwas unvermittelt stand daneben der Geist (citta), in der alten Überlieferung noch abwechselnd auch mit Denken (manas) oder Bewußtsein allgemein (vijñāna) bezeichnet. Hier wird die Lehrrede von Laṅkā wesentlich ausführlicher – wenn auch leider nicht immer präziser. Sie geht nach wie vor von den fünf Sinnesbewußtseinen und dem Denkbewußtsein aus, fügt aber zusätzlich noch das Denken (manas) selbst hinzu, und als achtes das Grundbewußtsein (ālaya vijñāna), das eine zentrale Rolle spielt. Auf den ersten Blick verwirrend ist, daß der Begriff »Geist« (citta) in dieser Lehrrede doppelt verwendet wird: einmal für das Grundbewußtsein, zum anderen aber auch als Sammelbegriff für den gesamten geistigen Bereich, also für alle acht Bewußtseine. Die Zusammenhänge sollen zunächst an einem längeren Textausschnitt verdeutlicht werden:

»Wie die Wellen des Ozeans, durch den Wind aufgewühlt, sich tanzend entfalten (pravartate), ohne daß es eine Unterbrechung gibt, so wird das Meer des Grundbewußtseins ständig vom Wind der Objekte (viṣaya) aufgewühlt und entfaltet sich tanzend als vielfältige Wellen-Bewußtseine. Schwarz, Rot, Salz, Muschel, Milch, Rahm, Düfte, Früchte, Blüten, und dergleichen, Lichtstrahlen der Sonne – nicht als anders, nicht als nicht anders, werden die Wellen gegenüber dem Ozean gedacht. So sind auch die sieben Bewußtseine mit dem Geist (Grundbewußtsein) verbunden. Eine Wandlung (pariṇāma) des Meeres ist die Vielfalt der Wellen; genauso entfaltet sich das Grundbewußtsein als Vielfalt (citra), die Bewußtsein genannt wird.

Geist, Denken und Bewußtsein stellt man sich wegen ihrer Merkmale vor. Alle acht haben als Merkmal ›ungeteilt‹ (abhinna) – es gibt kein Merkmal (lakṣaṇa), und nichts, was mit einem Merkmal zu belegen wäre (lakṣya).

So wie es keine Trennung der Wellen vom Ozean gibt, gibt es im Geist keine Wandlung der Bewußtseine. Mit dem Geist sammelt man (cīyate) Karma; mit dem Denken (mano) wird geprüft (vicīyate); mit dem Denkbewußtsein wird [man sich von etwas] bewußt. Die sichtbare Welt (dṛśya) wird durch die fünf [Bewußtseine] vorgestellt. [...]

Es gibt keine Entfaltung [der Vielfalt], wenn der eigene Geist frei von Wahrnehmbarem (grāhya) ist. Wenn es Wahrnehmbares gibt, dann gibt es auch jemanden, der wahrnimmt (grāhaka). Dies ist wie bei den Wellen [mit Wellenberg und Wellental]. Körper, Genuß, Standort benennt das Bewußtsein für die Menschen, dadurch sieht man eine Entfaltung, wie bei den Wellen.« (LS 21)

3.5 Grundbewußtsein und Erscheinungsformen

An die Stelle, die in den Lehrreden zur Vollkommenheit der Erkenntnis die Leere einnimmt, tritt hier das Grundbewußtsein, wobei es sich zumindest für manche Anhänger der Bewußtseinslehre (vijñānavāda) tatsächlich nur um eine andere Bezeichnung handelt. Einer der Gründe dafür dürfte sein, daß die Anhänger der Bewußtseinslehre stärker von der Meditation herkamen als die Anhänger der Lehre von der Leere (śūnyatāvāda). Bei der Beschreibung der Meditationsstufen (Vertiefungen), die dem Bereich der Nichtformen zugerechnet werden, war ja schon vom Bewußtseinsunendlichkeitsgebiet und vom Raumunendlichkeitsgebiet die Rede, und tatsächlich verschwindet ja in dem Augenblick, wo die Grenzenlosigkeit des eigenen Bewußtseins und die Grenzenlosigkeit des Raumes erlebt wird, der Unterschied zwischen Bewußtsein und Raum – das eine ist im anderen enthalten.

Auf der »Oberfläche« des Grundbewußtseins spielt sich »der Tanz« des erlebten Lebens ab. Alle Erscheinungen sind wie die Wellen auf diesem Ozean, sie erscheinen als einzelne Wellen und sind zugleich doch nichts anderes als das Meer. Ob dieses Meer, das Grundbewußtsein, nun für ein einzelnes individuelles Bewußtsein steht, oder ob es ein überindividuelles Bewußtsein ist, ist im Grunde eine müßige Frage. Insofern das Grundbewußtsein selbst leer ist, insofern es auch über keine spezifischen Inhalte (Wellen) verfügt, ist es zwar überindividuell, aber gleichzeitig auch nicht in der erlebbaren Welt angesiedelt – gehört also zum Bereich der absoluten Wahrheit (paramārthasatya); insofern es aus dem Blickwinkel der Wellen gesehen wird, gehört es zum Bereich der konventionellen Wahrheit (saṃvṛtisatya) und damit zum Bereich der vorgestellten Individualitäten, ist also empirisches individuelles Bewußtsein.

Die Funktionen der einzelnen Wandlungen des Grundbewußtseins lassen sich nach dem gegebenen Text bestimmen. Die sichtbare Welt – ebenfalls Wandlungen des Grundbewußtseins – wird mit den fünf Sinnesbewußtseinen vorgestellt, mit dem Denkbewußtsein als dem Ort der Integration wird sie bewußt. Während so die sechs auch in der älteren Überlieferung benannten Bewußtseine also im wesentlichen rezeptiv oder imaginativ sind, ist das siebte Bewußtsein, das Denken, eher reflexiv und kreativ: Hier sind Wünsche und Wollen, Vorstellungen und Unterscheidungen anzusiedeln, die ihrerseits die Grundlage für das Arbeiten der sechs rezeptiven Bewußtseine bilden. Der Geist – als umfassender Begriff für alle Bewußtseine – ist schließlich der Ort, an dem Karma gebildet wird, wo aufgrund von Lustverlangen, Haß und Verblendung formende Kräfte entstehen, die sich schließlich als Prägungen im Geist niederschlagen – letztlich als Wellen auf dem Ozean des Grundbewußtseins.

Das Gleichnis vom Ozean und dem Grundbewußtsein ist sehr glücklich gewählt, weil es neben der bildhaften Gleichsetzung der gesamten vielfältigen Erscheinungswelt mit den Wellen auch noch das Bild des wellenfreien stillen Meeres bietet, bei dem die Wellen geschwunden sind, nicht aber das Meer. Daß dieses Gleichnis gleichwohl nur ein Hilfsmittel sein kann, macht die Lehrrede von Laṅkā in einem kurzen Dialog deutlich, der auch noch weitere Hinweise zum Verhältnis der verschiedenen Bewußtseine zueinander liefert:

»[Frage:] Das Meer kann man sich vorstellen, wie es zu Wellen werdend tanzt. Warum ist die Entfaltung des Grundbewußtseins so der Vernunft nicht zugänglich?

[Antwort:] Weil die Vernunft der kindlichen Menschen schwach ist, wird das Grundbewußtsein mit dem Meer verglichen. Die Übereinstimmung von Wellen und Entfaltung [der Bewußtseine und der sichtbaren Welt] wird als einsichtiges Beispiel angeführt.

[Frage:] Wie die Sonne gleichermaßen auf niedrige und hohe Menschen scheint, so zeigst du, um den kindlichen Menschen die Welt zu erhellen, die Dasheit. Wenn du bei den Gegebenheiten verharrst, warum sprichst du dann nicht von der Dasheit? Oder, wenn du von der Dasheit sprichst, dann findet man die Dasheit nicht im Geist.

[Antwort:] Wie die Wellen des Meeres, wie die Bilder in einem Spiegel oder in einem Traum zur gleichen Zeit sichtbar werden, so verhält sich auch der Geist in seinem Bereich. Weil die Objekte unvollkommen sind, entfaltet er sich in schrittweiser Entwicklung. Durch das Bewußtsein wird er sich von etwas bewußt (vijānāti), und durch das Denken denkt er für sich nach (manyate), durch die fünf Bewußtseine benennt er die sichtbare Welt. Bei den meditativ Gesammelten (samāhita) gibt es nicht diesen Schritt.« (LS 21 f)

Die Erkenntnis, daß die Welt in ihrer Vielfalt dem Geist nicht mit einem Male gegenwärtig ist, sondern sich schrittweise entfaltet, ist Resultat sehr präziser psychologischer Beobachtung. Es ist sowohl in der jeweils individuellen Entwicklung als auch in aktuellen Situationen so, daß das Bewußtsein von einer äußeren Welt keineswegs mit einem Mal vollständig ist – vollständig ist es ohnehin nie –, sondern daß es sich schrittweise aus Einzelheiten entfaltet. Wenn ich etwa in einen Raum komme, in dem ich einen Menschen zu treffen erwarte, dann ist zunächst nur dieser Mensch da. Einzelheiten des Raumes treten erst allmählich ins Bewußtsein, und das auch nur partiell. Erwarte ich in diesem Raum niemandem, dann kann es durchaus sein, daß seine Gegenwart mir erst zu einem späteren Zeitpunkt bewußt wird. Nur würde ich von meinen Denkgewohnheiten her immer davon ausgehen, daß unabhängig davon, was ich wahrnehme, auch das Nichtwahrgenommene vorhanden ist – eine Annahme, die ausschließlich eine bequeme Konvention ist. Für denjenigen, der das Funktionieren des Geistes untersucht, ist diese Frage zweitrangig. Für ihn ist wirklich nur das da, was im Geist da ist. Die Lehrrede von Laṅkā verfolgt damit übrigens keine Ontologie, auch wenn sie in der westlichen Forschung gerne in die Schublade des »Idealismus« gepackt wird. Ontologisch hält sie sich strikt an die Regel »ich sage nicht: ›es ist‹; ich sage nicht ›es ist nicht‹«. Sie betont lediglich, daß alles, worüber wir denken oder reden können, unser Geist ist. Und es geht ihr darum, hierüber so weit zu reden, wie es überhaupt geht.

Die Vorgehensweise ist weniger systematisch als intuitiv. Aus immer neuen Richtungen wird versucht, einzelne Aspekte genauer zu fassen. So gibt es etwa eine Trennung in benennendes Bewußtsein (khyātivijñāna) und ein Bewußtsein, welches sich selbst eine gegenständliche Welt durch Vorstellung gegenüberstellt (vastuprativikalpavijñāna), Vorstellung hier tatsächlich im Wortsinn. Das benennende Bewußtsein stützt sich dabei auf nicht bewußte Prägungen (acintyavāsana), die bereits vorgeben, was den Charakter eines Objektes hat, was als welche Gegebenheit anzusehen ist. Einen ähnlichen Sachverhalt würden wir so charakterisieren, daß sowohl die persönliche als auch die kulturelle – teils in der Sprache sich niederschlagende – Erfahrung bestimmen, was für Gegebenheiten in unserer Welt vorkommen. Über das objektvorstellende Bewußtsein wird dementsprechend auch gesagt, daß es sich auf die Vorstellung einer Vielfältigkeit der Welt seit anfangloser Zeit stützt (vgl. LS 18). Daß auch diese Auffächerung des Bewußtseins nur der Verdeutlichung dient, bedarf kaum noch der Erwähnung.

Zusammen mit den fünf Sinnesbewußtseinen ist auch das Denkbewußtsein da, welches die Vorstellung einer externen, in verschiedene Gegebenheiten zerfallenen Welt hervorbringt. Auf diese Weise entsteht das Bild vom Körper (śarīra) als das sichtbarste Zeichen einer getrennten Individualität und zugleich eine Welt, die dem so konstruierten Individuum gegenübersteht. Diesen sechs Bewußtseinen kommt nicht in den Sinn, daß sie sich gegenseitig begründen, daß sie sich aus dem, was der Geist sieht – den Wellen auf dem Meer des Grundbewußtseins –, durch Vorstellungen entwickeln. So entfalten sie sich ungetrennt voneinander, indem sie Benennung und Gegenstand voneinander trennen, wobei das Benennen Bewußtsein und der benannte Gegenstand in der Welt lokalisiert werden (vgl. LS 20).

Im Grunde handelt es sich hier um eine genauere Ausarbeitung dessen, was in der Theorie der bedingten Entstehung dargelegt wurde: daß das Leiden letztlich auf das Nichtwissen zurückgeführt werden könne, und daß deshalb die Befreiung auch mit der Auflösung des Nichtwissens beginnen müsse. Da aber nun das Nichtwissen viel detaillierter gefaßt ist – als die Entfaltung einer Vielfalt auf der Oberfläche des Grundbewußtseins –, lassen sich auch die Grundlagen für die Befreiung detaillierter fassen. Wenn einerseits die ganze Vielfalt nur Geist ist, und wenn andererseits die Möglichkeit des Erwachens besteht – und der Buddha ist der Beweis dieser Möglichkeit –, dann muß die Möglichkeit zu erwachen auch »irgendwo« diesem Geist oder dem Grundbewußtsein innewohnen. Und da schon die alte Überlieferung den Vorgang des Erwachens als Reinigung des Geistes von den »Befleckungen« Lustverlangen, Haß und Verblendung verstand, lag es nahe, diese Konzeption auf die jetzt erweiterte Definition des Geistes zu übertragen.

3.6 Die Buddhanatur

Um die Reinigung des Geistes genauer zu charakterisieren, bedient sich die Lehrrede von Laṅkā des Begriffs der Buddhanatur. Mit »Buddhanatur« ist dabei der Ausdruck *tathāgatagarbha* wiedergegeben, der verschiedene Interpretationen zuläßt. Während *tathāgata* (der so Gegangene oder Gekommene) ein Ausdruck für Buddha ist (nicht nur für einen historischen Buddha, sondern für alle Buddhas), nicht nur als Person, sondern auch als Prinzip, erlaubt *garbha* unterschiedliche Deutungen. Es kann für »Embryo« oder für »Mutterleib« stehen und im übertragenen Sinne auch für die Mitte, das Innere oder die Essenz von etwas. Als zweites Glied eines Kompositums hat es zusätzlich noch die Bedeutung »-enthaltend«, so daß sich für *tathāgatagarbha* folgende Übersetzungsmöglichkeiten bieten: embryonaler Buddha (Embryo des tathāgata); Mutterleib für Buddha, Essenz des Buddha, Buddha als Inneres habend, Buddha enthaltend. Da sich die mir bekannten indischen Texte nicht für eine dieser Möglichkeiten entscheiden, muß man wohl davon ausgehen, daß tatsächlich alle diese Möglichkeiten inbegriffen sind. Die Wiedergabe mit »Buddhanatur« erscheint mir deshalb als ein brauchbarer, wenn auch etwas blasser Kompromiß.

Die Lehrrede von Laṅkā setzt voraus, daß dieser Begriff schon in anderen Lehrreden entwickelt wurde; es gibt einen ausdrücklichen Hinweis auf die Lehrrede vom Löwenruf der Königin Śrī Mālā (śrīmālāsiṃhanādasūtra), die tatsächlich die Buddhanatur zum Thema hat. Und es wird auch die Gefahr zur Kenntnis genommen, daß die Buddhanatur, so wie sie beschrieben wird, in große Nähe zu dem vom Buddhismus so vehement abgelehnten Begriff des Selbst geraten kann. So wird in einem Passus explizit die Frage nach dem Unterschied zum »Selbst« gestellt (vgl. LS 33). Danach heißt es in den Lehrreden, die Buddhanatur sei von Natur aus klares Licht (prakṛtiprabhāsvara) und rein, habe gar die zweiunddreißig Merkmale eines Buddha, und sei im Körper aller Lebewesen zu finden. Wie ein in ein fleckiges Tuch gehülltes Juwel sei die Buddhanatur eingehüllt in die Komponenten des Lebensprozesses, die elementaren Kräfte und die Felder der Wahrnehmung, und sei befleckt von Lustverlangen, Haß und Verblendung sowie von der Vorstellung von Gegebenheiten, die nicht da sind (abhūtaparikalpa). Die Buddhanatur selbst sei nach diesen Lehrreden dauernd (nitya), beständig (dhruva), still (śiva) und ewig (śāśvata). In dieser Beschreibung ist in der Tat die Distanz zum Selbst (ātman) nicht mehr groß. Sie erinnert übrigens auch an eine vielzitierte Stelle aus der alten Überlieferung, wo es über den Geist heißt:

»Klares Licht (pabhassaram) ist dieser Geist. Er ist durch hinzukommende (āgantuka) Befleckungen (upakilesa) befleckt. Klares Licht ist dieser Geist. Er wird von hinzukommenden Befleckungen losgelöst (vippamutta).« (AN I, 59, 60, I 10)

Die Parallelen gehen bis in die Terminologie: Die Buddhanatur wird ebenfalls als klares Licht (prabhāsvara) charakterisiert; daß die Buddhanatur oder das Grundbewußtsein durch hinzukommende Befleckungen (āgantukakleśa) befleckt ist, und, weil diese Befleckungen eben äußerlich und nicht wesenhaft sind, davon auch wieder gereinigt werden könne, ist eine weit verbreitete Formulierung.

In der Antwort auf die gestellte Frage heißt es, die Buddhanatur sei zunächst und vor allem Leere, Nirvāṇa, Nichtentstehung, bildlos und ohne eine Intention (apraṇihita). Daß überhaupt von der Buddhanatur geredet werde, diene ausschließlich dazu, die Angst vor der Konzeption des Nicht-Selbst zu nehmen, die Angst vor dem Verlust der so sorgfältig konstruierten und gehüteten Fiktion von Individualität, und gleichzeitig dazu, zu ermutigen, sich von Vorstellungen und Schein zu lösen.

Daß in der Lehrrede von Laṅkā die Buddhanatur mit dem Grundbewußtsein gleichgesetzt wird – in anderen Texten ist das anders –, wird nicht nur ausdrücklich festgestellt (vgl. LS 90), sondern geht auch aus Textstellen hervor, in denen die Buddhanatur genauer umrissen wird.

»Die Natur (garbha) der Vollendeten ist verbunden mit den sieben Bewußtseinen. Aus dem Ergreifen (grāha, auch Wahrnehmen) entfaltet sich ›zwei‹ (Subjekt und Objekt). Aus dem völligen Erkennen schwindet ›zwei‹. Wie ein Bild wird der Geist sichtbar, anfangslos vom Denken hervorgebracht (matibhāvita). Es gibt weder die Erscheinungsform von etwas (artha) noch dieses etwas, wenn man der Wirklichkeit gemäß sieht. Wie der kindliche Mensch die Fingerspitze wahrnimmt und nicht den Mond, genauso wird jemand, der an den Buchstaben hängt, das von mir Gelehrte nicht wissen.

Wie ein Tänzer tanzt der Geist, das Denken ist wie der ihn begleitende Schelm (vidūṣaka). Das [Denk]Bewußtsein mit den fünf [Sinnesbewußtseinen] zusammen stellt sich die sichtbare Welt (dṛśya) als Bühne vor.« (LS 91)

Die Buddhanatur ist hier offensichtlich identisch mit dem Grundbewußtsein als dem stillen Meer, ohne Wellen, ohne Befleckungen. Schon der Geist ist nur ein Bild. Dieses Bild wird in der Entfaltung des Grundbewußtseins immer konkreter. Der Geist wird zum Tänzer auf einer Bühne, die vom Bewußtsein vorgestellt wird. Wie der Wanderer einen Schatten hat, so hat der Tänzer im indischen Schauspiel einen Begleiter, der nur an die sinnlichen Genüsse denkt und so von der wahren Buddhanatur ablenkt. So schön diese Bilder sind, sie sind nicht die Wirklichkeit. Auch hierzu wird wieder ein Bild verwendet. Da zeigt einer auf den Mond und sagt zu mir: »Das ist der Mond« – aber ich sehe nur seinen Finger an und denke, er teile mir ein neues Wort für Finger mit, und verstehe nicht, was er meint. Das Bild von der Buddhanatur, das Bild vom Geist oder vom Tänzer – alle diese Bilder sollen auf etwas zeigen, was gleichzeitig Leere ist, nichts, was sich irgendwie beschreiben ließe. Solange man an diesen Bildern hängenbleibt – und die Neigung, an den Bildern hängenzubleiben, gab es natürlich auch innerhalb des Buddhismus –, versteht man nicht, worauf sie hindeuten wollen.

3.7 Befreiung

Wie die Lehrreden von der Vollkommenheit der Erkenntnis geht auch die Lehrrede von Laṅkā davon aus, daß die Befreiung vom Leiden ihren Ausgang in der Erkenntnis nimmt. Hier wird allerdings der Unterschied der beiden Lehrreden besonders deutlich. Während die eine als Erkenntnis eine Erkenntnis der Leere nimmt, die sich dem klaren Denken verdankt, hat die andere einen Prozeß im Sinn, der beim Erkennen, bei der Aufhebung des Nichtwissens seinen Ausgang nimmt:

»Mit dem Geist wird Karma angehäuft (cīyate), mit dem Wissen (jñāna) wird es durchschaut (vicīyate), durch Erkenntnis (prajñā) gelangt man zu einer Kraft (prabhāva), die ohne Schein ist. Der Geist ist an Objekte gebunden, Wissen entfaltet sich im geistigen Erfassen (vitarka), in der Besonderheit des ohne Schein Seins (nirābhāsa) entfaltet sich das Erkennen.« (LS 64)

Hier wird der ganze Prozeß der Entfaltung des Grundbewußtseins in einem Satz zusammengefaßt: »Mit dem Geist wird Karma angehäuft« – das Grundbewußtsein ist aufgewühlt wie der Ozean, die Leere ist zum Trugbild (māyā) geworden. Der Anfang davon, dieses Karma abzutragen, ist das Wissen, das durchschaut (vicīyate), wobei das Sanskritwort wieder einen breiteren Bedeutungsraum hat, als die Übersetzung wiedergeben vermag – obendrein wird auch noch häufig ein (linguistisch falscher, aber psychologisch richtiger) Zusammenhang zu *citta* konstruiert. Das Verb *vicīyate* (von cīyate, anhäufen) ist wörtlich »enthäufen«, auseinandertragen, im übertragenen Sinn sortieren, geistig sortieren. »Analysieren« wäre eine brauchbare Übersetzung, wenn der Begriff nicht so viel mit Logik und so wenig mit Hinsehen zu tun hätte. Daß dieses Nichthinsehen auch ein sehr tiefe emotionale Dimension hat, wird ebenfalls betont:

»Es gibt welche, die sind geängstigt durch die Angst vor dem Leiden, das durch die Vorstellung vom Lebenskreislauf entsteht. Sie erkennen nicht, daß der Lebenskreislauf (saṃsāra) und Nirvāṇa nicht getrennt sind. Sie stellen sich vor, daß Nirvāṇa aus dem Nichtwerden der Dinge (bhāva), aus dem Aufhören künftiger Objekte für die Sinnesfähigkeiten bestünde, nicht aber [daß Nirvāṇa] der Bewußtseinsgrund ist, der Weg in einem selbst (pratyātmagati), der einer völligen Umkehr (parāvṛtti) unterzogen wurde.« (LS 27)

Die Denkfigur, daß das Ziel des »religösen« Strebens – im Buddhismus könnte man es fast ein therapeutisches Ziel nennen – nichts mit dem erlebten Leben zu tun habe, sondern das ganz Andere sei, gibt es besonders in den theistischen Religionen, wo Gott das ganz Andere ist. Für die Lehrrede von Laṅkā ist das Ziel der zur Ruhe gekommene Bewußtseinsgrund – hier wieder gleichzusetzen mit der Leere, der Soheit, der reinen Buddhanatur, dem Geist als klarem Licht –, der wellenlose Ozean, still und ruhig.

Der Anfang der Verwirklichung dieses Ziels ist die völlige Umkehr aller Entfaltungsprozesse, die zur Aufspaltung der Soheit – Leere oder Grundbewußtsein – in eine zerrissene Vielfalt führen. Hier bietet das Sanskrit bessere sprachliche Möglichkeiten. Entfaltung und völlige Umkehr werden hier mit *pravṛtti* und *parāvṛtti* ausgedrückt, mit vorwärts- oder hervordrehen oder -rollen und rückwärts-, zurückrollen. Da »rollen« oder »drehen« (vartate) im übertragenen Sinne Prozesse allgemein beschreiben können, sind die beiden Begriffe so etwas wie Evolution und Devolution, Auswärtsbewegung und Einwärtsbewegung, zerstreuender und konzentrierender Prozeß. Um diese Konzentrationsbewegung in Gang zu setzen, weist die Lehrrede auf Yoga hin. Die Vertiefungen wurden schon mit der »Einspitzigkeit« des Geistes eingeleitet, mit der Konzentration auf einen Inhalt. Nur wird jetzt als dieser Inhalt sozusagen das »Ganze« in seiner reinen Form genommen, die Buddhanatur, die jedem Lebewesen innenwohnt.

»Dies ist die Erklärung von der Ausrichtung des Geistes auf einen Punkt (ekāgra): Es ist das Eindringen in den Bereich des völlig eigenen edlen Wissens (āryajñāna), welches die Buddhanatur ist.« (LS 9)

Ohne daß dies ausdrücklich erwähnt zu werden brauchte, wird diese Konzentration auf die Buddhanatur als das völlig eigene Wissen sich nicht auf das »Innen« beschränkt haben, sondern, wie schon in den alten Achtsamkeitsübungen, auch das »Außen« gemeint haben. Da beim Erkennen der Buddhanatur die künstlichen Grenzen der Individualität fallen, gibt es diesen Unterschied in der Konzentration auf die Buddhanatur ohnehin nicht.

Sobald diese völlige Umkehr durch das Erkennen eingeleitet ist, sobald das Meer nicht mehr zu immer neuen Wellen aufgewühlt wird, sondern beginnt zur Ruhe zu kommen, sind es ja gerade die Wellen, die auslaufen und verschwinden, ohne daß dadurch das Meer verschwände. Die Bewußtseine, die Prägungen (vāsana) – alles beginnt zur Ruhe zu kommen, alles wird wieder als das Meer erkennbar (vgl. LS 41). Ohne diese völlige Umkehrung des Grundbewußtseins oder der Buddhanatur, ohne die Beruhigung der Wellen oder das Reinigen von Befleckungen kann es keine Auflösung der sieben sich entfaltenden Bewußtseine geben (vgl. LS 90), der Auswärtsbewegung und Verstrickung in den eigenen Vorstellungen, die oben schon beschrieben wurde.

Die völlige Umkehrung als Aufhebung der Zersplitterung und Teilung des Lebendigen und als Beginn der Ganzwerdung ist kein abstraktes Postulat. Umgekehrt wird ein Prozeß, der mit der Abtrennung einer Individualität aus der Ganzheit beginnt, der Trennung in Subjekt und Objekt. Dieser Prozeß setzt sich fort in inneren Teilungen, an deren Ende ein abstraktes Subjekt steht, ein Selbst, dem schließlich das ganze Leben zum Objekt wird. Eingeleitet wird ein Prozeß der Ganzwerdung, der über die Brücke des Mitgefühls und des Erkennens alle Spaltungen aufhebt.

Die Beschreibung dieses Prozesses, die sich wohl kaum einer abstrakten Spekulation verdankt, sondern meditativem Erleben, verleitete durchaus auch zu fast ontologischen Aussagen, die dem Grundbewußtsein und der Buddhanatur allen Warnungen zum Trotz nahezu einen Seinscharakter verliehen (vgl. LS 90): Wenn es kein Grundbewußtsein und damit auch keine Buddhanatur gäbe, dann gäbe es auch kein Entstehen und Vergehen (pravṛtti, nivṛtti).

3.8 Die Welt als Traum

Die Lehrrede von Laṅkā bedient sich wie die Lehrreden von der Vollkommenheit der Erkenntnis und zahlreiche andere Texte des Großen Fahrzeugs des Bildes vom Traum (oder eines Trugbildes oder einer magischen Vorführung), um die empirische Wirklichkeit genauer zu charakterisieren. Auch andere indische Religionen und Philosophien sind wahrscheinlich schon vor den Lehrreden des Großen Fahrzeugs zu ähnlichen Schlüssen gekommen. Das Bild ist im Kontext indischen Denkens sehr weit verbreitet und es liegt nahe, ihm einen ontologischen Sinn zuzuschreiben: Wenn die »eigentliche« Wirklichkeit etwa Gott oder das Göttliche ist (brahman), oder wenn die eigentliche Wirklichkeit Buddha oder die Buddhanatur ist, dann ist die erlebte Wirklichkeit, die »nur« ein

Traum ist, von erheblich geringerem Wert. In dieser Weise ist diese Aussage nicht nur in der abendländischen Forschung, sondern auch in Indien selbst häufig interpretiert worden. Da macht es dann kaum mehr einen Unterschied, ob das eigentlich Wirkliche als *brahman*, als Buddhanatur oder Grundbewußtsein oder als Leere oder ganz einfach als das Absolute bezeichnet wird. Es gibt zwar in der buddhistischen Philosophie keinen Begriff, der sich mit »das Absolute« übersetzen ließe, aber Umschreibungen wie »das Eine« (eka), »das Nicht-Zwei« (advaya), »das Unzerstörbare« (avināśya), »das Ewige« (śāśvata) und dergleichen mehr existieren zuhauf.

Trotzdem darf man nicht ignorieren, daß in allen buddhistischen Texten, die sich überhaupt mit dieser Frage befassen, immer wieder darauf hingewiesen wird, daß es sich nicht um ontologische Aussagen handelt. Der Ausgangspunkt ist nicht, daß die Leere oder die Buddhanatur oder das Grundbewußtsein ein Seiendes (sat) wären und dann die erlebte Wirklichkeit ein Nichtseiendes (asat). Selbst wenn sich manche Formulierungen so anhören, muß man akzeptieren, wenn in den Texten steht, es sei nicht so gemeint. Ausgangspunkt ist also nicht ein Absolutes, vor dessen Hintergrund dem Erlebten nur ein minderer Status zukäme. Ausgangspunkt für den Buddhismus war die erlebte Wirklichkeit selbst, deren Vergänglichkeit und damit leidhafter Charakter analysiert wurde.

Gleichwohl erleben wir uns selbst und die Welt als etwas Vorhandenes. Man muß sich vor dem Schluß hüten, diese erlebte Wirklichkeit werde durch die Bezeichnung als Traum oder als Trugbild herabgewürdigt und entwertet. In dieser erlebten Wirklichkeit ist nicht nur unser alltägliches Leben angesiedelt, nicht nur das Leiden, sondern auch die Aufhebung des Leidens und der Weg, der dorthin führt, also Buddha und die buddhistische Lehre ebenso. Und gerade die Lehrreden von der Vollkommenheit der Erkenntnis betonen immer wieder, daß zwischen der Leere und dem empirischen Leben (saṃsāra) mit allen seinen Gegebenheiten (dharma) und der Befreiung (Nirvāṇa) nicht der geringste Unterschied besteht.

Die Charakterisierung der erlebten Wirklichkeit als Traum dient denn auch mehr dazu, zu beschreiben, warum wir angesichts der Leere überhaupt irgend etwas erleben, als dazu, das Erleben zu entwerten. Sehr aufschlußreich sind hier einige Bemerkungen aus der Lehrrede von der vorzüglichsten Meditation (samādhirājasūtra), in denen empfohlen wird, alle Gegebenheiten als traumgleich zu betrachten. Nur so sei es möglich, zu einem inneren Frieden zu gelangen, bei dem man »bei begehrenswerten Gegebenheiten nicht begehrlich wird, bei hassenswerten Gegebenheiten nicht von Haß erfüllt, bei verblendenden Gegebenheiten nicht verblendet«. (SRS 44) Die Betrachtung als Traum dient also der Befreiung von den eigenen Verstrickungen, nicht der Herabwürdigung des Erlebten.

»Wie ein schlafender Mensch in seinem Haus Liebeslust erlebt in sinnlichen Genüssen und wenn er erwacht ist, von den Gegenständen der Sinnlichkeit nichts sieht, und dann erkennt, daß er geträumt hat; genau so ist, was man gesehen, gehört, gedacht und erkannt hat, ist all dies unwirklich (vitatha) wie ein Traum. Wer diese Meditation entfaltet und bewahrt, der erkennt die Gegebenheiten so wie sie sind (dharmasvabhāva). Wirklich glücklich sind in dieser Welt nur die Menschen, denen nichts lieb oder unlieb ist. Diejenigen, die in Wäldern und Tälern umherstreifen, erleben das wirkliche Glück der Asketen. Und die, für die es kein ›das ist mein‹ gibt, die sich an nichts festhalten, die durchstreifen die Welt wie ein Nashorn, die wandern wie eine Wolke am Himmel. Entfaltet ist der Weg, verwirklicht das Wissen, leer sind alle Gegebenheiten und ohne ein Selbst. Wer alle Gegebenheiten so betrachtet, der hat die unendliche Einsicht erreicht. Wirklich glücklich sind in der Welt nur jene Menschen, die mit ihrem Herzen (manas) an nichts in der Welt haften. Dem Wind gleich ist ihr Geist, er kennt kein Hängen an Liebem und Nichtliebem. Mit Unliebem zusammensein ist Leiden, von Liebem getrennt sein ist Leiden. Wer aber beides hinter sich gelassen hat, der ist glücklich und freut sich der Wahrheit (dharma).« (SRS 134f)

All dies ließe sich ohne Schwierigkeit auch in der Terminologie der älteren Überlieferung formulieren. Es geht hier lediglich darum, das Anhaften an weltlichen Dingen zu beenden, oder, anders formuliert, den Durst zu beenden. Die Welt als Traum anzusehen ist hier lediglich ein heuristisches Mittel, diesen Prozeß zu erleichtern und zu fördern. Die existentielle Bedeutung dieser Methode macht ein anderes Beispiel aus der gleichen Lehrrede deutlich:

»Eine junge Frau sieht in einem Traum, daß ihr ein Sohn geboren wird und stirbt. Als er geboren wird, ist sie voller Glück, als er stirbt, voller Trauer. So soll man alle Gegebenheiten sehen. Jemand, dem Mutter oder Sohn im Traum gestorben sind, weint laut, obwohl ihm weder Mutter noch Sohn gestorben sind. So soll man alle Gegebenheiten sehen.« (SRS 47)

Das Bild des Traumes entwickelt eine eigene Dynamik. Es wäre ein Kurzschluß, hier zu interpretieren, daß alles eben doch nur ein Traum sei, und deshalb unwichtig. Gerade die Wahl der Beispiele deutet darauf hin, daß es um etwas anderes geht. Im zweiten Beispiel hat jemand geträumt, daß ihm liebe Menschen gestorben sind, und er merkt beim Aufwachen, daß diese noch leben – der Grund zur Trauer ist also hinfällig geworden. Die Trauer, die er im Traum empfunden hat, wird dadurch nicht weniger real für ihn, aber sie wird dadurch aufgehoben, daß es sich »nur« um einen Traum handelt. Anders verhält es sich beim ersten Beispiel: Eine Frau träumt die Geburt und den Tod eines Sohnes und erlebt in diesem Traum die Freude an der Geburt und die Trauer am Tod. Wenn sie aufwacht, gibt es nichts, woran sie sich halten könnte, um zu entscheiden, was »wirklich« war und was nicht. Selbst wenn sie die Geschichte nicht nur geträumt hätte, wäre die Situation nicht anders: Sie erinnert sich an die Geburt eines Sohnes und an dessen Tod, der Sohn lebt nicht mehr. Hier liefert erst die Orientierung an den Erinnerungen anderer die entlastende Feststellung, daß alles nur ein Traum gewesen sei. Und genau hier empfiehlt die Lehrrede die umgekehrte Herangehensweise: Sobald ich die Vergangenheit als das betrachte, was sie tatsächlich ist, nämlich als vergangen, und die Gegenwart ebenso als das, was im Augenblick des Erlebens schon zur Vergangenheit wird, höre ich auf, an den Gegebenheiten zu hängen.

4. Das Diamantenfahrzeug (Vajrayāna)

4.1 Allgemeiner Hintergrund

In den Lehrreden des Großen Fahrzeugs werden neben zahlreichen Einzelthemen vor allem drei Problemkreise behandelt. Zum einen wird die Nicht-Selbsthaftigkeit des Individuums (pudgalanairātmya) und aller Gegebenheiten (dharmanairātmya) zum Begriff der Leere zusammengefaßt; zum zweiten wird das Bewußtsein als derjenige Ort genauer analysiert, in dem sich die Verstrickung ins weltliche Dasein, aber auch der Prozeß des Erwachens und der Befreiung abspielen; und schließlich wird das ethische Ideal des Bodhisattva formuliert. Um der Tatsache gerecht zu werden, daß nach buddhistischer Überzeugung jedes Lebewesen zur Befreiung gelangen kann, wurde in einem Teil der Literatur die Lehre von der allem innewohnenden Buddhanatur dargelegt. Gleichwohl drohte der Kern der buddhistischen Lehre, der in den vier edlen Wahrheiten formuliert ist, verloren zu gehen: Danach ist das jeweils konkrete Leben mit seinem Leiden der Ausgangspunkt, an dem die Erkenntnis und der Weg zur Befreiung beginnt. Hiervon ist zwar noch in einem Teil der Yogācāra-Literatur die Rede, aber häufig auf einer sehr abstrakten Ebene. Nimmt man etwa die Übungen zur Achtsamkeit, die vom unmittelbar Gegebenen – von den körperlichen und geistigen Lebensprozessen – ausgehen, dann ist von dieser Unmittelbarkeit in den Lehrreden des Großen Fahrzeugs oft nicht mehr viel zu finden. Es mag überall mitgedacht sein, aber es geht in der Vielfalt der neuen Lehrreden völlig unter.

Zugleich war mit der Konzeption der Leere als dem der sprachlichen Beschreibung entzogenen Ganzen, durch dessen Nichterkennen die erlebte Vielfalt entsteht, oder dem Grundbewußtsein als dem Grund, auf dem sich das empirische Leben abspielt, oder schließlich mit der Buddhanatur als dem allen Lebewesen innewohnenden »klaren Licht« des Geistes ein neuer gedanklicher Rahmen formuliert, der auch neue Möglichkeiten zur Beschreibung des empirischen Lebens bot.

Auch das Bild des Buddha hatte sich in den neuen Lehrreden verändert. Häufig war nicht mehr nur von der historischen Person die Rede, sondern von der allen Lebewesen innewohnenden Buddhanatur, die sich unter anderem in der historischen Person des Buddha manifestiert. Hier hatte sich eine eigene Lehre entwickelt, nach der ein Buddha oder genauer das Buddhaprinzip mehrere Gestalten (kāya, wörtlich Körper) annehmen kann: den Körper der konkreten Erscheinung (nirmāṇakāya), in der ein Buddha historisch in Erscheinung tritt; den Körper des gemeinsamen Genusses (sambhogakāya), in dem er die Lehre verkündet, und schließlich den Körper der Wahrheit oder Lehre (dharmakāya), in der er selbst die Wahrheit des Buddhismus verkörpert.

Vor diesem Hintergrund eröffneten sich auf eine Reihe von Fragen ganz neue Anwortmöglichkeiten. Wenn die Buddhanatur allen Lebewesen innewohnt, dann stellt sich natürlich die Frage danach, »wo« diese Buddhanatur zu finden sei. Und hier konnte eine subtraktive Antwort nicht befriedigen, die die Buddhanatur durch Abzug aller Vorstellungen, aller »von außen kommenden Trübungen« (āgantuka kleśa) des Geistes zu entdecken trachtet. Zu leicht kann dabei tatsächlich so etwas wie der Ātman übrigbleiben, ein abstraktes Subjekt. Vielmehr mußte die Buddhanatur dem gesamten Lebensprozeß innewohnen: den Komponenten des Daseinsprozesses ebenso wie den verschiedenen meditativen Vertiefungen, den quälenden Trübungen – Lustverlangen, Haß und Verblendung – ebenso, wie den himmlischen Verweilungen – Freundlichkeit, Mitgefühl, Mitfreude und Gleichmut.

Ob diese Fragen so gestellt wurden, läßt sich nicht belegen, aber sie könnten den geistigen Rahmen für eine neue Schule des Buddhismus gebildet haben, die sich zwischen dem 3. und 5. Jahrhundert bildete: das Diamantenfahrzeug (vajrayāna), das sich selbst als die Vollendung des Großen Fahrzeugs betrachtete.

4.2 Die buddhistischen Tantras

In dieser Situation tauchten wieder neue Lehrreden auf, die von der bisherigen Überlieferung teilweise geradezu revolutionär abwichen: die buddhistischen Tantras. Der übliche Name für die buddhistischen Lehrreden ist *sūtra*, ein Begriff, der im Sanskrit urprünglich Faden heißt und von daher – ähnlich wie im Deutschen »Leitfaden« – zu einem Ausdruck wurde, der für meist kurze Texte stand, die sozusagen als Faden galten, um bestimmte Inhalte im Gedächtnis behalten zu können. Der Begriff *tantra* dagegen steht ursprünglich für den Webstuhl als das Gerät, auf dem aus Fäden ein Gewebe wird, übertragen dann für das Wesentliche und von daher ebenfalls für einen zusammenhängenden Text.

Die Tantras beginnen – mit wenigen Ausnahmen – wie die anderen Lehrreden auch mit »so habe ich es gehört« und gelten damit als Buddhawort. Die Lehrreden der älteren Überlieferung geben als nächstes jeweils den konkreten geographischen Ort an, an dem die Lehrrede geäußert wurde, sowie die Versammlung, die bei der Verkündung oder beim Dialog anwesend war; die Lehrreden des Großen Fahrzeugs nennen hier zuweilen einen mythischen Ort und eine mythische Versammlung. Bei den meisten Tantras steht am Anfang:

»So habe ich es gehört. Zu einer Zeit weilte der Erhabene in aller Vollendeten Körper, Rede und Geist, im Herzen, in den *bhagas* der Diamantenfrauen.« (z.B. GST I; HT I)

Ich habe in diesem Satz *bhaga* unübersetzt gelassen, weil es keinen deutschen Begriff gibt, der ein vergleichbares Bedeutungsfeld hätte. Mit *bhaga* wird im Sanskrit Glück und Reichtum, Herrlichkeit und Würde bezeichnet, und von da aus auch das Glück der Liebe und das weibliche Geschlechtsteil – letzteres scheint die vorherrschende Bedeutung zu sein (hierfür spricht der Gebrauch in modernen indischen Sprachen), auch wenn sie in den Wörterbüchern meist an letzter Stelle steht. Im Deutschen käme allenfalls »Schoß« in Frage, dem aber in der Gegenwartssprache die erotische Dimension fast völlig fehlt. Der Ausdruck *tathāgata* (der so Gegangene, der so Gekommene, der in die Soheit Gegangene) wurde wie bisher mit »der Vollendete« wiedergegeben, ein Titel, der dem Buddha beigelegt wurde und der deshalb in Zusammensetzungen wie *tathāgatagarbha* auch mit »Buddha« wiedergeben werden kann. Für die Tantras ist ein anderer Zusammenhang maßgeblich. Ein Teil der mit dem Großen Fahrzeug entwickelten Vorstellungen ließe sich so zusammenfassen: Das Erwachen besteht darin, daß ein Mensch seine eigene Buddhanatur erkennt, nicht in einem intellektuellen Sinn, sondern existentiell, in einer völligen Umkehr, wie es in der Yogācāra-Philosophie heißt. Betrachtet man dieses Erkennen als Erwachen (bodhi), dann könnte man das Konzept der Buddhanatur so formulieren: Alle Lebewesen sind bereits Tathāgatas (angekommen) – oder embryonale Tathāgatas – sie müssen nur erwachen, Buddha werden, um es zu erkennen.

Der erste Satz der Tantras ist vielfältig kommentiert worden, wobei in den Kommentaren der Ort – die *bhagas* der Diamantenfrauen – oft eine zentrale Rolle spielte.

»So habe ich gehört: die Dasheit, zu einer Zeit ist sie aufgeblüht. Der Erhabene ist der verborgene Herr der Diamanten, die höchste Übereinstimmung (samaya) der Diamanten. Im allen Vollendeten zugehörigen Wissen (jñāna), in der Fülle (sampad) nichtdenkbarer Eigenschaften (guṇa), dort, wo seiend und nichtseiend beide vergangen sind, an einem Ort, der Nirgendwo heißt, im Raum, der aus sich selbst eins ist, dort, wo das Wissen des Allwissenden sichtbar wird, [an dem Ort], der Herz der lebendigen Welt und Reinheit heißt, dort weilte der große Weise.« (Pradīpoddyotanaṭīkā I, 17)

Mit dieser Paraphrase wird der Ort genauer bestimmt, zunächst als das Wissen aller Vollendeten. Da die Vollendeten im Tantra immer als Symbole für verschiedene Aspekte der Buddhanatur stehen, die nicht mehr abstrakt gesehen ist, sondern ganz konkret als jedem Menschen in seinen verschiedenen Lebensprozessen eigen, ist der Ort zuallererst das jedem Menschen eigene ursprüngliche Wissen (jñāna). Um die Ursprünglichkeit dieses Wissens zu verdeutlichen, gehen tantrische Texte häufig zum Augenblick der Zeugung zurück. In diesem Augenblick fließen die weibliche und die männliche kreative Energie zusammen, in diesem Augenblick beginnt ein Lebensprozeß, dem noch eine Vielfalt von Entwicklungsmöglichkeiten offen steht, und in diesem Augenblick gibt es noch keine Spaltung in Ich und Andere, Subjekt und Objekt. Der beginnende Lebensprozeß ist sich selbst Zentrum einer Entwicklung, das seine »Peripherie« noch nicht von sich abgetrennt hat.

»Und welches war der Tempel [in dem der Buddha verweilte]? Es war das Mandala der Essenz der Gegebenheiten (dharmadhātu), in dem der Vollendete zusammen mit den Bodhisattvas weilte. Im lebendigen Raum, im klaren, der lückenlos leuchtet, im Alles (viśva), im Grund des Diamanten (vajrālaye), im Ruheort, im Bereich der Gegebenheiten, der den Geist erfreut, dort wurde das Tantra dargelegt, das den Menschen Verdienst und Wissen bringt.« (Sekoddeśaṭīkā 4)

Was in den Lehrreden des Großen Fahrzeugs als Leere oder als Grundbewußtsein noch ziemlich abstrakt blieb, wird für die Tantras lebendig. Auch sie bedienen sich des oft verwendeten Gleichnisses vom Raum, wählen aber für das Unbeschreibbare trotzdem beschreibende Begriffe wie »lebendig« und »leuchten«, um deutlich zu machen, daß es sich hier um eine einzige Wirklichkeit handelt, um die Gesamtheit oder Essenz aller Gegebenheiten (dharmadhātu). Der Hinweis auf das Mandala der Essenz der Gegebenheiten (dharmadhātumaṇḍala) weist auf die meditative Praxis des Tantra hin, auf die noch zurückzukommen sein wird. Daß diese Gesamtheit aller Gegebenheiten nichts vom Lebensprozeß getrenntes ist, wird immer wieder betont:

»Nicht zwei, nicht nichtzwei, Stille, Friede, überall daseiend, in einem selbst zu empfinden, unbeweglich, Erkennen und richtiges Verhalten ohne Verwirrung, das ist der Grund aller Buddhas, der höchst wunderbare, höchstes Gelingen bringend, göttlich, das wird als Bereich der Gegebenheiten bezeichnet.« (Prajñopāyaviniścayasiddhi 5)

Diese Hinweise sollen übrigens keineswegs dazu dienen, die Tatsache wegzuinterpretieren, daß es sich hier auch um einen ganz konkreten Ort handelt, um die *bhagas* der Diamantenfrauen. In manchen Tantras wird hier eigens hinzugefügt »im Liebesspiel«, und das Tantra entwickelt sich von hier aus dann als Dialog zwischen dem Buddha und der von ihm geliebten Göttin (devī oder bhagavatī). Das Zusammenfließen weiblicher und männlicher kreativer Energie wird dabei im Tantra nicht als ein physiologischer Vorgang mißverstanden. Die Rede ist von einem ganzheitlichen Prozeß, bei dem in liebender Umarmung die Spaltung der Ganzheit aufgehoben wird, und von dem das Tantra und das Leben insgesamt seinen Ausgang nimmt.

»Dort, in der reinen Dasheit, die ohne Grundlage ist (nirālaya), im unzerstörbaren Ursprung der Gegebenheiten, in der Stille, wurzelt die Diamantenfrau. Von hier aus ist alles entstanden, angefangen bei den Tieren, die ganze lebendige Welt.« (Guhyasiddhi II, v. 18 f)

4.3 Die Buddhanatur

Die Lehrreden des Großen Fahrzeugs haben viel Mühe aufgewendet, die Identität von empirischem Leben (saṃsāra) und Befreiung (nirvāṇa) zu betonen. Obwohl sie die Einheit von Erkennen (prajñā) und richtigem Verhalten (upāya, ursprünglich die richtige Methode der Unterweisung), dessen Basis das Mitgefühl ist, immer wieder hervorhoben, blieb ihre Ausdrucksweise zuweilen abstrakt. Die Tantras bedienen sich oft derselben Begriffe – Leere und Erkennen, seltener auch Grundbewußtsein (ālayavijñāna) – beziehen sich aber zugleich immer auf das jeweils konkrete menschliche Dasein. Der Begriff der Buddhanatur (tathāgatagarbha) ist dagegen in den Tantras außerordentlich selten. An seine Stelle tritt »Diamant« (vajra), der zu einem Namen für die gesamte tantrische Lehre wurde.

Der Sanskritbegriff *vajra* ist einer der wenigen Fälle, wo die deutsche Wiedergabe »Diamant« das, was damit ausgesagt werden soll, fast noch besser trifft als das Original. Mit *vajra* wird zum einen der Edelstein Diamant benannt, zum anderen auch der Donnerkeil des Gottes Indra und im tantrischen Ritualwesen ein Zepter als Insignium der Buddhawürde. Der Diamant ist dabei weniger als Schmuckstein gemeint, sondern als der härteste aller Steine, als unzerstörbar. Gleichwohl sind die Assoziationen, die im Deutschen mit dem Begriff »Diamant« verbunden sind – seine Klarheit, seine Kostbarkeit, sein Leuchten, sein Facettenreichtum – sehr treffend damit vereinbar, daß dieser Begriff für die Buddhanatur steht, für das klare Licht, das allem innewohnt, für die Grundlage aller Vielfalt.

»Alle Wesen sind Buddha; [ihre Buddhanatur wird] von hinzukommenden Befleckungen verhüllt. Sobald diese entfernt werden, sind die Wesen Buddhas, daran besteht kein Zweifel.« – »Es gibt nicht ein Wesen, das nicht Buddha wäre, wenn es nur zu sich selbst erwacht.« – »Nirgendwo anders findet man Buddha, nirgendwo in den Weltbereichen. Der Geist ist der vollkommene Buddha, woanders wird kein Buddha sichtbar.« (HT II, iv, v. 69, 73, 75)

Hier ist nicht mehr nur die Rede davon, daß alle Lebewesen embryonale Buddhas (tathāgatagarbha) seien, sondern daß sie Buddha sind – ein vielleicht geringer, aber bedeutsamer Unterschied. Es ist also nicht nur eine sprachliche Neuerung, wenn in den Tantras die Buddhanatur meist mit dem Begriff »Diamant« benannt wird. Häufig wird auch der Ausdruck »Diamantenwesen« (vajrasattva) verwendet, um die Lebendigkeit der Buddhanatur zu betonen.

»Den Geist aller Lebewesen völlig durchdringend ruht das Diamantenwesen aus sich selbst daseiend. Wer sich dem Yoga hingibt, soll so denken und sich keine Vorstellungen machen, die davon wegführen.« (Jñānasiddhi 32, I, v. 9)

»Fest, Essenz [aller Gegebenheiten], völlig unzerstörbar, unzerschneidbar, unzerspaltbar, kennzeichenlos, unbrennbar, unvernichtbar: die Leere wird Diamant genannt.« (Advayavajrasaṇgraha 37)

»Die Unteilbarkeit heißt ›Diamant‹, ›Wesen‹ die Einheit der drei [Bereiche] des Werdens (tribhava).« (HT I, 1, v. 4)

Die Verwendung des Diamanten als Symbol – dazu noch mit Eigenschaften wie unzerstörbar, fest und dergleichen mehr – ermöglicht Mißverständnisse. Die Buddhanatur ließe sich auch hier fast als als ein konstanter unzerstörbarer Wesenskern interpretieren, als Ātman oder Brahman – eine Interpretation, die schon in der Lehrrede von Laṅkā zurückgewiesen wurde. In den tantrischen Texten, in denen der symbolische Sprachgebrauch einen Höhepunkt erreicht, wird dem lediglich mit dem Hinweis begegnet, »Diamant« sei ein Name oder Symbol für die Leere, bei der aber die in den Lehrreden zur Vollkommenheit der Erkenntnis postulierte Identität von Leere und empirischem Leben immer mitgedacht ist.

»Allwissend, Wünsche gewährend (varada), sprechend (vādin), ohne einer Kaste zugeordnet zu sein, befreit von Gehen und Kommen, unbewegbar von allen Winden, von Feuer wird es nicht verbrannt, von Wasser nicht benetzt, von einem Schwert nicht zerspalten, auch wenn es noch so scharf wäre, ohne Widerstand, wie der Raum, durchdringend, von Merkmalen frei: das ist die höchste Dasheit, das allerhöchste Diamantenwissen (vajrajñāna).« (Jñ ānasiddhi I, v. 45 ff, p. 35 f)

In dieser höchsten Dasheit gibt es auch keinen Unterschied mehr zwischen dem Wissen (jñāna) und dem Gewußten (Diamant oder Dasheit oder Leere). Die häufig anzutreffende fast persönliche Betrachtungsweise des Diamanten oder Diamantenwesens ist ein Hinweis auf die tiefe emotionale Bedeutung der Ansicht, daß alle Lebewesen – wieder zuvorderst die Menschen – Buddha sind.

»Auch eine Frau, die verstümmelt ist, mißgestaltet, gering, [eine, die aus einer der geringsten Kasten stammt wie] eine Handwerkerin oder eine Hundekocherin, auch die soll man in der meditativen Entfaltung des Diamantenwissens verehren.« – »Alles, was es da an beweglichen und unbeweglichen Lebewesen (bhāva) im Grund des dreifachen Werdens gibt, sie alle soll man in einem Yoga der Dasheit als Träger des Diamanten ansehen. Leute, die eine andere Ansicht vertreten, oder die sich damit beschäftigen, alles zu zerlegen (die überkritisch sind), auch die soll man nicht gering schätzen: Sie sind eine Erscheinungsform des Diamantenwesens.« (Advayasiddhi v. 6, 10)

Ähnliches findet sich zuweilen auch in der nichttantrischen Literatur. Die Tatsache, daß solche Äußerungen fast wie Ermahnungen klingen, deuten allerdings darauf hin, daß dies nicht durchgehend die Einstellung aller Buddhisten war. Eine ähnliche Erscheinung läßt sich auch in anderen Religionen beobachten. So hat etwa im christlichen Bereich die Tatsache, daß die menschliche Seele als gottähnlich, in manchen Zweigen der Mystik auch als gottgleich betrachtet wurde, nicht zu einer allgemeinen Achtung menschlichen Lebens geführt.

4.4 Die multiple Symbolik der Tantras

Die Lehren des Diamantenfahrzeugs gaben sich nicht mit der Feststellung zufrieden, daß der Diamant oder das Diamantenwesen alles und jedes durchdringe. Vielmehr ging es ihnen darum, die Lebensprozesse zu benennen, in denen die Buddhanatur manifest wird. Hierzu bedienen sie sich einer vielfältigen Symbolik, mit der sich diese Zusammenhänge auf eine verblüffend einsichtige Art ausdrücken lassen. So besteht etwa im Guhyasamājatantra, der wahrscheinlich ältesten Lehrrede des Diamantenfahrzeugs (ca. 5. Jh.), die Versammlung nicht aus konkreten Personen (oder beliebigen Gottheiten), sondern ausschließlich aus Erscheinungsformen des Diamanten: den Diamanten von Körper, Rede und Geist; den Diamanten von Meditation (samādhi) und Sieg; den Diamanten von Erde, Wasser, Feuer, Wind und Raum; den Diamanten von Formen, Tönen, Gerüchen, Geschmäcken, Tastungen und des Bereichs der Gegebenheiten (dharmadhātu). Alle diese »Teilnehmer« der Versammlung werden als Bodhisattvas bezeichnet, als auf das Erwachen sich hinbewegende Wesen. Schließlich werden noch die fünf Vollendeten genannt: Akṣobhya, Vairocana, Ratnaketu, Amitābha und Amogha.

Läßt man die Vollendeten zunächst beiseite, dann läßt sich in dieser Reihe unschwer eine Ordnung erkennen. Ausgangspunkt ist die Buddhanatur (Diamant) von Körper, Rede und Geist als den drei Aspekten der Persönlichkeit, die schon in der älteren Überlieferung neben den fünf Komponenten genannt werden. Dann folgen die Diamanten von Meditation und Sieg, als die Praxis, die zum Erwachen führt, und der Erfolg dieser Praxis. Auf dieser Basis wird dann auch die »Außenwelt« zu Diamant: Erde, Wasser, Feuer, Wind und Raum, und die Felder der sinnlichen Wahrnehmung ebenso wie der Bereich der geistigen Wahrnehmung. Im Anschluß werden dann die fünf Vollendeten genannt, die in den tantrischen Lehrreden zunächst für die Buddhanatur der fünf Komponenten des Daseinsprozesses stehen: Form (Vairocana), Gefühl (Rantaketu), Wahrnehmung (Amitābha), formende Kräfte (Amogha) und Bewußtsein (Akṣobhya). In dieser Versammlung spricht die manifest gewordene Buddhanatur – im Guhyasamājatantra mit ständig wechselnden Namen belegt, in späteren Tantras mit einem konkreten Namen oder als »der Erhabene« bezeichnet – mit den Vollendeten und mit den Bodhisattvas. Es spricht also nicht mehr eine zumindest als historisch gedachte Person zu anderen Personen, sondern die manifest gewordene Buddhanatur zur noch nicht manifest gewordenen Buddhanatur in ihren verschiedenen Aspekten.

Diese »Personalisierung« der Buddhanatur ist zunächst ein dramaturgisches Mittel, mit dem ähnlich wie in den mittelalterlichen Mysterienspielen ein Dialog zwischen verschiedenen Aspekten der Wirklichkeit (im Mysterienspiel etwa Tugenden und Laster) entfaltet wird. Es wird nicht mehr über etwas geredet, sondern die Wirklichkeit spricht sozusagen selbst. Um einen Eindruck von der ästhetisch-emotionalen Bedeutung dieser Darstellung zu geben, hier ein kleiner Auszug mit der Beschreibung der fünf Buddhas:

»[Man schaut] in mondbergkristallen leuchtender Gestalt [Vairocana] mit einem Kranz von Haarflechten geziert, mit einem Rad in der Hand, flammenerfüllt, mit vielfältigem Schmuck geschmückt; in goldschmuckleuchtender Gestalt [Akṣobhya] mit Wolken von Buddhas angefüllt, mit einem neunspitzigen unbegrenzten Diamanten in der Hand; in smaragdleuchtender Gestalt den diamantenflammengeschmückten [Ratnaketu] mit einem Juwel in der Hand, eine Flammenwolke ringsumher; in lotosrotleuchtender Gestalt [Amitābha], mit einem Kranz von

Haarflechten geschmückt, in der Hand einen Lotos – so bildet man den Diamanten des Lustverlangens –; in fünfstrahlenleuchtender Gestalt läßt man den diamantenen Amogha entstehen, ein Schwert in der Hand tragend, dem Mond gleich.« (GST III, 6 ff; der Kommentar interpretiert die Zuordnung anders).

In anderen Beschreibungen sind die einzelnen Buddhas wesentlich ausführlicher dargestellt: Ihre Farben werden klarer beschrieben, sie tragen zahlreiche Insignien – hieraus hat sich eine ganze »Ikonologie« entwickelt. Der ästhetisch-emotionale Gehalt entfaltet sich erst richtig vor dem Hintergrund der symbolischen Bedeutungen und der Identifikation dessen, der das Tantra mit diesen Bedeutungen hört oder »erlebt«. Da wird dann die eigene Form zu einer mondbergkristallen leuchtenden Gestalt; das Bewußtsein leuchtet wie Goldschmuck und ist mit Wolken von Buddhas ausgefüllt; die Gefühle sind mit Diamantenflammen geschmückt und tragen ein Juwel als Symbol der Kostbarkeit; die Wahrnehmung wird zu einem lostosrotleuchtenden Buddha, der auch Ausdruck der Erotik ist; die formenden Kräfte leuchten in verschiedenen Farben und tragen das Symbol des Schwertes, das im tantrischen Sprachgebrauch für beides steht: für eine Waffe und für die Klarheit der unterscheidenden Erkenntnis.

Instrument des meditativen Erlebens ist hierbei ein Mandala (maṇḍala, wtl. kreisförmige Anordnung), ein materielles oder vorgestelltes Meditationsbild, das einen symbolischen Kosmos darstellt. Im Zentrum des Mandalas ist ein Palast, ein geschützter Raum, der von Buddhas oder Gottheiten bewohnt wird. Jedes Tantra hat hier sein eigenes System entwickelt; als Beispiel soll hier das System des Guhyasamājatantra etwas genauer dargestellt werden. In seiner Grundform besteht das Mandala dieses Tantras aus den fünf Buddhas oder Vollendeten und vier Göttinen (devī). In diesem Tantra und in einem auf diesem Tantra basierenden Text (Piṇḍīkṛtasādhana) werden Zusammenhänge entwickelt, die hier zunächst tabellarisch wiedergegeben werden. Die hier dokumentierten Zuordnungen sind keineswegs starr und eindeutig. Im Zentrum befindet sich Akṣobhya, umgeben von den anderen vier Buddhas und den vier Göttinnen. Zuweilen werden in der bildlichen Darstellung die vier umgebenden Buddhas in Umarmung mit den Göttinnen dargestellt – schöner kann man die Aufhebung der Spaltung der erlebten Welt in Subjekt und Objekt kaum demonstrieren.

Buddha	*Ort*	*Komponente*	*Wissen*	*Trübung*	*Bereich*
Akṣobhya	Zentrum	Bewußtsein	dharmadhātu	Haß	Geist
Vairocana	Osten	Form	spiegelgleich	Verblendung	Körper
Ratnaketu	Süden	Gefühl	Gleichheit	Dünkel (māna)	
Amitābha	Westen	Wahrnehmung	genau hinsehend	Lustverlangen	Rede
Amogha	Norden	formende Kräfte	Tatvollendung	Neid (īrṣyā)	

Devī	*Ort*	*Elementarkraft*	*Verweilung*	*Lust an ...*	*Geliebte von ...*
Māmakī	Nordwesten	Wasser	Freundlichkeit	Haß	Geist
Locanā	Nordosten	Erde	Mitgefühl	Verblendung	Körper
Pāṇḍarā	Südosten	Feuer	Mitfreude	Lustverlangen	Rede
Tārā	Südwesten	Wind	Gleichmut	Diamant	Überein-stimmung

Symbolische Zuordnungen der Gottheiten des Mandala

Hierbei geht es nicht in erster Linie um Einzelbedeutungen, sondern darum, daß die Symbolisierung mehrerer als voneinander verschieden erscheinender Aspekte des Daseinsprozesses eine ganzheitliche Betrachtung ermöglicht. Eine verbale Beschreibung kann hier nur sehr unvollkommen das nachbilden, was im meditativen Erleben eines Mandalas sichtbar wird.

Für das meditative Erleben ist die Identifikation mit dem Mandala Voraussetzung. Der oder die Meditierende identifiziert sich mit einer oder mit allen Gottheiten des Mandalas und schließlich mit dem Mandala – dem symbolischen Kosmos – insgesamt. Hierbei wird das »normale« Vorurteil, mit dem man sich in der Welt bewegt und sie erlebt – das kann etwa eine Hölle sein, in der jeder des anderen Feind ist, das kann eine Welt von Objekten sein, in der man sich hemmungslos bedienen kann – durch ein bewußt gestaltetes neues Vorurteil ersetzt: Die Welt wird dabei zu einem himmlischen Palast, ihre Bewohner zu Gottheiten, denen mit Achtung zu begegnen ist, und der oder die Meditierende selbst zu einer Gottheit, der andere und man selbst ebenfalls mit Achtung begegnen. Dem liegt die Einsicht zugrunde, daß ohne Selbstachtung auch die Achtung anderer nicht möglich ist, und daß erst so die Basis für die Befreiung geschaffen wird.

Im Zentrum des Mandalas befindet sich Akṣobhya (»unerschütterlich«). Insofern das Bewußtsein der Bereich ist, in dem wir unsere Individualität erleben, vollzieht sich hier auch die Trennung in Ich und Andere, in Wahrnehmenden und Wahrgenommenes. Diese Ausgrenzung, die individualgeschichtlich notwendig sein mag, um überhaupt die geistige Dimension des Lebens zu ermöglichen, ist Ergebnis des Grundimpulses des Trennens und Distanzierens, dessen eingeschränktester Ausdruck der Haß ist. Schon hier wird deutlich, daß die Lehre des Diamantenfahrzeugs sich nicht mehr damit zufrieden gibt, die Buddhanatur als etwas anzusehen, das übrig bleibt, wenn man nach und nach alle Elemente des empirischen Lebens wegnimmt. Dies würde nur zur schon vorhandenen Gespaltenheit eine neue Spaltung hinzufügen. Da auch der Haß Buddhanatur hat – es ist oft die Rede vom Diamanten des Hasses –, geht es vielmehr darum, den Haß in die Ganzheit zu reintegrieren, um ihn seiner destruktiven Tendenzen zu entkleiden. Haß wird dann zu der für das

Erkennen notwendigen Distanz – Akṣobhya steht für das Wissen der Essenz aller Gegebenheiten (dharmadhātujñāna).

Vairocana (»der sichtbar Machende« oder »der Sonnengleiche«) steht östlich (nach indischer Tradition vorne) im Mandala. Er steht für Form, für den sichtbaren Ausdruck unseres In der Welt-Seins, die sich in der Körperlichkeit ausdrückt. Obwohl gerade die körperlichen Lebensprozesse durch einen ständigen materiellen Austausch mit der umgebenden Welt gekennzeichnet sind, obwohl der Körper selbst sich ununterbrochen verändert, obwohl wir schließlich von unserem Körper so reden können, als sei er uns selbst äußerlich, ist der Körper die letzte Zuflucht für die Illusion eines von der Welt getrennten Ich. Während sich in der Dimension des Geistes keine klare Trennlinie ziehen läßt – man muß nur einmal den Versuch machen, festzustellen, welche Ideen von einem selbst und welche Ideen von außen stammen –, gestattet der Körper eine eindeutige Bestimmung: Die Haut ist die Grenze, jenseits derer die Welt liegt und innerhalb derer das Ich angesiedelt ist. So wird die Körperlichkeit geradezu zum Urtyp der Verblendung, deren Hauptmerkmal die Trennung in Ich und Andere ist. Gleichzeitig eröffnet die Körperlichkeit aber auch einen Weg zur Erkenntnis. Während sich beim Bewußtsein noch relativ leicht die Illusion der Einmaligkeit aufrecht erhalten läßt – ich habe nun einmal nicht die Möglichkeit, das Bewußtsein anderer unmittelbar wahrzunehmen –, liefert die Betrachtung der eigenen und der Körperlichkeit anderer den unmittelbaren Hinweis, daß die Abtrennung von anderen bloßer Schein ist. Besonders wenn man die zeitliche Dimension mit einbezieht, wenn man also den Körper nicht als ein Ding, sondern als einen Prozeß ansieht, dann wird deutlich, wie der Körper aus einem anderen Körper hervorgeht und schließlich wieder in anderen Körpern (von Tieren und von Pflanzen) verschwindet. So führt die Betrachtung des Körpers und die Reintegration der Verblendung zum spiegelgleichen Wissen (ādarśajñāna): Wann immer Leben in die Welt blickt, sieht es sich selbst.

Ratnaketu (»Juwelenleuchte«) ist der Buddha, der die südliche Richtung einnimmt. Er symbolisiert die Buddhanatur der Gefühle. Es sei daran erinnert, daß mit Gefühlen hier nicht komplexe Gefühle wie Verliebtheit, Trauer oder dergleichen gemeint sind, sondern die drei unmittelbar mit der Wahrnehmung verbundenen Gefühlsreaktionen »glücklich«, »unglücklich« und »weder glücklich noch unglücklich«. Diese Gefühlsreaktionen lösen spontan das Erlebnis der eigenen Einzigartigkeit aus – Ratnaketu symbolisiert auch Dünkel –, obwohl gerade bei den Gefühlen offensichtlich ist, daß sie allem Lebendigen gemeinsam sind. So ergibt sich ausgehend von den Gefühlen ein direkter Zugang zum Wissen der Gleichheit (samatājñāna) alles Lebendigen.

Amitābha (»unermeßlicher Glanz«) befindet sich im Mandala im Westen. Er steht für die Wahrnehmung. Unabhängig davon, daß wir im Prozeß der Wahrnehmung stets zwischen Wahrgenommenem und Wahrnehmendem trennen, ist die Wahrnehmung zugleich auch die Brücke zwischen den auf diese Weise gespaltenen Teilen des Ganzen. Wahrnehmung ist also schon von ihrem Wesen her eine Funktion, die auf Wiederherstellung von Ganzheit angelegt ist. Es hat übrigens auch in der abendländischen Kultur eine Debatte darüber gegeben, ob das Auge nicht etwas Lichtartiges haben müsse, um der Wahrnehmung von Licht fähig zu sein. Schon die Tatsache, daß wir überhaupt wahrnehmen, deutet auf die Ganzheit der Dasheit hin: Es muß zwischen Wahrnehmendem und Wahrgenommenem eine Gemeinsamkeit geben, die Wahrnehmung ermöglicht. Wahrnehmung setzt auch immer schon die Bereitschaft zur Wahrnehmung, die Bereitschaft zur Kontaktaufnahme voraus. Da in den Beziehungen zwischen Menschen Sprache das differenzierteste Mittel des Kontaktes ist, und da der intensivste Wunsch nach Kontaktaufnahme aus dem Lustverlangen resultiert, sind diese drei Aspekte (Wahrnehmung, Rede, Lustverlangen) zentrale Elemente des Strebens nach Ganzheit. Gerade die Differenziertheit von Sprache und Wahrnehmung macht auch ein sehr differenziertes Erkennen von Ganzheit möglich; so wird das Wissen des Genau-Hinsehens ermöglicht.

Amogha (»nicht zwecklos«) nimmt die nördliche Richtung des Mandalas ein. Er ist Symbol für die Buddhanatur der formenden Kräfte, jener ständig selbst gewirkten Strukturen, die unsere zukünftigen Situationen bestimmen. Er steht für alle Aktivitäten in dieser Welt, bei denen es uns frei steht, ob sie in immer tiefere Verstrickungen oder zur Befreiung führen. Diese Aktivitäten orientieren sich immer auch an anderen: Diese können Vorbild für befreiendes Verhalten sein, sie können aber auch Gegenstand des Neides sein, Anlaß dafür, unbedingt das erreichen und besitzen zu wollen, was andere erreicht haben. Sobald die formenden Kräfte auf das Erwachen hin orientiert sind, führen sie zu dem Wissen, daß das, was zu tun ist, getan wird (kṛtyānuṣṭhānajñāna).

Während die fünf Buddhas zuvorderst für die Komponenten des Daseinsprozesses und insofern für den eher subjektiven Aspekt der Wirklichkeit stehen, symbolisieren die vier Göttinnen die eher objektive Seite. Daß für die Seite des Ich männliche Gestalten und für das »Außen« weibliche gewählt wurden, mag damit zusammenhängen, daß zumindest die ersten tantrischen Texte aus männlicher Sicht verfaßt sind – später tauchen auch Autorinnen auf –; die AnhängerInnen des Diamantenfahrzeugs haben sich aber allemal auch die Freiheit genommen, durch Umbenennungen in weibliche Figuren die Verhältnisse zu verändern. Die Zuordnung subjektiv-objektiv ist übrigens nicht streng. Ein großer Teil der buddhistischen Meditation dient ohnehin dazu, diese fiktive Teilung zu überwinden. Die Göttinnen im Mandala stehen insofern auch weniger für eine externe Welt, sondern fungieren als Repräsentantinnen dessen, was aus der eigenen Individualität ausgeschlossen wurde. Dabei sind die vier elementaren Kräfte (Erde, Wasser, Feuer Wind) das, was auf der Ebene der Formen dem Außen und Innen gemeinsam ist; die vier himmlischen Verweilungen sind die psychischen Funktionen, die eine emotionale Brücke vom Innen zum Außen bilden.

Māmakī (»auf das Mein bezogen«) nimmt ihren Platz im Nordwesten ein. Sie ist die Lust am Haß und gleichzeitig die Geliebte des Geistes – beides verbindet sie mit Akṣobhya. Die ihr zugeordnete elementare Kraft ist Wasser, das Prinzip des Fließens und Flüssigseins. Die hiermit symbolisierte Kontinuität zwischen Innen und Außen wird deutlicher noch an den zu allen Zeiten erkennbaren Kreisläufen des Wassers: So wie die Erde insgesamt das Wasser des Himmels als Regen aufnimmt und beim Verdunsten wieder an den Himmel zurückgibt, so nehmen auch wir ständig Flüssiges aus der Welt auf und geben es an sie zurück. Ein Indiz dafür, daß dies den Verfassern der Lehrreden des diamantenen Fahrzeugs bekannt war, ist, daß in den Texten immer wieder zu den Ausscheidungsfunktionen zurückgegangen wird. Es ist kein Zufall, daß die fünf Vollendeten auch diejenige Teile oder Prozesse des Körpers symbolisieren, die sonst als »unrein« gelten: Kot und Urin, Samenflüssigkeit, Blut und Fleisch. Insofern Māmakī die Geliebte des Geistes ist, der Teil der Wirklichkeit, der dem Geist in seiner Klarheit, aber auch der Möglichkeit des Trennens, des Hassens gegenüber tritt, tritt sie uns auch als der Teil der Wirklichkeit gegenüber, der uns oft ohne daß wir etwas hinzugetan hätten mit Freundlichkeit begegnet. Māmakī ist so die emotionale Komponente des Wissens, die Freundlichkeit, die zwingend notwendig ist, um überhaupt zu wirklichem Erkennen fähig zu sein.

Locanā (die Sehende) (im Nordosten) ist die Geliebte des Körpers. Sie ist die elementare Kraft der Erde, die die Grundlage aller sichtbaren (und sinnlich erfahrbaren) Formen ist. Ohne Sehende wäre keine Form, kein Körper – dieser nicht als eine Anhäufung von Materie, sondern als das Medium, mittels dessen wir in der Welt sind. Mit Locanā erst kommt das Lebendige in die Welt. Locanā verkörpert das Mitgefühl, die Liebe zu Anderen; sie ist bereit, auch das Leiden wahrzunehmen, das Leiden, das Menschen vor allem anderen gemeinsam ist. So begegnet Locanā, die Sehende, dem Lebendigen als Lust an der Verblendung, in ihr spiegelt sich das Leben, weil erst Mitgefühl in die Lage versetzt, nicht verblendet zu sein, sondern zu sehen.

Im Südosten des Mandalas ist Pāṇḍārā (»die Fahle«), die elementare Kraft des Feuers, der Wärme, die nach indischer Auffassung nicht nur die Kraft der Leidenschaft, sondern auch des Reifens und Verdauens ist. In Mitfreude, die sich an der Freude anderer freuen macht, ist sie die Lust am Lustverlangen. Diese klare und eindeutige Bejahung der Erotik als einer Dimension, die nicht gegen, sondern für die Befreiung, für das Erwachen steht, ist zumindest aus unserer eigenen sexualfeindlichen Perspektive der gravierendste Unterschied zwischen dem tantrischen Buddhismus und den vorhergehenden Lehren. Daß es für die Buddhisten des Großen Fahrzeugs selbst – weder für die indischen noch für die tibetischen – offensichtlich kein zentraler Gegensatz war, hat in der älteren europäischen Buddhismusforschung für einige Verwirrung gesorgt. Gleichwohl sei daran erinnert, daß den vorhergehenden Lehren das Lustverlangen zu den Trübungen zählte, von denen es den Geist zu reinigen galt. Im Diamantenfahrzeug werden Lustverlangen und Mitgefühl als zwei unmittelbar zusammengehörende Dimensionen menschlichen

Fühlens beschrieben, wohl erkennend, daß im Gegensatz etwa zur psychoanalytischen Theorie Mitgefühl nicht ein Sublimations- oder Veredelungsprodukt verhinderter Sexualität ist, sondern »bloße« Sexualität eher das Ergebnis der Reduktion jener unmittelbaren Zuneigung, Liebe, Solidarität, die uns Menschen mindestens ebenso ursprünglich ist, wie Haß und Nichthinsehen. Konsequent ist Pāṇḍarā auch die Geliebte der Rede, des kommunikativen mit-der-Welt-Zusammenseins, und damit auch der Wahrnehmung, die in der Verbindung mit den himmlischen Verweilungen insgesamt zum Wissen als genauem Hinsehen wird.

Tāra (»die Hinüberführende« oder »die Sternin«) schließlich hat ihren Platz im Südwesten des Mandalas. Sie symbolisiert die elementare Kraft des Windes, die als Atem – nach indischer Anschauung als Lebenskraft (prāṇa) – einen ununterbrochenen Austausch alles Lebendigen bildet. In der buddhistischen Anschauung ist die Kraft des Windes nicht nur die Kraft der Beweglichkeit und Leichtigkeit, sondern zugleich auch die Bewegung des Geistes. In einem Bild heißt es hierzu, der Geist reite auf dem Wind wie ein Reiter auf seinem Pferd. Diese Leichtigkeit und Beweglichkeit des Geistes tritt als Gleichmut in Erscheinung, als die Bereitschaft, alles so zur Kenntnis zu nehmen, wie es ist, ohne es in Gier heranziehen oder in Haß wegstoßen zu wollen. Tāra ist die Geliebte der Übereinstimmung von Körper, Rede und Geist, der Ganzheit, die keine Spaltungen mehr kennt. Ihre Lust ist nicht mehr auf einen Aspekt der Existenz gerichtet, sondern auf die Buddhanatur, auf den Diamanten, der allem innewohnt. Mit ihr erhalten die formenden Kräfte ihre Zielrichtung, sie ist das Wissen, das aus der Klarheit dessen gebildet ist, was zu tun ist.

Der Versuch, diese Zusammenhänge nicht nur als intellektuelle Einsicht vorzustellen, sondern sie in der Meditation mit einem Mandala direkt zu erleben, ist ein zentrales Charakteristikum des Diamantenfahrzeugs. Dabei ist die hier präsentierte Form nur die Minimalkonfiguration. So kommen etwa im Guhyasamājatantra noch eine Anzahl von zornigen Gottheiten (krodha) hinzu, die für die Abgrenzung von der umgebenden Welt stehen, die also das Bedürfnis repräsentieren, sich gegenüber der Welt zu schützen. Jede Lehrrede des Diamantenfahrzeugs hat ihr eigenes Mandala, wobei die Zahl der Gottheiten auf über hundert anwachsen kann. Die Grundlage aller dieser Mandalas ist aber immer der Versuch, die komplexen Zusammenhänge der verschiedenen Gegebenheiten in symbolhafter Form zu präsentieren.

»Weil sie aus sich selbst die fünf Prinzipien des Erwachens sind (buddha), deshalb werden die fünf Komponenten der Persönlichkeit als Buddhas (jina) bezeichnet. Die [vier] elementaren Kräfte sind [die vier Göttinnen] Locanā usw. Das heißt: der Buddhakörper. Wenn so alle lebendigen Wesen in den drei Bereichen immer völlig Buddha sind, und wenn alle Handlungen auf die Buddhaschaft zielen, dann ist die überlieferte Art der meditativen Entfaltung falsch. Wegen der Buddhaschaft der ganzen Welt [gilt dies] auch für alle [Lebewesen] in den drei Bereichen. Auch wenn es Glück, Nichtglück und Dürsten gibt, kann dies nicht als Widerlegung gelten. Und die sechs Arten höheren Wissens etc. oder die Entfaltung von bestimmten Eigenschaften im Erwachen, wie kommt es, daß diese sich nicht entfalten, wenn [jedes Lebewesen] eine Verkörperung des Buddhaprinzips (buddhakāya) ist? Wer das nicht erkennt, wie könnte der völlig erwacht sein? Wer immer das so erkennt, der wird zu einem Buddha. Wer schrittweise in einem Yoga der wiederholten Formulierung (abhyāsa) diese Denkweise entwickelt, ein solcher Yogi wird zu einem Buddha. Andere sind keine auf die Buddhaschaft ausgerichteten Praktikanten. Wenn sie ihrem eigenen Wesen nach erwacht sind, dann wenden sie die wiederholte Formulierung nicht mehr an. Die wiederholte Formulierung ist nur ein Hilfsmittel und wird dann als Hilfsmittel zurückgelassen. Wenn irgend ein Mensch, der nicht König (nātha) ist, sich vorstellte (bhāvayet) ›ich bin König‹, der würde auch in hundert Myriaden von Zeitaltern die Königschaft nicht erlangen. Wie man durch eine falsche Vorstellung (kalpanā) nicht die Königsschaft erlangt, kann durch eine falsche meditative Entfaltung (bhāvanā) auch nicht Buddhaschaft entstehen.« (Jñānasiddhi II v. 1 ff, p. 41)

Es geht also darum, im Prozeß der Meditation in jeder Gegebenheit die Buddhanatur zu erkennen. Die zitierte Passage macht deutlich, daß hier geradezu mit suggestiven Formeln gearbeitet wird, wobei es nicht darum geht, sich etwas einzureden, was in Wirklichkeit nicht zutrifft. Als Beispiel hierzu dient der Hinweis, daß man nicht König werden könne, indem man sich einredet »ich bin König«. Da alle Lebewesen Buddha sind, entspricht die Formel »ich bin Buddha« aber der Wahrheit. Diese Wahrheit zur Wirklichkeit werden zu lassen, ist das Ziel jeglicher buddhistischen Meditation, auch der mit einem Mandala. Das Besondere an der tantrischen Meditation ist hierbei, daß sie nicht versucht, alles, was die Buddhanatur »verhüllt«, auszublenden, sondern daß sie vielmehr versucht, in allem die Buddhanatur zu entdecken.

»Bewußtsein heißt Haß, weil es in zwei [in Wahrnehmenden und Wahrgenommenes] teilt, wie bei Feinden. Form heißt Verblendung, weil sie ihrem eigenen Wesen nach an Unbeseeltes gebunden ist. Gefühl heißt Wirbel des Stolzes, weil es seinem eigenen Wesen nach der Bildung des Ichs dient. Wahrnehmung ist ein Sich-in-Lustverlangen-Versetzen, weil sie durch die Anziehung zu den Gegenständen [der Wahrnehmung] gekennzeichnet ist. Die formenden Kräfte sind immer Neid, weil sie bedingt sind durch das Drängen der Selbste. Die Eigennatur aber [der Komponenten] ist der auf das Erwachen gerichtete Geist, der überall im Werden entsteht. Sinnlichkeit nennt man einen Geist, der verbunden ist mit Lustverlangen, Haß und Verblendung. Übereinstimmung ist die Gleichheit mit allem, die offensichtlich durch Karma gezeugte Frucht. Da das Wissen von den Gegebenheiten nicht-zwei ist, ist die Individualität (ahaṃkāra) Verblendung. Wo die [gespaltenen Teile] zusammenstoßen, da spricht man von Haß. Und Lustverlangen ist gekennzeichnet durch Anziehung. Dieses Wissen heißt Diamant. Liebeslust ist der ununterbrochene Genuß des Zusammenkommens [der gespaltenen Teile] und gleicht dem Glück [des Zusammenkommens eines Mannes] mit einer Frau. Verblendung, Haß und Lustverlangen wurzeln im Diamanten als Liebeslust. Daher sind sie das richtige Verhalten für die Buddhas: Das nennt man Diamantenfahrzeug.« (GST XVIII, v. 46 ff)

4.5 Exkurs zur Hermeneutik

Für die Lehrreden des Diamantenfahrzeugs gilt mehr noch als für die Lehrreden der vorhergehenden Überlieferung, daß es keine Texte sind, die man einfach so herunterlesen kann. Sie waren auch nicht darauf angelegt, gelesen zu werden, sondern sollten gehört, auswendig gelernt, und in Meditation erinnert werden. Nur für jemanden, der sich den Worten einer Lehrrede anvertraut, sich von ihnen führen läßt, erschließt sich allmählich die Bedeutung des Gesagten. Dies ist besonders bei den Tantras der Fall, die sich im Gegensatz zu den älteren Lehrreden nicht in endlosen Wiederholungen ergehen, die dafür aber mit einer überwältigenden Fülle von Bildern und Symbolen aufwarten, zu denen normalerweise die mündliche Überlieferung – teilweise erschließbar aus den Texten selbst, aus Kommentaren und anderen erklärenden Abhandlungen – den Schlüssel liefert. Die Symbolik der einzelnen Gottheiten eines Mandalas ist hiervon nur ein Teil.

Hatten sich schon die Lehrreden zur Vollkommenheit des Erkennens häufig paradoxer Formulierungen bedient, um über das mit Sprache Beschreibbare hinauszuführen – eine Methode, die in den Koans des Zen-Buddhismus ihren Höhepunkt finden sollte –, so machten die Lehrreden des Diamantenfahrzeugs von vielfältigen sprachlichen und bildlichen Mitteln Gebrauch, die die Verständnisfähigkeit schon der indischen Hörer ziemlich strapaziert haben muß. Hier nur ein Beispiel:

»Dann zeigt [der Lehrer] dem intelligenten Diamantenschüler das Mandala und läßt ihn das geheime Gelübde (samaya) hören, das von allen Buddhas verkündet wurde: ›Lebendiges sollst du töten, sollst lügnerische Rede sprechen, Nichtgegebnes sollst du nehmen, und du sollst den Frauen dienen (sevana).‹« (GST XVI, v. 60 f)

»Diejenigen, die Lebendiges töten, die sich an lügnerischer Rede freuen, die sich an fremdem Eigentum erfreuen, die sich ständig der Sinnlichkeit hingeben, die Kot und Urin als Speise zu sich nehmen, genau die sind erfolgreich in der meditativen Verwirklichung (sādhana). Der Praktikant aber, der Mutter, Schwester und Tochter liebt, der erreicht die Große Vollkommenheit (siddhi), das höchste Wesen der Gegebenheiten im Großen Fahrzeug. Und wer die Mutter des Buddha, des Herrn, liebt, ohne sich zu beflecken, der erlangt ganz ohne Zweifel die Buddhaschaft.« (GST V, v. 4 ff)

Derartige Äußerungen stehen nicht nur in einem eklatanten Widerspruch zur überlieferten buddhistischen Ethik; sie sind Provokationen, über die die Zuhörer erstaunt und empört sind oder erschreckt in Ohnmacht fallen. Mit dem Hintergrund der Übungen zur Achtsamkeit läßt sich ein derartiger Passus allerdings ohne Schwierigkeit interpretieren. Tatsächlich besteht Leben auch darin, anderes Leben zu töten und als Nahrung zu sich zu nehmen, tatsächlich besteht ein ganzer Teil der Nahrung aus den Ausscheidungen anderer Lebewesen, entweder direkt oder auf dem Umweg biologischer Kreisläufe. Ausgehend davon, daß über die Dasheit letztlich nicht gesprochen werden kann, ist jedes Reden Lüge, ausgehend von der Nicht-Selbsthaftigkeit ist alles Nehmen immer Nehmen von Ungegebenem. Daß Sinnlichkeit und Erotik nicht abgelehnt, sondern bejaht werden, ist das einzige, was tatsächlich im Widerspruch zur traditionellen Überlieferung steht. Auch abendländischen psychologischen Theorien ist bekannt, daß Erotik immer einen inzestuösen Anteil hat. Auf diesen Zusammenhang weisen tantrische Texte direkt hin, indem sie geradezu dazu auffordern, sich vorzustellen, daß der oder die Geliebte zugleich auch Vater, Bruder, Sohn oder Mutter, Schwester und Tochter ist (CMT VI). Als Mutter des Buddha schließlich wird in zahlreichen Texten die Vollkommenheit der Erkenntnis (prajñāpāramitā) bezeichnet; sie zu lieben (und nicht nur intellektuell zu übernehmen), ohne mit der Erkenntnis der Leere das konkrete Leben gering zu schätzen, ist der auch in anderen Lehrreden gewiesene Weg zum Erwachen.

Um Hilfsmittel zur Hand zu geben, wie schwer verständliche Passagen der Lehrreden zu interpretieren seien, haben die Kommentatoren eine umfangreiche systematische Hermeneutik entwickelt, die hier wenigstens in Umrissen nach einem Kommentar zum Guhyasamājatantra skizziert werden soll. Danach gibt es nicht ein einheitliches Interpretationsschema, nach dem jeder beliebige Text oder Textteil interpretiert werden könnte, sondern ganz verschiedene Herangehensweisen. Je nach Hintergrund des Hörers und der Textart werden sechs verschiedene Dimensionen der Erklärung und zusätzlich noch vier Weisen der Interpretation von Textteilen beschrieben.

Die wichtigsten innerhalb dieser Hermeneutik entwickelten Kategorien sind der weiterführende Sinn (neyārtha) und der hingeführte Sinn (nītārtha), intentionale Sprache (sandhyāyabhāṣa), wortwörtliche Passagen (yathāruta) und nichtwörtliche Passagen (aruta oder noyathāruta), sowie die vierfache Erklärung (caturvidhākhyāna). Ein Teil dieser Kategorien ist auch aus der nichttantrischen Hermeneutik bekannt, wird aber dort anders verwendet.

»Die sechs Dimensionen bestehen aus der Einteilung in intentionale Sprache und nichtintentionale Sprache; weiterführender Sinn und hingeführter Sinn sowie wortwörtlich und nichtwörtlich. Für diejenigen, die vom Unglück völlig verhüllt sind, hat der Buddha den weiterführenden Sinn ausgesprochen. Um den wirklichen Sinn zu erhellen, hat der Buddha den hingeführten Sinn ausgesprochen. Was für diejenigen Wesen, die von besonderem Licht sind, die Dasheit erhellt mittels widersprüchlicher Formulierungen, das heißt intentional gesprochen. Bei den Mandalas, bei den Vorstellungen und bei der Praxis, je nachdem: Um hier den Sinn ausgebreitet darzulegen, wird wortwörtlich gesprochen. Die Ausdrücke, die außerhalb der weltlichen Wissenschaften den Grenzbereich formulieren, die die Vollendeten herbeirufen, die werden als nichtwörtlich bezeichnet.« (Pradīpoddyotanaṭīkā I)

Das Kategorienpaar *weiterführender* und *hingeführter Sinn* wird auf Passagen angewandt, die in zweierlei Weise verstanden werden können. Da ist zum einen das, was ein durchschnittlicher Mensch, sofern er mit der buddhistischen Terminologie vertraut ist, unmittelbar verstehen wird. Da sich nach der Philosophie des Großen Fahrzeugs die Texte wie auch das Verständnis im Bereich der Oberflächenwahrheit bewegen, ist auch der weiterführende Sinn in diesem Bereich angesiedelt. Der weiterführende Sinn ist also nicht falsch, aber vorläufig. Sobald die entsprechende Passage tiefer verstanden wird, führt der weiterführende Sinn zum hingeführten Sinn, der das ausmacht, was der sprachlichen Beschreibung nicht direkt zugänglich ist. Dieses Schema könnte man übrigens auf zahlreiche Texte auch anderer Religionen anwenden, in denen gleichfalls oft davon ausgegangen wird, daß das »Eigentliche« unsagbar sei, und daß daher Sprache nur bis an die Grenze des Unsagbaren zu führen vermag.

Als *intentionale Sprache* (früher oft als Zwielichtsprache bezeichnet) gelten Textpassagen, die wie die oben zitierten spontan den Widerspruch eines Buddhisten hervorrufen werden (es gibt Zweige der tantrischen Überlieferung, in denen diese Kategorie anders verwendet wird). Charakteristisch ist hierbei, daß auch in der Lehrrede selbst an diesen Stellen die Zuhörer zumindest erstaunt sind. Auf jeden Fall handelt es sich hier um provokativ formulierte Äußerungen, deren tiefere Bedeutung sich erst beim genaueren Nachdenken erschließt.

Als *wortwörtlich* gelten alle die Passagen, die genau das meinen, was in ihnen gesagt ist, und nichts anderes. Hier handelt es sich meistens um konkrete Hinweise etwa zur Konstruktion eines Mandalas oder zum Ablauf eines Rituals. Als *nichtwörtlich* werden Textteile bezeichnet, die tatsächlich nicht aus Wörtern im linguistischen Sinne bestehen. Das sind insbesondere Folgen von meist lautmalerischen Silben, die zu einem Mantra zusammengesetzt sind, einem »Spruch«, der zur »Evokation« einer Gottheit dienen kann oder auch dazu, sich selbst in einen bestimmten Zustand zu versetzen. So werden etwa für die fünf Buddhas des Mandalas mit all ihren symbolischen Bezügen die Silben *oṃ āḥ hūṃ svā ha* angegeben, deren Symbolbezüge zunächst einzeln »gelernt« werden, so daß am Ende mit diesem Mantra alle diese Bezüge in einem vergegenwärtigt werden können.

Bei der *vierfachen Erklärung* geht es ähnlich wie beim weiterführenden und hingeführten Sinn darum, ein Textstück abhängig von der Verständnisfähigkeit des Hörers auf verschiedenen Ebenen zu interpretieren. Die Erklärung des *buchstäblichen* Sinns (akṣarārtha) richtet sich an »wissenschaftlich« gebildete Hörer, denen ein Satz Wort für Wort unter Einbeziehung etymologischer und grammatikalischer Analysen erklärt wird. Der *zusammengefaßte* Sinn (samastāṅgārtha) gilt für Hörer, denen die buddhistische Lehre vertraut ist. Der *schwangere* Sinn (garbhyartha) wird Hörern erklärt, die bereits ein weitgehendes Verständnis der tantrischen Lehre haben, die mit der erotischen Dimension des Diamantenfahrzeugs vertraut sind, und die in der Lage sind, die Buddhanatur jenseits der Oberflächenwahrheit zu erkennen. Der *endgültige* Sinn (kolikārtha) schließlich weist ähnlich wie der hingeführte Sinn auf die Ganzheit (die Dasheit oder Soheit oder das klare Licht).

4.6 Haß

Es wurde schon darauf hingewiesen, daß für das Diamantenfahrzeug die quälenden Trübungen aufgehört haben, Trübungen des Geistes zu sein, die man lediglich durch Askese zu unterdrücken hätte, um die Buddhanatur »freizulegen«. Vielmehr wird jetzt davon ausgegangen, daß auch diese quälenden Trübungen an der Buddhanatur teilhaben, daß sie Diamant sind. Solange sie als zu beseitigende Hindernisse betrachtet wurden, waren ihre Unterschiede nicht wichtig – sie brauchten nur alle gleichermaßen überwunden zu werden. Werden sie dagegen als geistige Prozesse angesehen, deren Buddhanatur es zu entdecken und zu entwickeln gilt, dann werden die Unterschiede deutlich. Während Verblendung als eine Barriere gelten kann, die sich im Verlauf des Prozesses des Erwachens quasi von alleine auflöst, sind Lustverlangen und Haß zwei Kraftfelder, die teilweise gegensätzlichen Charakter haben.

Für die Behandlung von Haß bedienen sich viele Tantras einer Dramaturgie, die sich an magischen Ritualen orientiert. Daß auf dem Weg zum Erwachen auch magische Fähigkeiten entstehen, stand für die Anhänger des Buddhismus außer Frage. In der älteren Überlieferung wurde empfohlen, diese Fähigkeiten nicht weiter zu beachten, insbesondere nicht mit ihnen zu prahlen. Es gibt eine Geschichte, die die richtige Einstellung demonstrieren soll. Da kommt der Buddha auf seiner Wanderschaft an einen Fluß, an dem ein alter Yogi sitzt. Sie kommen ins Gespräch, und der Yogi erzählt und demonstriert, daß er die Fähigkeit erlangt habe, übers Wasser zu gehen. Auf die Frage, wie lange er dafür gebraucht habe, antwortet er, daß dies im Prinzip sein ganzes Leben in Anspruch genommen habe. Kopfschüttelnd geht der Buddha anschließend zur wenige Minuten entfernten Brücke und erzählt seinen Begleitern, wie unsinnig er es finde, sich ein Leben lang mit einer derart unnützen Sache zu beschäftigen, statt an der eigenen Befreiung zu arbeiten. Gleichwohl finden sich auch schon in Pāli-Texten detaillierte Anweisungen dafür, wie man magische Fähigkeiten erlangt; dies mag als Hinweis darauf gelten, daß die Empfehlung, magische Fähigkeiten nicht wichtig zu nehmen, nicht immer auf offene Ohren gestoßen ist.

Um diesen Bereich des Buddhismus richtig zu verstehen, muß man beachten, daß die Magie, ähnlich wie zu jener Zeit in Europa auch, ein Teil der Wissenschaft war. So finden sich etwa in alten medizinischen Traktaten neben Passagen, die auch uns heute vernünftig erscheinen, zahlreiche magische und alchimistische Aussagen. Insofern galt Magie als nichts Außergewöhnliches. Um die psychische Relevanz zu erfassen, sei hier das Beispiel des bewußten Traumes herangezogen, eines Traumes, bei dem der Träumende weiß, daß er träumt, und insofern auch den weiteren Verlauf des Traumes bestimmen kann. Ein vergleichbarer Zustand läßt sich auch mit autosuggestivn Techniken erzeugen. Dabei entsteht eine Situation, in der der Träumende tatsächlich über alle denkbaren magischen Fähigkeiten verfügt: Er kann fliegen oder durch Wände oder über das Wasser gehen, er kann Menschen herbeizaubern oder verschwinden lassen, kurz, er hat alle Macht dieser Welt – eine Macht übrigens, die nach der buddhistischen Überlieferung Māra dem Buddha angeboten hat, um ihn vom Erwachen abzuhalten. Für den experimentellen Umgang mit den eigenen geistigen Prozessen bietet sich dabei eine einzigartige Situation: Der Träumende kann seinen Impulsen freien Lauf lassen – er kann seine Feinde sterben lassen, er kann die Objekte der eigenen Gier herbeizaubern und sich dienstbar machen, ganz wie ihm beliebt.

»Solche, die den Lehrer schmähen, solche, die das höchste Große

Fahrzeug schmähen, soll man voller Eifer töten und ihre Wohnungen erschüttern.« (GST XIV, v. 47) – mit solchen und ähnlichen Hinweisen wird zunächst die subjektive Legitimation des Hasses angesprochen: Es handelt sich um wirklich böse Menschen, Feinde der buddhistischen Lehre, Feinde des eigenen – in indischen Zusammenhängen hoch verehrten – Lehrers. Wenn ich jemandem übel will, kann ich mir da vieles ausdenken, die Phantasie ist hier wirklich grenzenlos. Mit einem derartigen bösen Feind im Sinn beginnt die meditative Entfaltung:

»Bei allen Buddhas der zehn Richtungen mordet man Körper, Rede und Geist, indem man der Regel folgend gegenüber übelgesinnten Feinden dies meditativ entfaltet: Man benäßt ihn mit Blut, man benäßt ihn mit Wasser, man benäßt ihn mit Kot und Urin, man wendet ihn um, man tritt auf sein Glied, man ruft den König des Zorns herbei. Ist dies achthundertmal erfüllt, dann zerfällt sogar ein Buddha. – Auch so sprach er. – Hat man das Kleid mit Wasser benäßt, aus der Bindung an den höchsten Zorn, und tritt mit dem Fuß auf das Glied, wird für immer auch ein Buddha vernichtet. Hat man das Kleid mit Kot und Urin benäßt, voll eklem, faulem Gestank, und ihn dann umgedreht, dann wendet man das Mantra an. Augenblicklich verdorrt er und stirbt. Hat man das Kleid mit Asche und Wasser benäßt, ihn umgedreht, von Zorn erfüllt, und [das Mantra] achthundertmal gesprochen, dann zerfällt sogar das Diamantenwesen. – Auch so sprach er. – Hat man das Kleid mit Wasser getränkt, ihn umgedreht, mit Zorn im Sinn: Nackt ist er, sein Haar ist gelöst, sein Mund klafft weit, er zittert, auf das Glied tritt der Fuß. So wird auch der Raumbereich (khadhātu) vernichtet.« (GST XIV, v. 47ff)

Ähnliches findet sich in vielen Lehrreden des Diamantfahrzeugs. Auf den ersten Blick ist dies die höchste Steigerung magischer Macht: die magische Fähigkeit, alles und jeden zu töten, selbst einen Buddha, selbst das Diamantenwesen, am Ende sogar den Raumbereich, in dem alle Meditationen angesiedelt sind. Und gerade das soll stutzig machen. In der dramaturgischen Steigerung des Ablaufs wird im ersten Abschnitt ein Buddha vernichtet, im zweiten das Diamantenwesen, die Buddhanatur selbst, und im dritten die Grundlage für den Weg zur Befreiung. Angesichts der Tatsache, daß alle Lebewesen embryonale Buddhas sind, und daß die Entfaltung der Buddhanatur das zentrale Motiv aller buddhistischen Meditation ist, muß der Satz »So wird das Diamantenwesen vernichtet« eine tiefe emotiale Erschütterung auslösen. Dies übrigens nicht als Appell an ein schlechtes Gewissen, sondern als existentielles Erkennen dessen, was hier geschieht. Gleichzeitig wird in der Darstellung das Opfer immer konkreter. Im letzten Abschnitt ist es so lebendig dargestellt, daß man es nackt sieht, mit aufgerissenem Mund und zitternd. Spätestens hier wird der fundamentale Widerspruch zum eigenen Ziel der Befreiung offensichtlich. Diese Hinweise scheinen trotzdem nicht genug gewesen zu sein. Spätere Texte werden hier präziser.

»Der Weise rettet die Lebewesen. Die Magie des Tötens soll nicht tatsächlich vollzogen werden, das wäre der höchste Bruch der Gelübde (samaya).« (HT I, xi, 6) »Die Magie des Tötens vollzieht der Verständige, nachdem er voll Eifer Mitgefühl entwickelt hat. Ohne Mitgefühl gibt es keinen Erfolg, deshalb muß man Mitgefühl entwickeln.« (HT I, vii, 21 f)

Diese Bemerkungen erscheinen im Text getrennt von der eigentlichen meditativen Entfaltung des magischen Tötens. Auch diese wird noch bildhafter und lebendiger dargestellt, wobei ebenfalls darauf hingewiesen wird, daß mit dieser Magie Buddha getötet wird.

»Man stellt sich vor, daß man seine Gestalt mit dem Kopf nach unten aufgehängt sieht, man sieht, wie er Blut spuckt, man sieht ihn zittern, mit aufgelösten Haaren. Man sieht eine feuerförmige Nadel in seinen Anus eindringen. Dann sieht man in seinem Herzen die Keimsilbe des Feuers [raṃ] – in diesem Augenblick stirbt er.« (HT II, ix, 4 ff)

Später wurde dann auch die textliche Trennung aufgegeben. Meditationen zum Töten von Feinden werden dann immer eingeleitet mit der Entfaltung der vier himmlischen Verweilungen (Freundlichkeit, Mitgefühl, Mitfreude und Gleichmut), so daß von vornherein eine Stimmung entsteht, die dem Ziel des Tötens diametral entgegengesetzt ist. Erinnert man sich daran, wie in der Lehrrede zur Achtsamkeit der Haß behandelt wurde, dann ist der Fortschritt der Meditationsmethode offensichtlich. Dort hieß es: » ... den mit Haß erfüllten Geist erkennt er als mit Haß erfüllt, den von Haß freien Geist erkennt er als von Haß frei ...«, wobei fraglich ist, ob auf diese Weise der eigene Haß tatsächlich zugänglich ist. Die tantrischen Übungen dagegen gestatten es, den eigenen Haß unmittelbar zu erleben und gleichzeitig zu erkennen, daß dieser Haß die eigene Buddhanatur und mit ihr die Gemeinsamkeit und Ganzheit alles Lebendigen zerstört. Der Inhalt dieser meditativen Entfaltungen ließe sich in dem Satz zusammenfassen: »Wann immer ich hasse, hasse ich mich selbst, meine eigene Buddhanatur.« Der Haß wird dabei zu einem Ausgangspunkt für Erkenntnis.

Sobald der eigene Haß auf diese Weise erfahrbar wird, lösen sich einige Fiktionen, mit denen sich bequem leben läßt, auf. Solange Haß immer der Haß anderer ist, habe ich mit dem Elend, welches dem Haß zu verdanken ist, nichts zu tun. Erst wenn ich meinen eigenen Anteil an diesem Elend erkenne, wird auch das ethische Ideal des Bodhisattva, allen Lebewesen bei der Befreiung, und das heißt bei der Beendigung des Leidens, zu helfen, mehr als ein gut gemeinter Vorsatz: Es wird zu einer inneren Verpflichtung, die wir schon dadurch haben, daß wir Menschen sind.

4.7 Lustverlangen

Ein zentraler Gesichtspunkt in der Lehrrede zur Errichtung der Achtsamkeit war die Aufhebung der Trennung zwischen Innen und Außen, zwischen Ich und Anderen, mit dem Ziel, die als illusionär erkannte Isolation eines autonomen Subjekts, dem alles andere zum Objekt wird, zu überwinden. Auch daß diese Spaltung nicht an der individuellen Grenze »Haut« endet, sondern sich im Inneren der so konstruierten Individualität fortsetzt, ist schon Thema der älteren Überlieferung. In den Lehren des Diamantenfahrzeugs wird diese Anschauung in die empirisch erlebte Wirklichkeit übersetzt: Die Spaltung der eigenen empirischen Persönlichkeit in unheilsame und heilsame Gegebenheiten setzt nur die Linie der Trennungen fort und ist nicht geeignet, zur Reintegration der Ganzheit und damit zur Verwirklichung der Buddhanatur zu führen.

»Alle beweglichen und unbeweglichen Gegebenheiten (bhāva), bis hin zu Gräsern, Büschen, Schlinggewächsen, stellt man sich als die höchste Dasheit vor, als sich selbst, als die eigene Gestalt. In ihnen ist eines, es gibt kein anderes, es ist in sich selbst zu erlebendes (svasaṃvedya) unbegrenztes Glück. In sich selbst zu erleben ist die Vollkommenheit, in sich selbst zu erleben als meditative Entfaltung. Karma ist gebildet aus dem eigenen Erleben; aus dem Auseinanderdrängen [von Wahrnehmendem und Wahrgenommenem] entsteht Karma. Man selbst ist der Zerstörer, man selbst ist der Schöpfer, man selbst ist der König, man selbst ist der Herr. Lustverlangen, Haß, Neid (īrṣyā), Verblendung und Dünkel (māna), alle machen in diesem freudvollen Ort nicht einmal einen Bruchteil aus. Aus dem Ursprung der Gegebenheiten entsteht das Wissen wie der Raum mit richtigem Verhalten (upāya) versehen. Hier wird die dreifache Welt geboren, sie ist ihrem Wesen nach Erkenntnis und Richtiges Verhalten.« (HT I,viii, v45 ff)

Und in einem anderen Text spricht Buddha als Manifestation der Buddhanatur:

»Ob Buddha, ob Vollendeter, ob Lehre, ob Gemeinschaft, ob Tier, ob Höllenbewohner, ob Gott oder Halbgott, oder ob Menschengestalt, sei es auch ein Übeltäter: Ich bin zweifellos jede Gestalt. Ich bin Frau und ich bin Mann, ich bin die Gestalt des Androgyn. Ob voller Lustverlangen, voller Haß, voller Verblendung, voller Reinheit oder voller Unreinheit: Es ist meine Gestalt, die in der Gestalt des Geistes erscheint. Was gesehen wird, das ist mein Geist, nichts anderes ist zu sehen. Ich bin der Unterschied der Dinge, ich bin Geburt und Gebärer. Ich bin Hindernis und Nichthindernis, ich erscheine in der Gestalt der Vollkommenheit. Ich bin Geburt und Tod, ich bin Krankheit und Alter, ich bin Verdienst und Übel, ich bin das Ergebnis der Tat. Die ganze Welt hat Buddhanatur und dies ist meine Gestalt. So soll es, einsgeworden, der Yogi in seinem Denken erleben.« (CMT XI)

Auch wenn die quälenden Trübungen (Lustverlangen, Haß und Verblendung sowie Neid und Dünkel) nur einen Bruchteil ausmachen, werden sie nicht als »wesensfremd« begriffen, sondern als ebenso der Buddhanatur teilhaftig wie alle anderen Gegebenheiten auch. Die (Wieder-)Herstellung der Ganzheit beschreiben die Texte des Diamantenfahrzeugs oft exemplarisch an der Beziehung zwischen einem Mann und einer Frau. Sie gehen dabei von der Tatsache aus, daß das Lustverlangen der stärkste Impuls ist, der sich darauf richtet, eine Verbindung zwischen »Innen« und »Außen« herzustellen. Dabei ist mehr gemeint als »nur« der unmittelbare sexuelle Kontakt zweier isolierter Inidividuen. Vielmehr handelt es sich um eine Begegnung mit allen männlichen bzw. weiblichen Menschen der eigenen Geschichte, um eine Begegnung zwischen dem weiblichen und männlichen Teil des als Ganzheit verstandenen Lebens.

Ausgangspunkt ist dabei das Bild des Siegels (mudrā), bei dem Positiv und Negativ lückenlos exakt zusammenpassen. Dies läßt sich übertragen auf das Verhältnis zwischen einem Menschen und seiner Umgebung. Denkt man sich in einem Gedankenspiel einen Menschen rein körperlich aus seiner Umgebung weg, dann hinterläßt er eine Lücke, ein Nichts, das in seinen Umrissen exakt dem weggenommenen Körper entspricht, unabhängig davon, daß diese Lücke sich in der Realität sofort mit Luft füllen würde. Ähnliches läßt sich in einem übertragenen Sinne auch für seinen kommunikativen und seinen geistigen Bereich denken. Reintegration hieße dann, die Ganzheit nicht weiter an der Trennlinie zwischen dem Positiv und dem Negativ des Siegels zu trennen. Die Ganzheitlichkeit der Welt vorausgesetzt, vorausgesetzt auch die Einsicht, daß die individuelle Abtrennung aus dieser Ganzheit eine Gedankenkonstruktion ist, dann stellt sich wesentlich die Frage, welches der Berührungspunkt zwischen Ich und Anderen ist, an dem die Reintegration einsetzt. Wo in den Texten des Diamantenfahrzeugs die Rede von der *mudrā* ist, geht es also zwar häufig um die Begegnung zwischen einem Mann und einer Frau – mudrā ist in diesem Zusammenhang die Yoginī als Partnerin in einem spirituellen Prozeß –, es geht aber zuvorderst immer um diesen Prozeß der Ganzwerdung. Das heißt nicht, daß hier Sexualität »spirituell überhöht« würde und damit gleichzeitig Sexualität als solche entwertet; es weist vielmehr auf ein völlig bewußtes Erleben von Sexualität als dem Beginn und Ausgangspunkt eines tief erlebten Kontaktes. Der fortschreitende Prozeß der Reintegration wird in den Texten in vier Stufen beschrieben. Ausgangspunkt ist die *karmamudrā* (Siegel auf der Ebene des vorgegebenen Verhaltens)

»Die *karmamudrā* ist eine [konkrete Frau] mit Brüsten, [langen] Haaren usw. Sie ist die Ursache von Glück im Bereich der Sinnlichkeit. Karma ist das Hingegebensein an Küssen, Umarmen, Berühren der Scheide, Liebkosen mit dem Diamanten, usw. Dadurch ist die *mudrā* gekennzeichnet. Sie gibt Sicherheit (pratyaya) und diese Sicherheit ist gekennzeichnet dadurch, daß das Glück zum Fließen kommt. Lust (mudam) als spezifisches Glück gibt sie, Liebeslust (rati), daher *mudrā*.« (Sekoddeśaṭīkā 56)

Daß hier nicht Penis (liṅga), sondern Diamant steht, ist keine poetische Umschreibung, sondern weist darauf hin, daß mit der körperlichen Liebkosung eine geistige Dimension verbunden ist, die die Frau nicht auf ihren Körper oder gar einen Teil ihres Körpers reduziert, sondern sie in ihrer Buddhanatur wahrnimmt. Die Begegnung mit einer konkreten Frau findet in einem gesicherten Raum statt, es handelt sich hier sozusagen um eine private, vom alltäglichen öffentlichen Leben abgetrennte Begegnung, in der gegenseitige Offenheit, die ja immer auch Verletzlichkeit ist, mit geringerem Risiko verbunden ist. In dem hier erlebbaren Glück manifestiert sich die *jñānamudrā*, das Siegel des Wissens.

»Die *jñānamudrā* ist vom eigenen Geist vorgestellt. Sie ist in Eigenwerdung die Göttin, die Allmutter, [sie reicht] so weit, [wie aller] vergangene Genuß. Das Wissen (jñāna) ist hierbei Ursache von Glück im Bereich der Formen, sie ist gekennzeichnet von der meditativen Entfaltung früherer Gefühlszustände (bhāva) wie Lachen und sinnlichem Erleben. Die Sicherheit hierbei ist gekennzeichnet durch das Glück der Berührung.« (Sekoddeśaṭīkā 56)

Mit dem Siegel des Wissens erweitert sich die Begegnung in den Bereich der Formen (rūpadhātu), in den Bereich des gestalthaften meditativen Erlebens, nicht als eine Abstraktion, sondern als ein Element von Ganzwerdung. Man muß sich nur vergegenwärtigen, wie oft gerade der konkrete Partner eben nicht in seiner Soheit genommen wird, sondern als Projektionsbühne für die eigenen Vorstellungen dient, wobei ihm dann auch noch häufig angelastet wird, wenn er diesen Vorstellungen nicht gerecht wird. Hier wird die Frau als Repräsentantin der von der Individualität abgespaltenen Wirklichkeit zur Göttin, zur Allmutter, aus der alles hervorgegangen ist und zu der alles gehört. In ihr wird jegliches Glückserleben – hier immer vorgestellt als das Glück der Einswerdung – wieder lebendig. Die Aufhebung aller Spaltungen – in männlich und weiblich, in innen und außen, in Ich und Andere, in Seiendes und Nichtseiendes, in Lebenskreislauf und Nirvāṇa – ist die *mahāmudrā*, das Große oder universelle Siegel.

»Wird jene *[jñāna]mudrā* universal, dann [heißt sie] *mahāmudrā* wegen ihrer Universalität (mahatva), weil sie mit der vorzüglichsten aller Gestalten versehen ist, weil sie grenzenlos ist. Sie erfreut (mudyate) durch den Diamanten des auf das Erwachenden gerichteten Geistes (bodhicitta), [deshalb] *mudrā*; die Sicherheit ist hier, daß man von den Vorstellungen des eigenen Geistes frei wird.« (Sekoddeśaṭīkā 56)

Mit dem Großen Siegel wird nicht nur die innere Zerrissenheit überwunden, in ihr wird die Buddhanatur alles Lebendigen, der Diamant des auf das Erwachen gerichteten Geistes manifest. In diesem Punkt fließen auch Dasheit und meditative Entfaltung zusammen. Das Hevajratantra läßt hierzu die Buddhanatur sprechen:

»Was es auch immer an beweglichen und unbeweglichen [Erscheinungen] gibt, genau die alle bin ich. Alle werden als ein und dieselben angesehen von denjenigen, die mit ihnen in emotionaler Resonanz (samarasa) sind und die Dasheit meditativ entfalten. Gleichsein heißt dasselbe sein, dies ist der Bereich ›Emotion‹. In emotionaler Resonanz sein heißt, von einer Art sein. In diesem Sinne heißt es: ›Mein Werden ist alles, was lebt, mein Werden ist die dreifache Welt, ich durchdringe dies alles, anders kann man die lebendige Welt nicht ansehen.‹ Der Yogi, der dies begriffen hat, der in der ständig wiederholten Formulierung [dieser Einsicht] wohl gesammelt ist, der erlangt zweifellos Vollkommenheit, auch wenn seine Verdienste gering sind. Beim Essen, beim Trinken, beim Baden, wachend und schlafend denkt er so. Dann gelangt er zur Beständigkeit in seiner Sehnsucht nach dem Großen Siegel (mahāmudrā). Wenn man nämlich alles Lebendige meditativ entfaltet mit einem Denken, von dem keine meditative Entfaltung mehr ausgeht, dann entsteht das umfassende Wissen von allen Gegebenheiten, genau die meditative Entfaltung, die keine meditative Entfaltung ist.« (HT, I, viii, v. 39 ff)

Am Ende der Überwindung von Gespaltenheit, als Ergebnis der meditativen Verwirklichung der mahāmudrā, steht die *phalamudrā* (Siegel der geistigen Reife), ein von Klarheit und Zuneigung geprägtes In der Welt-Sein, dem die essentielle Identität alles Seienden bewußt ist, die Einheit von Glück und Wissen: »Die phalamudrā: die Lust an der mahāmudrā, gekennzeichnet mit höchstem, universellem Glück und Wissen.« (Sekoddeśaṭīkā 56)

In dieser Beschreibung wird auch die Einsicht deutlich, daß das Lustverlangen als Tendenz zur Überwindung der Trennung zwischen Ich und Anderen und die als das Ich überschreitend definierten Einstellungen Freundlichkeit, Mitgefühl, Mitfreude und Gleichmut – in der Literatur des Diamantenfahrzeugs steht hier meistens für diese vier »himmlischen Verweilungen« gemeinsam das Mitgefühl oder richtiges Verhalten (upāya) – ein Ganzes bilden. Die Unterdrückung oder gar Zerstörung des Lustverlangens würde damit gerade diejenigen Impulse zerstören, die nach den Lehren des Großen Fahrzeugs gemeinsam mit dem Erkennen unabdingbar für die Befreiung sind. Der Begriff *upāya* (Hilfsmittel, richtige Art und Weise, im vorliegenden Zusammenhang mit »richtiges Verhalten« übersetzt) wird dabei gleichbedeutend mit Mitgefühl verwendet.

»Allen Lebewesen, die sich des Leidens wegen nicht aus der Flut des Leidens erheben können, verleiht es Farbe (rañjati), deshalb heißt das Mitgefühl Lustverlangen (rāga). Es führt zum Erwünschten, so wie ein Boot zum anderen Ufer führt. Weil [das Mitgefühl] immer die Verbindung zum anderen Ufer herstellt (upānayati), deshalb heißt es richtiges Verhalten (upāya). Und wenn beide [Erkenntnis und richtiges Verhalten] sich vermengen wie Wasser und Milch in einem Yoga, in dem die Urbilder (ākāra) nicht mehr zwei sind, das heißt Einheit von Erkennen und richtigem Verhalten (prajñopāya). Wo nichts hinzugefügt oder weggenommen werden kann, wo man überhaupt das Hinzufügen verlassen hat, das heißt dann Dasheit der Gegebenheiten. [Die Trennung in] Wahrgenommenes und Wahrnehmenden hat man völlig verlassen, des Sumpfes [der Ansichten] von seiend und nichtseiend ist man ledig, von Merkmal und mit Merkmal Versehenem gelöst, rein, von Natur aus fleckenlos, nicht zwei und nicht nichtzwei, Stille, Frieden, in sich selbst zu empfinden, unbeweglich, Erkennen und richtiges Verhalten ohne Wirrnis (anākula), genau das ist der Urgrund (ālaya) aller Buddhas, das höchste Wunder, die Ursache von Glück und Gelingen, göttlich, das ist die Essenz der Gegebenheiten (dharmadhātu).« (Prajñopāyaviniścayasiddhi I, v. 15 ff)

Vordergründig wird »nur« von der Einheit von Erkennen und Mitgefühl gesprochen, von der auch schon in den Lehrreden von der Vollkommenheit der Erkenntnis die Rede war. Dort war schon festgestellt worden, daß das auf die Leere gerichtete Erkennen im praktischen Verhalten durch das ethische Ideal des Bodhisattva ergänzt werden müsse, der sich innerlich verpflichtet hat, die eigene Befreiung solange hintanzustellen, bis alle Lebewesen aus den Fesseln des Lebenskreislaufes befreit sind. Die Begriffe Erkennen (prajñā) und richtiges Verhalten (upāya) stehen in der Literatur des Diamantenfahrzeugs auch für den Yogī und die Yoginī als Partner im spirituellen Prozeß. Das heißt aber nicht, daß diese beiden Begriffe dabei ihre urprüngliche Bedeutung verlieren würden, vielmehr versuchen derartige Texte gerade auf mehreren Ebenen zugleich zu formulieren.

»Deshalb sind insoweit ›Erkennen‹ und ›richtiges Verhalten‹ als zwei Teilaspekte [eines Ganzen] definiert. Das wird so dargelegt: Wie könnte nur durch Erkennen Buddhaschaft sein? Und wie nur durch richtiges Verhalten? Es heißt nämlich: Lediglich durch Erkennen entsteht nicht Buddhaschaft, genausowenig nur durch richtiges Verhalten. Wenn aber die Merkmale von Erkennen und richtigem Verhalten ihrem eigenen Wesen nach zur Gleichheit werden, wenn diese beiden zu einer ungeteilten Gestalt (rūpa) werden, dann entstehen Genuß und Befreiung.« (Guhyādiaṣṭasiddhisaṃgraha 214)

Hier deutet die Formulierung »Genuß und Befreiung« darauf hin, daß beides gemeint ist, Erkenntnis und richtiges Verhalten sowie Frau und

Mann. Die Liebesbeziehung von Frau und Mann wird dabei geradezu zum Paradigma für die Beziehung zwischen Wahrgenommenem und Wahrnehmendem, zwischen einem Individuum und der es umgebenden Welt. Ähnlich wie im Mandala das Individuum durch die männlichen, die umgebende Welt durch weibliche Gottheiten symbolisiert wird, ist auch diese Beschreibung auf den ersten Blick auf das Männliche zentriert. Das mag damit zusammenhängen, daß die buddhistische Gemeinschaft tatsächlich männlich dominiert war. Es ist aber durchaus auch denkbar, daß dem die Vorstellung zugrunde liegt, daß die individuelle Abgrenzung von und gegen die Welt eine eher männliche Eigenschaft ist.

4.8 Integration und Befreiung

In den Lehren des Diamantenfahrzeugs tritt an die Stelle der Beschreibung des individuell erlebten Lebens durch die fünf Komponenten des Lebensprozesses, die sich im Mandala in den fünf Buddhas niederschlägt, meist die Darstellung als Körper, Rede und Geist. Diese macht den prozessualen Charakter des Lebens nicht so deutlich, hat aber den Vorteil, daß sie dem subjektiven Erleben näher steht. Sie wird auch zum Ausgangspunkt für die Darstellung des Prozesses des Erwachens. Ausgehend von der Buddhanatur, die Körper, Rede und Geist innewohnt, wird die Entfaltung dieser Buddhanatur angestrebt. Grundlage ist hier das in der meditativen Entfaltung erlebte Glücksgefühl der Integration, das in der Vereinigung von männlich und weiblich realisiert werden kann, wobei es keinen Unterschied macht, ob diese Vereinigung äußerlich oder innerlich stattfindet.

»Was ist hier die meditative Entfaltung der Vergegenwärtigung des Körpers? – Wie der Körper aller Buddhas, der die fünf Komponenten erfüllt, in und aus sich selbst ein Buddhakörper, so sei auch mein Körper. Was ist hier die meditative Entfaltung der Vergegenwärtigung der Rede? – Wie die Rede der Diamantenwahrheit, in Schönheit verbunden, so sei auch meine Rede, höchste Trägerin der Wahrheit. Was ist hier die meditative Entfaltung der Vergegenwärtigung des Geistes? – Wie der Geist des Samantabhadra, [des ursprünglichen Buddha], des verborgenen Herrn, des Weisen, so sei auch mein Geist, höchster Träger des Diamanten. Was ist hier die meditative Entfaltung der Vergegenwärtigung der Lebewesen? – Wie der Geist aller Lebewesen, der das Merkmal von Körper, Rede und Geist trägt, so sei auch mein Geist, in seiner Essenz dem Raume gleich.« (GST VII, v. 28 ff)

Die Entfaltung der Buddhanatur mündet im Erleben der Ganzheit, der Gemeinsamkeit mit allem Lebendigen. Körper, Rede und Geist sind dabei nicht als drei voneinander getrennte oder trennbare Entitäten gedacht, sondern als eine Einheit, aus drei verschiedenen Blickwinkeln betrachtet. Der Geist ist der Bereich, in dem das Lebendige sich selbst erlebt, sich seiner selbst bewußt wird; die Rede ist das Medium, mittels dessen sich der Kontakt zwischen verschiedenen Erscheinungsformen des Lebendigen oder zwischen verschiedenen Bereichen des Lebendigen herstellt; der Körper schließlich ist die Form, in der das Lebendige in der Welt ist. Körper, Rede und Geist werden im Prozeß der Ganzwerdung zu Körper, Rede und Geist eines Buddha (nicht als Person, sondern als Prinzip), zum Diamanten des Körpers, zum Diamanten der Rede und zum Diamanten des Geistes oder, wie eine andere Formulierung lautet, zum Körper der konkreten Erscheinung (nirmāṇakāya), zum »Körper« des gemeinsamen Genusses (saṃbhogakāya) und zum Körper der Wahrheit (dharmakāya). Um die Einheit des Prozesses zu betonen, fügen viele Texte noch einen vierten Körper hinzu, in dem die drei anderen »aufgehoben« sind, den Körper der spontanen Gemeinsamkeit (sahajakāya) oder den Körper der Eigenwerdung (svabhāvikakāya) oder den Körper des unbegrenzten Glückes (mahāsukhakāya).

»Die beste aller Gestalten: Damit ist der versehen, der vielfältig befreit ist, die Lebewesen sehen ihn je nach ihrer eigenen Art als [den Körper] der konkreten Erscheinung. Die magische Macht, die kraft der Stimmen aller Lebewesen bei einem selbst aufleuchtet, der Körper, der aus der Macht [der Rede], die in jedem Lebewesen ihren Ort hat, entsteht, das ist [der Körper] des gemeinsamen Genusses. Nicht unvergänglich und nicht vergänglich, nicht eins und nicht nichteins, nicht Gegebenheit (bhāva) und nicht Nichtgegebenheit, das ist der Körper der Wahrheit, der ohne jede Abhängigkeit ist. Wenn Leere und Mitgefühl nicht getrennt sind, wenn die [Spaltung in] Lustverlangen und Nichtlustverlangen überwunden ist, weder Erkenntnis noch richtiges Verhalten, das ist der Körper der Eigenwerdung, der höchste. [...]

Die unendliche Menge meiner Formen: Das ist der Körper der konkreten Erscheinung. Die unendliche Menge meiner Stimmen: Das ist der Körper des gemeinsamen Genusses. Die unendliche Menge meiner Denkmöglichkeiten (dharma): Das ist der Körper der Wahrheit. Und die unendliche Menge meines Glückes: Das ist der Körper des Glückes, der unzerstörbare höchste.« (Sekoddeśatīkā 61)

Für diese »Körper« sind drei unterschiedliche Interpretationen möglich. Nach der ersten handelt es sich um die Buddhanatur in jedem lebenden Wesen, zuvorderst wieder bei uns Menschen: um die oder den Diamanten von Körper, Rede und Geist. Danach sind wir mit unserem konkreten Körper, seiner äußerlich erlebten Gestalt in und mit der Welt. In unserer stofflichen und gestalthaften Gemeinsamkeit mit der Welt bilden wir ein formhaftes Ganzes, dessen konkrete Körperlichkeit ich an einem Ort, in meinem Körper, erlebe, genau so wie andere diese konkrete Körperlichkeit erleben. Und ich erlebe die körperliche Gemeinsamkeit mit anderen, indem ich sie wahrnehme, berühre, auch zärtlich berühre, und indem meine körperliche Dasheit und Soheit aus dieser Welt hervorgegangen ist, hervorgegangen aus einer konkreten lebendigen Frau, und in dieser Welt wieder aufgehen wird.

Mit dem Körper des gemeinsamen Genusses bin ich mit der mich umgebenden Welt in Kommunikation. Das können Blicke, Gesten und Berührungen sein, das ist aber vor allem Sprache, die unvergleichlich komplexer und auf eine Weise auch unmittelbarer ist als alle anderen Methoden der Kommunikation. Mit Sprache lassen sich präzise Informationen vermitteln. Dabei geht es nicht um Klarheit und logische Eindeutigkeit, sondern um die mögliche Komplexität verschiedener begrifflicher Ebenen, wo sich, wie die Tantras zeigen, selbst mit wenigen Worten unendlich viel sagen läßt. Gerader der erste Satz der Tantras ist hier ein lebendiges Beispiel. Kommunikation ist nichts Einseitiges. In jedem Akt von Kommunikation bildet sich eine Gestalt heraus, eine Struktur von Fragen, Antworten, Mitteilungen, an der mehrere Menschen gleichberechtigt Subjekt sind, ein Subjekt, das sozusagen das Ich dieser kommunikativen Gestalt, des Körpers des gemeinsamen Genusses ist. Und ich selbst erlebe dieses Ich der Kommunikation als ein Ich, dessen Focus ich bin, so wie es andere Foci in anderen gibt – ein einzelnes kommunkatives Ich wäre eine Fiktion.

Der Körper der Wahrheit schließlich ist die Gestalt meines Geistes, sobald ich mir dessen bewußt werde, daß mein Geist eigentlich keine individuelle Grenze hat. Nur wenn mein Geist in der Welt der Vorstellungen von »das bin ich« – »das sind andere« – »das gehört zu mir und jenes nicht« gefangen ist, umgebe ich ihn mit einer fiktiven Grenze, jenseits derer das Andere beginnt. Dieser Sachverhalt ist zuweilen mit dem Gleichnis beschrieben worden, der als individuell vorgestellte Geist gleiche dem Raum in einem irdenen Topf. Wenn der Topf, das Gefängnis der Vorstellungen, zerfällt, dann wird nicht der Raum im Topf zerstört. Er wird lediglich das, was er schon immer war, Raum, der sich in nichts von dem ihm umgebenden Raum unterscheidet. Der Geist ist der Bereich der Gegebenheiten, dessen Gestalt etwa die Lehrrede von Laṅkā mit den Wellen auf dem Ozean des Grundbewußtseins vergleicht. In der Literatur über die embryonale Buddhanatur sind es die hinzukommenden Trübungen, die das klare Licht des Geistes oder die leuchtende Buddhanatur verdunkeln. Diese Gestalt ist der Körper der Wahrheit, der Diamant des Geistes, der wie ein Wunschjuwel jede Gestalt annehmen kann. Mein Geist hat immer die Gestalt der Gegebenheiten, die ihn gerade ausfüllen oder besser ausmachen. Und wenn mein Geist seiner vorgestellten Grenzen ledig ist, dann ist er identisch im allem Geist.

Die Ganzheit dieser drei Körper, die ja eine Einheit bilden, ist der Körper des gemeinsamen Geborenseins, der uranfänglichen Gemeinsamkeit, die schon immer da war, des Glückes, das mit der Reintegration in die Ganzheit verbunden ist, des Glückes, das dem Glücksgefühl unmittelbar vor dem Orgasmus gleicht. Und genau dieses Glücksgefühl ist individuell und transindividuell zugleich, es wird von vielen Menschen erlebt und es gibt da keinen Unterschied.

Nach einer zweiten Interpretation handelt es sich bei den drei Körpern um die Daseinsweisen eines Buddha. Mit seinem Körper der konkreten Erscheinung ist er zu einem bestimmten Zeitpunkt an einem bestimmten Ort, wird von konkreten Menschen gesehen und gehört, und sieht und hört selbst konkrete Menschen. Er selbst erlebt sich als Einheit mit der ihn umgebenden Welt, und die ihn sehen und hören haben nicht das Gefühl, von ihm getrennt zu sein.

Sein Körper des gemeinsamen Genusses manifestiert sich in dem Augenblick, in dem er zu reden beginnt. Es ist die erlebte Gemeinsamkeit mit denen, die ihn hören, und deren erlebte Gemeinsamkeit mit ihm ebenso. Sie verstehen unmittelbar das, was er sagt, und er sagt das, was sie unmittelbar verstehen, und er weiß, daß sie ihn verstehen, und sie wissen, daß er es weiß. Er erzählt ihnen vom Leiden, von der Leidensentstehung, von der Beendigung des Leidens, und davon, welcher Weg dahin führt, er redet von sich und von ihnen selbst, er redet von der Befreiung.

Und indem er von der Wirklichkeit redet, oder genauer, indem er von der einen Gegebenheit (der Befreiung des Geistes aus seinen Fesseln) redet, redet er die Wahrheit, die Dasheit, die Soheit, die Leere. Dies ist seine geistige Gestalt, eine Gestalt, die sich allen mitteilt, die in demselben Maße sichtbar wird, wie die Leere sichtbar wird, die die reine Leere ist, das klare Licht des Geistes.

Es gibt noch eine dritte, wenn man so will, eine religiöse Interpretation, die freilich den vorhergehenden Interpretationen nicht widersprechen muß. Sie kann »theistisch« verstanden werden, aber auch symbolisch, insofern sie versucht, das in den anderen beiden Interpretationen Gesagte in Bildern auszudrücken. Bilder haben den Vorteil, daß sie den emotionalen Gehalt deutlicher auszudrücken vermögen. Danach ist der Körper der konkreten Erscheinung derjenige Körper, mit dem ein konkreter Buddha als Mensch auf der Erde erscheint. Mit diesem Körper ist er wie jeder lebendige Mensch dem Geborenwerden, Altern und Sterben unterworfen. Als dieser Körper weilt er auf der Erde, übt Askese, sitzt unter dem Baum des Erwachens, kämpft gegen die Māras, erlangt das Erwachen, verkündet die Lehre, wird alt, stirbt und erlangt das höchste Nirvāna.

Zugleich gibt es einen Körper des gemeinsamen Genusses, der im Tuṣita-Himmel weilt, einem Himmel im Bereich der Formen, also nicht an einem jenseitigen Ort, sondern an einem Ort, der dem menschlichen Geist in der Meditation zugänglich ist. An diesem Ort, den der menschliche Geist nach der Meditation wieder verläßt, weilt der Buddha mit seinem Körper des gemeinsamen Genusses ständig. Insofern ist für ihn der konkrete Körper, der in der empirischen Welt, der Welt der Sinnlichkeit, verweilt, nur eine vorübergehende Erscheinungsform. Das Bewußtsein dieser konkreten Erscheinung ist immer mit dem Körper des gemeinsamen Genusses identisch. Und wenn der Buddha seine Lehre verkündet, werden diejenigen, die die Lehre wirklich verstehen, die sich mit ihrer gesamten Existenz dieser Wahrheit öffnen, wie in einem meditativen Erleben in diesen Körper des gemeinsamen Genusses einbezogen – sie sind wie Götter im Tusita-Himmel, die die Lehre unmittelbar verstehen und schon immer verstanden haben, sie sind selbst Körper des gemeinsamen Genusses.

Die Lehre schließlich, die er verkündet, das ist die Dasheit, nicht die Worte, die er spricht, sondern das, worauf die Worte deuten. Sie ist Körper der Wahrheit, ist die Buddhanatur selbst, der Diamant, der nirgendwo und überall zugleich ist.

»›Wo ruhen die Gegebenheiten aller Vollendeten, wo sind sie entstanden?‹ Das Diamantenwesen sprach: ›Sie ruhen im eigenen Körper, in der eigenen Rede, im eigenen Geist, sind dort entstanden‹. Alle Vollendeten fragen: ›Wo ruhen die Diamanten des eigenen Körpers, der eigenen Rede, des eigenen Geistes?‹ – ›Diese ruhen im Raum‹ – ›Und wo ruht der Raum?‹ – ›Nirgendwo‹.« (GST XV nach 136)

In den Lehrreden des Diamantenfahrzeugs schließlich wird der Körper des großen Glücks, der gleichzeitig geborene Körper zum Ausgangspunkt. Im ersten Satz weilt das Diamantenwesen, der Diamant, die Buddhanatur, am Ort des Glücks, am Ort jeglichen Glücks, in den *bhagas* aller Frauen, in dem Diamanten, in Körper, Rede und Denken jedes Menschen, in dessen Buddhanatur, in den fünf Vollendeten – mit allen ihren symbolischen Bezügen –, im Alles und Überall, in der Soheit, in der Leere, in der Einheit von Erkenntnis und Mitgefühl, in jedem Ich. Einige wenige Lehrreden beginnen mit »Im höchsten Geheimnis, im freudvollen, in jedem Selbst immer wurzelnd ...« und die Kommentare erklären dazu, daß dies mit dem üblichen ersten Satz gleichbedeutend sei. Die ihn hören, sind selbst Diamant, Buddha, sind mit ihm identisch, sind von seiner Natur, sind das Diamantenwesen und sind Diamant, sind Leere und Mitgefühl. Das Lebendige spricht zu sich selbst. Es spricht vom unmittelbaren wirklichen Leben, vom Gezeugt- und Geboren-werden, vom Zeugen und vom Gebären. Es spricht davon, wie die Buddhanatur sich in diesem Prozeß aus sich selbst als Glück gebiert. Im Prozeß des Liebens – und das nicht in einem »nur« körperlichen Sinne – entsteht das Diamantenwesen aus sich selbst.

»Aus der Umarmung mit der Mudrā, aus der Vereinigung, aus dem Eindringen des Diamanten, aus dem Trinken der Milch von ihren Lippen, aus dem Aufleuchten von Tönen aus ihrer Kehle, aus dem Genuß reicher Wonne, aus dem Vibrieren ihrer Lenden, ersteht nach kurzer Zeit der Liebesgott, der König, das Diamantenwesen.« (Prajñopāyaviniścayasiddhi V, v. 38 f)

Es erzählt auch vom Haß und von seiner Integration, davon, daß der Haß sich selbst auflöst, sobald er sich seiner selbst bewußt wird, und er wird sich seiner selbst bewußt durch Liebe, weil erst Liebe die Bereitschaft öffnet, jemand anders überhaupt zur Kenntnis zu nehmen. In dieser Erzählung wird der Weg zum Erwachen beschrieben, wobei viele Elemente der Buddha-Legende wieder aufgenommen werden: die Entbehrungen und Qualen, der Kampf mit Māra, der Sieg und das Glück der Ganzwerdung.

In diesem Prozeß, und hier ist sich das diamantene Fahrzeug mit allen Schulen des Buddhismus einig, entstehen zugleich die Große Erkenntnis und das Große Mitgefühl, die Einheit von Erkenntnis und richtigem Verhalten. Der tantrische Dichter und Philosoph Saraha hat dies so zusammengefaßt:

»Der ganzgewordene Geist ist ein vollkommener Baum
der sich in der dreifachen Welt ausbreitet.
Mitgefühl trägt er als Blüten und Früchte,
sein Name ist: sich Kümmern um Andere.

Die Leere: als vollkommener Baum
erblüht sie mit Mitgefühl in vielfach vielfältiger Form.
Für den Genuß Anderer, für Andere ist die Frucht.
Glückhaft ist das Denken im Dienst Anderer.

Aus einem Samen wachsen beide Bäume als einer,
deshalb haben sie eine Frucht.
Wer ihre Ganzheit denkt,
der ist von Werden und von Nirvāna befreit.« (Sarahadoha, v. 107, 108, 110)

Glossar

(in Klammern sind die Pāli-Begriffe mit P., die Sanskritbegriffe mit Ssk. gekennzeichnet. Sofern nur ein Begriff angegeben ist, handelt es sich um einen Sanskritausdruck, der entweder im Pāli gleichlautend ist oder der in der Pāli-Literatur nicht als ein fester Begriff auftaucht. Querverweise sind durch ➛ gekennzeichnet)

Achtgliedriger Weg (P. aṭṭhāṅgika-magga, Ssk. aṣṭāṅgika-mārga): Der Weg, der zur Leidensauflösung führt (vierte edle Wahrheit). Die acht Glieder sind: rechte Sichtweise (P. diṭṭhi, Ssk. dṛṣṭi), rechte Absicht / Gesinnung (P. saṃkappa, Ssk. saṃkalpa), rechte Rede (P. vācā, Ssk. vāk), rechtes Handeln (P. kammanta, Ssk. karmānta), rechter Lebenswandel (ājīva), rechte Bemühung (P. vāyāma, Ssk. vyāyāma), rechte Achtsamkeit (P. sati, Ssk. smṛti), rechte Sammlung (samādhi) (S. 69 ff.)

Achtsamkeit (P. sati, Ssk. smṛti): Zentrale Methode für das Erkennen, bei der die gesamte Wirklichkeit beobachtet wird, ohne irgendetwas abzulehnen oder sich an etwas festzuklammern. Bei der meditativen Verwirklichung werden der Reihe nach die körperlichen Vorgänge, die Gefühle, der Geist und die Gegebenheiten beobachtet. (S. 43 ff.)

Bedingte Entstehung (P. paticca-samuppāda, Ssk. pratītya-samutpāda): Geflecht von gegenseitigen Bedingtheiten zur Erklärung des empirischen Lebens. Die zwölf Glieder der bedingten Entstehung sind: Nichtwissen, formende Kräfte, Bewußtsein, Name und Form, sechsfacher Bereich, Berührung, Gefühl, Durst, Anhangen, Werden, Geburt, und als letztes die Gesamtheit von Alter und Tod, Kummer, Jammer, Leiden, Gram und Verzweiflung. Die Erklärung der Pāli-Kommentatoren siedelt die ersten beiden Glieder (Nichtwissen und formende

Kräfte) im vorhergehenden Leben, und die letzten beiden (Geburt und Alter und Tod) im nächsten Leben an. (S. 111 ff.)

Befreiung (P. mutti, Ssk. mukti): Befreiung aus den Fesseln des Daseins oder aus dem Kreislauf von Geburt und Tod ist das Ziel aller indischen religiösen und philosophischen Systeme.

Berührung (P. phassa, Ssk sparśa): Kontakt zwischen Sinnesorgan und Sinnesobjekt, wobei zu den Sinnesorganen auch das Denken und zu den Sinnesobjekten auch die Gegebenheiten als Gegenstände des Denkens gezählt werden. ➛ Bedingte Entstehung

Bewußtsein (P. viññāna, Ssk. vijñāna): Dieser Begriff wird in verschiedenen Zusammenhängen gebraucht. Als Sinnesbewußtsein (Sehbewußtsein etc.) ist Bewußtsein ein Aspekt der Wahrnehmung, im Denkbewußtsein (entspricht am ehesten unser Verwendung des Begriffs) werden die externen und internen Wahrnehmungen integriert. Die spätere Philosophie des Bewußtseins unterscheidet acht Bewußtseine: die fünf Sinnesbewußtseine, das Denkbewußtsein, das Denken (manas) und das ➛ Grundbewußtsein. (S. 155 ff.)

Bodhi ➛ Erwachen

Bodhicitta: auf das ➛ Erwachen gerichteter Geist

Bodhisattva: Ein Mensch, der auf dem Weg zum ➛ Erwachen ist und sich dabei von dem Entschluß leiten läßt, allen Lebewesen auf ihrem Weg zur Befreiung beizustehen.

Buddha: Der Erwachte. Die häufige Übersetzung mit »erleuchtet« erweckt den falschen Eindruck, es handle sich bei Erwachen um etwas, was von außen kommt.

Buddhanatur (tathāgatagarbha): Die allem Lebendigen innewohnende Möglichkeit des Erwachens. (S. 160 f.)

Daseinsformen (gati): Im Buddhismus werden fünf oder sechs Daseinsformen unterschieden: Höllenbewohner, Tiere, Hungergeister, Menschen und Götter. Die Götter werden zuweilen noch unterteilt in Halbgötter und Götter. Zum einen handelt es sich bei diesen Daseinsformen um

Möglichkeiten der Wiedergeburt, zum anderen um psychische Möglichkeiten des menschlichen Daseins. Als günstigste Daseinsform gilt die menschliche, weil nur sie den Weg zum Erwachen ermöglicht. (S. 92 f.)

Dasheit (tattva): Eine der Bezeichnungen für die nicht durch Vorstellungen verfälschte Wirklichkeit. Da jede Aussage auf bestimmten Vorstellungen beruht und damit die Wirklichkeit partikularisiert, lassen sich über die Dasheit als solche keine positiven Aussagen machen. Andere Bezeichnungen sind ➛ Soheit, ➛ Essenz der Gegebenheiten und ➛ Leere.

Denkbewußtsein (P. mano-viññāna, Ssk. mano-vijñāna) ➛ Bewußtsein

Denken (P. mano, Ssk. manas) ➛ Bewußtsein

Diamant (vajra): In den tantrischen Lehren Bezeichnung für die ➛ Buddhanatur, allerdings mit dem Unterschied, daß die Buddhanatur nicht »subtraktiv« definiert wird (d.h. das, was übrigbleibt, wenn alle Befleckungen weggenommen werden), sondern daß die Buddhanatur als allen Aspekten des Lebens innewohnend betrachtet wird. (S. 174 ff.)

Diamantenfahrzeug (vajrayāna): Bezeichnung für den tantrischen Buddhismus

Ding (dharma) ➛ Gegebenheit

Durst (P. taṇhā, Ssk. tṛṣṇā): Durst nach Sinnlichkeit (kāma), Durst nach Werden (bhava), Durst nach Entwerden (vibhava). Nach der zweiten edlen Wahrheit der Ursprung des Leidens.

Einspitzigkeit des Geistes (P. ekaggatā, Ssk. ekāgratā): Konzentration des Geistes auf einen Punkt – das kann ein Gegenstand, ein Bild oder der eigene Atem sein –, um einen ruhigen Geisteszustand (➛ Stille) zu erzeugen. Fast synonym mit ➛ Sammlung (samādhi).

Einzelbuddha (P. pacceka-buddha, Ssk. pratyekabuddha): Ein Buddha, der sich mit dem eigenen Erwachen zufrieden gibt und sich nicht um die Befreieung anderer kümmert.

Elementare Kräfte (dhātu): Festigkeit (Erde), Wärme und Reifung (Feuer), Fließendheit (Wasser) und Leichtigkeit/Beweglichkeit (Luft). Daß es sich hier nicht in erster Linie um die materiellen Elemente handelt, wird daran deutlich, daß zuweilen auch der ➛ Raum und das ➛ Bewußtsein mit dazugerechnet werden.

Erkenntnis (P. paññā, Ssk. prajñā). Richtige Anwendung der Intelligenz. Die übliche Definition ist »Auseinanderhalten der Dinge« (dharmānām pravicaya). Als Vollkommenheit der Erkenntnis (prajñā-pāramitā) gilt die Erkenntnis der ➛ Leere. Sie ist zusammen mit ➛ richtigem Verhalten (upāya) die Voraussetzung für das Erwachen.

Erwachen (bodhi): Ziel des buddhistischen Weges. Der Erwachte (buddha) hat das Leiden überwunden. Nach der späteren Überlieferung gibt es drei Dimensionen des Wegs zum Erwachen: die emotional-ethische, die in der älteren Überlieferung mit den vier ➛ himmlischen Verweilungen, später mit dem auf das Erwachen gerichteten Geist (bodhicitta) charakterisiert wird; die Dimension der ➛ Erkenntnis, und die Dimension der Ruhe oder ➛ Stille. Der auf das Erwachen gerichtete Geist wird mit dem Entschluß entfaltet, selbst das Erwachen anzustreben, um allen anderen Lebewesen (zuvorderst anderen Menschen) auf dem Weg zum Erwachen beizustehen.

Essenz der Gegebenheiten (dharma-dhātu): Eine der Bezeichnungen für die nicht von Vorstellungen verstellte Wirklichkeit. ➛ Dasheit

Form (rūpa): Zum einen Gegenstand der optischen Wahrnehmung (Farbe, Umriß usw.), zum anderen eine der ➛ Komponenten des Lebensprozesses. In letzterer Bedeutung handelt es sich um den sichtbaren Ausdruck des Lebens, der Anlaß für die gestalthafte Ausgliederung der eigenen Existenz aus der Ganzheit ist (im tantrischen Buddhismus wird Form deshalb mit ➛ Verblendung gleichgesetzt).

Formende Kräfte (P. saṅkhāra, Ssk saṃskāra): Durch aktuelles Verhalten (geistiges, sprachliches und körperliches) erzeugte Strukturen, die künftiges Verhalten prägen. In der Summe sind die formenden Kräfte identisch mit ➛ Karma. ➛ Bedingte Entstehung, ➛ Komponenten des Lebensprozesses. (S. 105 ff.)

Freundlichkeit ➛ Himmlische Verweilungen

Geburtenkreislauf (saṃsāra): Fast allen indischen philosophischen und religiösen Systemen ist die Lehre von der Wiedergeburt gemeinsam, nach der jedes Lebewesen nach seinem Tod wiedergeboren wird. Der Buddhismus hat diese Lehre übernommen, allerdings mit der Einschränkung, daß es kein konstantes Selbst (ātman) gibt, das nach dem Tod den Körper verläßt, um in einen neuen Körper einzutreten. Das Leben in seiner Kontinuität wird oft mit einer Flamme verglichen, die von einer anderen Flamme entzündet wird, die dann erlöscht. Die Frage, ob die zweite Flamme mit der ersten identisch oder von ihr verschieden sei, ergibt keinen Sinn.

Gefühl (vedanā): Mit jeder Wahrnehmung ist ein Gefühl verbunden: glücklich, unglücklich oder indifferent. Gefühl ist eine der ➛ Komponenten des Lebensprozesses.

Gegebenheit (dharma, bhāva): *dharma* und in späteren Texten *bhāva* sind Begriffe, die im Sprachgebrauch ungefähr unserem »Ding« entsprechen. Während wir allerdings damit in erster Linie materielle Objekte meinen, bezeichnet im Buddhismus »Gegebenheit« alles, was intendiert (gedacht, gefühlt, gemeint, wahrgenommen) wird. Mit *bhāva* (von der Wurzel *bhū*, sein, werden) wird die Prozeßhaftigkeit der Gegebenheiten stärker betont.

Geist (citta): Sammelbegriff für die geistige Dimension des Lebens. Geist wird nicht als feststehende Entität begriffen, sondern als Prozeß. In Zusammensetzungen mit »klares Licht« oder »rein« ist Geist identisch mit der ➛ Leere, der ➛ Buddhanatur oder dem ➛ Grundbewußtsein. ➛ Körper, Rede und Geist.

Gier ➛ Quälende Trübungen

Gleichmut ➛ Himmlische Verweilungen

Glieder des Erwachens (P. bojjhaṅga, Ssk. bodhyaṅga): Für den Weg zum Erwachen sind acht Eigenschaften maßgeblich: ➛ Achtsamkeit, Unterscheiden von Gegebenheiten (P. dhammavicaya, identisch mit ➛ Erkenntnis), Ausdauer/Energie/Mut (P. viriya, Ssk. vīrya), Freude (P.

pīti, Ssk. prīti), Gestilltheit (P. passaddhi, Ssk. praśrabdhi), geistige ➛ Sammlung (samādhi), Gleichmut (P. upekkhā, Ssk. upekṣā).

Großes Fahrzeug (mahā-yāna): Eigenbezeichnung für alle Zweige der buddhistischen Lehre, die das ethische Ideal des ➛ Bodhisattva lehren.

Grundbewußtsein (ālaya-vijñāna): In der Bewußtseinslehre (vijñāna-vāda) die Basis des empirischen Lebens. Das Grundbewußtsein wird mit einem Ozean verglichen, auf dessen Oberfläche sich die Vielfalt von Einzelbewußtseinen und Dingen wie Wellen entfaltet. Wenn die Wellen zur Ruhe gekommen sind, ist der Ozean eine ruhige Ganzheit ohne Vielfalt. Das zur Ruhe gekommene Grundbewußtsein wird mit der ➛ Buddhanatur und mit der ➛ Leere gleichgesetzt. (S. 156 ff.)

Haß ➛ Quälende Trübungen

Hemmnisse (nīvaraṇa): Ebenso wie es die das Erwachen begünstigenden ➛ Glieder des Erwachens gibt, gibt es auch Eigenschaften und Verhaltensweisen, die das Erwachen behindern: auf Sinnlichkeit gerichtetes Wollen (kāmachanda) oder Verlangen (P. abhijjhā, Ssk. abhidhyā), Übelwollen (vyāpāda), Erstarren und Trägheit (P. thinamiddha, Ssk. styāna-middha), Aufgeregtheit und Unruhe (P. uddhaccakukucca, Ssk. auddhatya-kaukṛtya), schwankender Zweifel (P. vicikiccha, Ssk. vicikitsa). (S. 56 ff.)

Himmlische Verweilungen: Freundlichkeit (P. mettā, Ssk. maitrī) gegenüber allen Lebewesen, Mitgefühl (karuṇā) mit den Unglücklichen, Mitfreude (muditā) mit den Glücklichen, akzeptierender Gleichmut (P. upekkhā, Ssk. upekṣā) gegenüber allem, was ist.

Karma (P. kamma, Ssk. karman): Summe aller Werke, die das künftige Leben bestimmt. ➛ Formende Kräfte

Klarblick (P. vipassanā, Ssk. vipaśyanā): Ergebnis der Achtsamkeit; in späteren Meditationssystemen Ergebnis der Beobachtung des eigenen Geistes.

Kleines Fahrzeug (hīna-yāna): Abschätzige Bezeichnung der Anhänger des ➤ Großen Fahrzeugs für den Theravāda-Buddhismus. Diese Bezeichnung wird von Buddhisten heute kaum noch verwendet.

Komponenten des Lebensprozesses (P. khandha, Ssk. skandha): Form (rūpa), Gefühl (vedanā), Wahrnehmung (P. saññā, Ssk. saṃjñā), formende Kräfte (P. saṅkhāra, Ssk. saṃskāra) und Bewußtsein (P. viññāna, Ssk. vijñāna)

Körper (kāya): Der Körper ist nicht ein materielles »Ding«, sondern das, wodurch wir uns gestalthaft in der Welt erleben. Im Zusammenhang mit dem Buddha hat sich in der späteren Überlieferung die Lehre von den drei oder vier »Körpern« entwickelt: als Körper der konkreten Erscheinung (nirmāṇa-kāya) ist ein Buddha sichtbar in der Welt vorhanden; als Körper des gemeinsamen Genusses (sambhogakāya) teilt er mit anderen die Lehre; als Körper der Wahrheit oder Lehre (dharmakāya) verkörpert er die Wahrheit dessen, was er lehrt. Der Körper der spontanen Gemeinsamkeit (sahaja-kāya) schließlich ist die Einheit dieser drei gestalthaften Erlebnisweisen. Dieses Konzept hat unterschiedliche Interpretationen erfahren. (S. 202 ff.)

Körper, Rede und Geist (kāya-vāk-citta): Eine der möglichen (besonders in der tantrischen Literatur) Beschreibungen für die menschliche Existenz (➤ Komponenten des Lebensprozesses). Gemeint sind nicht drei Entitäten (etwa vergleichbar dem abendländischen Leib – Seele – Geist), sondern drei Aspekte des Lebens, von denen keins ohne das andere denkbar wäre. Der Körper steht für das In der Welt- Sein, die Rede für das Zusammen mit Anderen-Sein, der Geist für das Sich-bewußt-Sein. Allen drei wohnt die Buddhanatur inne (Diamant von Körper, Rede und Geist, kāya-vāk-citta-vajra). (S. 202)

Leere (P. suññatā, Ssk. śūnyatā): Besonders in den Lehrreden zur Vollkommenheit der Erkenntnis entwickelter Begriff, der besagt, daß über die Wirklichkeit als Ganzes nichts gesagt werden kann. (S. 144)

Lehre der Älteren (P. thera-vāda, Ssk. sthavīravāda): Eigenbezeichnung für den »orthodoxen« Buddhismus.

Leiden (P. dukkha, Ssk. duḥkha): Nach der ersten edlen Wahrheit erleben wird das Leben als Leiden, weil wir uns an Vergängliches anklammern.

Leidensauflösung (nirodha): Nach der dritten edlen Wahrheit läßt sich das Leiden auflösen durch die Auflösung des dreifachen Durstes.

Leidensentstehung (utpāda): Nach der zweiten edlen Wahrheit entsteht das Leiden durch den dreifachen Durst.

Lustverlangen ➛ Quälende Trübungen

Mandala: Ein visualisiertes oder materiell vorhandenes Meditationsbild, das symbolisch den Kosmos darstellt und in diesem Kosmos einen Bereich, der von Gottheiten als verschiedenen Aspekten der Buddhanatur bewohnt wird. Der oder die Meditierende identifiziert sich mit der zentralen Gottheit eines Mandalas und, über die Einsicht, daß es zwischen dieser Gottheit als dem Buddhaprinzip und anderen Gottheiten und dem Universum und dem oder der Meditierenden selbst keinen Unterschied gibt, mit dem gesamten Mandala.

Mantra: Silben oder Ausdrücke, die häufig keine lexikalische, oft aber eine lautmalerische Bedeutung haben. Ein Mantra kann dazu dienen, eine Gottheit zu »evozieren«, sie im eigenen Geist zu visualisieren und existent zu machen, aber auch dazu, sich einzelne Aspekte des Lebensprozesses sozusagen über »Schlüsselwörter« bewußt zu machen. Bei einem Mantra fallen Artikulation und Artikuliertes zusammen.

Meditation (samādhi): In der älteren Literatur bezeichnet samādhi noch vorwiegend die geistige ➛ Sammlung, in der späteren Literatur ist es ein Name für eine komplexe Meditation.

Meditative Entfaltung (bhāvanā): In der älteren Überlieferung vorwiegend die Entfaltung der ➛ Himmlischen Verweilungen; später ein Sammelbegriff für Visualisierungen in der Meditation.

Mitfreude ➛ Himmlische Verweilungen

Mitgefühl ➛ Himmlische Verweilungen

Name und Form ➛ Bedingte Entstehung

Nicht-Selbst (P. anattā, Ssk. anātman): Die Lehre vom Nicht-Selbst, ein zentraler Teil der buddhistischen Lehre, besagt, daß es ein konstantes Selbst (ātman) etwa im Sinn einer unsterblichen Seele (pudgala) nicht gibt, sondern lediglich einen Bewußtseinsprozeß ständigen Entstehens und Vergehens.

Nichtwissen (avijjā, Ssk. avidyā): Erstes Glied der ➛ bedingten Entstehung

Quälende Trübungen (P. kilesa, Ssk. kleśa): Lustverlangen (rāga) oder Gier (lobha), Haß (P. dosa, Ssk. dveṣa) und Verblendung (moha). In der späteren Überlieferung des Diamantenfahrzeugs kommen zuweilen noch Dünkel (māna) und Neid (īrṣyā) hinzu, wahrscheinlich um die Zahl Fünf zu erreichen, die in der Symbolik der Mandalas eine wichtige Rolle spielt.

Raum (ākāśa): Als dasjenige, das selber nicht ist und alles Seiende enthält, wird der Raum häufig als Metapher für den ➛ Geist und die ➛ Leere gebraucht.

Rede (vāk) ➛ Körper, Rede und Geist

Richtiges Verhalten (upāya): In der späteren Überlieferung Sammelbezeichnung für das ethisch richtige Verhalten eines ➛ Bodhisattva, besonders für unbegrenztes Mitgefühl. ➛ Himmlische Verweilungen

Sammlung (samādhī): Bezeichnung für die ruhige, klare Konzentriertheit des Geistes

Selbst (P. attā, Ssk. ātman) ➛ Nicht-Selbst

Sinnliche Welt (kāmaloka): Die Welt, in der wir leben.

Soheit (tathatā) ➛ Dasheit

Stille (P. samatha, Ssk. śamatha): Innere Stille, die die Voraussetzung und Folge von Sammlung und Konzentration ist. Zusammen mit dem ➛ Klarblick die Voraussetzung für das Erwachen.

Verblendung ➛ Quälende Trübungen

Vertiefung (P. jhāna, Ssk. dhyāna): In der älteren Überlieferung Sammelbegriff für die »vier Vertiefungen« sowie die »vier nichtformhaften Vertiefungen«. In der ersten Vertiefung, die mit aus der Abgeschiedenheit entsteht, gibt es noch geistiges Erfassen und Durchdenken, Freude und Glücksgefühl. In der zweiten Vertiefung, die gekennzeichnet ist durch die Einheit (➛ Einspitzigkeit) des Geistes, kommen geistiges Erfassen und Durchdenken zur Ruhe. In der dritten Vertiefung schwindet auch die Freude, es bleibt klar bewußte Achtsamkeit und ein den gesamten Organismus durchdringendes Glücksgefühl. In der vierten Vertiefung schwindet auch das Glücksgefühl, zurück bleibt ruhige Achtsamkeit. Soweit bewegen sich die Vertiefungen noch im Bereich gestalthafter Wahrnehmung. Jenseits der gestalthaften Wahrnehmung beginnt das Bewußtsein von der Unendlichkeit des Raumes (fünfte Vertiefung), dann von der Unendlichkeit des Bewußtseins (sechste Vertiefung). Das Bewußtsein hört auf, Bewußtsein von irgendetwas zu sein (siebte Vertiefung), und damit verliert auch der Begriff »Wahrnehmung« seine Bedeutung, da Wahrnehmung immer voraussetzt, daß Wahrnehmendes und Wahrgenommenes getrennt sind. (S. 78 ff.)

Vier edle Wahrheiten (ariya-sacca, Ssk. ārya-satya): Kernstück der buddhistischen Lehre. Wahrheit vom ➛ Leiden, Wahrheit von der ➛ Leidensentstehung, Wahrheit von der ➛ Leidensauflösung, Wahrheit vom zur Leidensauflösung führenden ➛ achtgliedrigen Weg. (S. 65 ff.)

Vollendeter (tathāgata): Der so (tathā) Gegangene (gata) oder Gekommene (āgata); eine Bezeichnung für einen Buddha. In der Literatur des Diamantenfahrzeugs ist häufig von den fünf Vollendeten die Rede, die die Buddhanatur der fünf ➛ Komponenten des Lebensprozesses oder anderer Dimensionen des Daseins verkörpern.

Vollkommenheit (pāramitā): Eigenschaften, die ein Bodhisattva auf seinem Weg zum Erwachen verwirklicht. Vollkommenheit des Gebens (dāna), der ethischen Orientierung (śīla), der Geduld (kṣānti), der Energie (vīrya), der Meditation (dhyāna) und der Erkenntnis (prajñā).

Wahrheit (satya): Die spätere Philosophie des Buddhismus unterscheidet zwischen konventioneller Wahrheit (samvṛti-satya) und Wahrheit im höchsten Sinn (paramārtha-satya), wobei dem Bereich der konventionellen Wahrheit das empirische Leben einschließlich der Befreiung zugeordnet wird, also alles, was sich in Begriffe fassen läßt, der Wahrheit im höchsten Sinn das, worüber man nicht reden kann (➛ Soheit, ➛ Leere). Es wird immer wieder betont, daß der Bereich der konventionellen Wahrheit nicht gering geschätzt werden dürfe, und daß es im höchsten Sinn keinen Unterschied zwischen dem empirischen Leben und der Leere gebe.

Wahrnehmung (P. saññā, Ssk. saṃjñā): Eine der fünf ➛ Komponenten des Lebensprozesses. ➛ Wahrnehmungsfelder

Wahrnehmungsfelder (āyatana): Als Wahrnehmungsfelder werden entweder die Sinnesorgane (einschließlich des Denkens) oder die Sinnesorgane und die die zugehörigen Sinnesobjekte, oder die Sinnesorgane, die Sinnesobjekte und die Sinnesbewußtseine bezeichnet (hier ist dann oft von achtzehn Elementen (dhātu) die Rede). Die Miteinbeziehung des Denkens zeigt, daß es dabei weniger um die materiellen Komponenten geht, als um die Funktionen im Lebensprozeß.

Wissen (P. ñāna, Ssk. jñāna): In der älteren Überlieferung weitgehend identisch mit Erkenntnis, allenfalls mit der Gewichtung, daß Erkenntnis mehr den Akt des Erkennens und Wissen mehr das Resultat betont. Besonders in den Lehren des Diamantenfahrzeugs ein eigenständiger Begriff, der das ursprüngliche Wissen um die eigene Buddhanatur meint, das immer schon da war und nur noch »ent-deckt« werden muß. Die fünf Aspekte des Wissens, die den fünf Komponenten des Lebensprozesses zugeordnet werden, sind: Wissen als die Essenz der Gegebenheiten (dharma-dhātu-jñāna) – Bewußtsein; spiegelgleiches Wissen (ādarśa-jñāna) – Form; Wissen der Gleichheit (samatā-jñāna) – Gefühl; Wissen des Genau-Hinsehens (pratyavekṣaṇa-jñāna) – Wahrnehmung; Wissen der Tatvollendung (kṛtyanuṣṭhāna-jñāna) – Formende Kräfte. (S. 180 ff.)

Literatur

1. Textausgaben und Übersetzungen

Theravāda-Buddhismus (»Kleines« Fahrzeug)

Der gesamte Pāli-Kanon – der Korpus der in Pāli, einer mittelindischen Sprache, verfaßten heiligen Texte des Theravāda-Buddhismus – wurde in lateinischer Schrift herausgegeben von der Pali-Text-Society (PTS). Ebenfalls bei der PTS (73 Lime Walk, Headington, Oxford OX3 7AD) erschienen oder lieferbar sind zu den meisten Texten auch die alten Kommentare, teilweise die Subkommentare.

Verläßlicher ist zuweilen die in Indien erschienene Textausgabe in Devanāgarī-Schrift (Nālandā-Devanāgarī-Pāli-Series, Bihar 1956 ff); diese Ausgabe basiert auf der birmanischen Edition und bezieht die siamesische (die bei der PTS nicht berücksichtigt wurde) und die PTS-Ausgabe mit ein. Diese Ausgabe enthält auch die Seitenangaben der PTS-Ausgabe, so daß sich die Zitate leicht auffinden lassen.

Der Pāli-Kanon (Tipiṭaka »Drei-Korb«) ist gegliedert in

Vinaya-Piṭaka (Korb der Disziplin). Enthält neben den Regeln zur Ordensdisziplin auch andere Lehrreden.

Sutta-Piṭaka (Korb der Lehrreden). Die Lehrreden sind hier nach formalen Gesichtspunkten geordnet in Dīghanikāya (Lange Sammlung, lange Lehrreden), Majjhimanikāya (Mittlere Sammlung), Saṃyuttanikāya (Geordnete Sammlung, geordnet nach thematischen Gesichtspunkten), Aṅguttaranikāya (Angereihte Sammlung, geordnet nach Zahlen) und Khuddakanikāya (Kurze Sammlung) mit einer großen Zahl verschiedener Texte, unter anderem Jātaka (Wiedergeburtsgeschichten, der Kommentar enthält gleich zu Beginn die Nidānakathā mit einer systematischen Darstellung der überlieferten Biographie des Buddha), Dhammapada (Weg der Lehre), Suttanipāta (kurze Stücke). Die ersten beiden Sammlungen sowie die letzten beiden genannten Texte dürften die ältesten Teile des Pāli-Kanons enthalten.

Abhidhamma-Piṭaka (Korb der Theorie). Systematische Darstellungen der Philosophie und Psychologie.

Außerdem wurde im ersten Teil auch ein Sanskritwerk zitiert, das eine systematische Darstellung der wichtigsten Teile der älteren Überlieferung enthält:

Arthaviniścayasūtra, mit Kommentar Nibandhana, ed. N.H. Samtani, Tibetan Sanskrit Work Series Vol. XIII, Patna 1971.

Nahezu alle Texte aus dem Pali-Kanon sind in englischer Übersetzung bei der Pali-Text-Society erschienen bzw. dort lieferbar. An deutschen Übersetzungen sind zu nennen:

Neumann, Karl Eugen: Die Reden Gotamo Buddhos. Drei Bände (Mittlere Sammlung, Längere Sammlung und Sammlungen in Versen). Zürich und Wien (Artemis, Zsolnay) 1957. Die Übersetzungen Neumanns, die trotz vieler Bedenken immer noch die sprachlich schönsten deutschen Übertragungen sind, erscheinen gegenwärtig in einer Neuauflage (Verlag Beyerlein & Steinschulte). Sie umfassen aus dem Suttapiṭaka die Texte Dīghanikāya, Majjhimanikāya, Suttanipāta, Theragāthā (Lieder der Mönche), Therīgāthā (Lieder der Nonnen), Dhammapāda (»Wahrheitspfad«).

Franke, R. O.: Dīghanikāya, Göttingen und Leipzig 1913

Nyanatiloka: Die Reden des Buddha aus dem Anguttaranikāya, München-Neubiberg (Oskar Schloss Verlag) 1923

Geiger, Wilhelm: Samyuttanikāya, München-Neubiberg (Oskar SchlossVerlag) 1930 (nur zwei von fünf Bänden erschienen)

Die beiden letztgenannten Titel sind nach dem 2. Weltkrieg in Neuauflage im Christiani-Verlag in Konstanz erschienen.

Nyānaponika: Sutta-Nipāta, Konstanz (Christiani) 1955

Nyānatiloka: Visuddhimagga, der Weg zur Reinheit, Konstanz (Christiani) 1952. Der Visuddhimagga von Buddhagosa (ca. 6. Jh. u.Z.) ist eine Gesamtdarstellung des Theravāda-Buddhismus, so wie er von den orthodoxen Kommentatoren verstanden wurde. Der Pāli-Text ist bei der PTS erschienen).

Eine Übersetzung des Abhidhamma-Textes »Dhammasaṅgani« (mit Kommentar) von Nyānaponika soll demnächst im Jhāna-Verlag (erreichbar über Buddha-Haus, 87466 Oy-Mittelberg) erscheinen.

An ausgewählten Sammlungen von Texten aus dem Pāli-Kanon seien zwei genannt:

Seidenstücker, Karl: Pāli-Buddhimsu in Übersetzungen, München-Neubiberg (Oskar Schloss Verlag) 1923; enhält zahlreiche Texte aus dem Pāli-Kanon thematisch geordnet.

Mylius, Klaus: Gautama Buddha, Die vier edlen Wahrheiten, München (DTV) 1985; Texte aus dem Pāli-Kanon nach der Systematik des Kanons geordnet mit Schwerpunkt auf Suttapiṭaka.

Eine ausführliche Darstellung der Begriffe des Theravāda-Buddhismus gibt

Nyānatiloka: Buddhistisches Wörterbuch, Konstanz (Christiani) o.J.

Mahāyāna-Buddhismus (»Großes Fahrzeug«)

Mahāyāna-Sūtras. Die wichtigsten Mahāyāna-Sūtras sind in der Reihe Buddhist Sanskrit Texts in Darbhanga, Indien erschienen. Häufig handelt es sich hier um Textausgaben, die schon zuvor in Europa oder Japan erschienen sind und für die indische Ausgabe neu überarbeitet wurden. In dieser Einführung wurden verwendet:

Samādhirājasūtra (Lehrrede von der vorzüglichsten Meditation, Nr. 2, 1961), Aṣṭasāhāsrikāprajñāpāramitāsūtra (ASPP, Lehrrede von der Vollkommenheit der Erkenntnis in achttausend Ślokas, Nr. 4, 1960), Laṅkāvatārasūtra (LS, Lehrrede von der Herabkunft auf Laṅkā, Nr. 3, 1963), Nairātmyaparipṛcchāsūtra (Dialog zur Nicht-Selbsthaftigkeit, in Mahāyānasūtrasaṅgraha 174 ff).

An Übersetzungen seien genannt:

Conze, E.: The Perfection of Wisdom in Eight Thousand Lines, Calcutta 1958

Suzuki, T.D.: The Laṅkāvatārasūtra – A Mahāyāna Text, London 1956

Weitere Hinweise und Angaben in: Schumann, Buddhismus und Mahāyāna-Buddhismus und Bechert und Simson, Einführung in die Indologie (s.u.)

Mahāyāna-Texte namentlich benannter Autoren:

Nāgārjuna: Madhyamakaśāstra mit den Kommentaren von Candrakīrti, Buddhapālita und Bhāvaviveka und dem Autokommentar von Nāgārjuna (die letzten drei aus dem Tibetischen ins Sanskrit rückübersetzt), ed. Raghunāth Pāṇḍeya, Delhi (Motilal) 1988

Lindtner, Chr.: Nagarjuniana, Delhi (Motilal) 1982. Kleinere Texte, teils Sanskrit, teils Tibetisch, mit englischen Übersetzungen und zahlreichen bibliographischen Hinweisen.

Asaṅga: Mahāyānasūtrālaṅkāra, BST Nr. 13, Darbhaṅga 1970

Vasubandhu: Abhidharmakośa mit Autokommentar von Vasubandhu und Kommentar von Yaśomitra, ed. Svāmī Dvārikādās Śāstrī, Buddha Bharati Series Nr. 5, 6; Varanasi 1981

La Vallee Poussin, Louis: L' Abhidharmakośa du Vasubandhu, Bruxelles 1980 (Neuauflage). Französische Übersetzung; zur Zeit der Übersetzung (1923 – 1931) waren nur Teile des Sanskritoriginals bekannt. La Vallee Poussin hat die tibetischen und chinesischen Übersetzungen benutzt.

Anacker, Stefan: Seven Works of Vasubandhu, Delhi (Motilal) 1984. Kleinere Texte in Sanskrit und Englisch, mit ausführlichen Einleitungen und Bibliographie.

Sāramati: Ratnagotravibhāga, ed. E. H. Johnston, Patna 1950

Takasaki, Jikido: A Study on the Ratnagotravibhāga, Rom 1966. Übersetzung des o.g. Textes mit ausführlicher Einleitung, textkritischen Hinweisen und bibliographischen Angaben.

Eine Textsammlung in Deutsch bietet

Frauwallner, Erich: Die Philosophie des Buddhismus, Berlin (Akademie-Verlag) 1958. Historisch und systematisch geordnete Textsammlung mit Einleitungen.

Vajrayāna-Buddhismus (Diamantenfahrzeug)

Lehrreden des Vajrayāna:

Guhyasamājatantra, ed. Yukei Matsunaga, A New Critical Edition. In: Journal of Koyasan University, Nr. 10, 1975

Pradīpodyotanaṭīkā, ed. Chintaharan Chakravarti, in: Tibetan Sanskrit Works Series Nr. 25, Patna 1984. Kommentar zum Guhyasamājatantra.

Gäng, Peter: Das Tantra der Verborgenen Vereinigung, München (Diederichs) 1988. Übersetzung des Guhyasamājatantra mit ausführlicher Einführung und bibliographischen Hinweisen zu anderen Texten des Vajrayāna.

Hevajratantra, ed. D. L. Snellgrove, London 1976. Text und Kommentar in Sanskrit und Tibetisch mit englischer Übersetzung.

Caṇḍamahāroṣaṇatantra, ed. Christopher S. George, in: American Oriental Series, New Haven 1974. Ausgewählte Kapitel in Sanskrit und Tibetisch mit englischer Übersetzung.

Vimalaprabhāṭīkā, ed. Jagannatha Upadhyaya, Bibliothekca Indo-Tibetica Series Nr. 11 – 13, Sarnath, Varanasi 1986. Kālacakratantra mit Kommentar Vimalaprabhā in Sanskrit.

Texte von namentlich bekannten Autoren:

Advayavajra: Advayavajrasaṃgraha, ed. Haraprasad Shāstri, in: Gaekwad's Oriental Series, Nr. 40, Baroda 1927

Guhyādi-Aṣṭasiddhisaṃgraha, ed. Jagannatha Upadhyaya, Rare Buddhist Text Series Nr 1, Sarnath, Varanasi 1987. Eine Sammlung von kleineren Texten des Vajrayāna, darunter Guhya-Siddhi, Prajñopāya-Viniścayasiddhi, Jñāna-Siddhi, Advaya-Siddhi, Advayavivaraṇa-Prajñopāya-Viniścaya-Siddhi. Texte sind mit Kapitel und Versnummer zitiert.

Nāropa, Sekoddeśaṭīkā, ed. Mario E. Carelli, in: Gaekwad's Oriental Series, Nr. 90, Baroda 1941

Nāgarjuna: Pañcakrama, ed. Louis de la Vallee Poussin, Gand 1896. Texte in der Tradition des Guhyasamājatantra, als erster Text Piṇḍīkṛtasādhana.

Saraha: Sarahadoha, in: Prabodh Chandra Bagchi, Dohakoṣa, Calcutta Sanskrit Series, No. 25c, Calcutta 1938

Eine Sammlung von Übersetzungen aus allen Schulen gibt

Glasenapp, Helmut: Pfad zur Erleuchtung, Düsseldorf/Köln 1974

Über den Buddhismus

Bechert, H. und R. Gombrich (Hrsg.): Der Buddhismus, Geschichte und Gegenwart, München (Beck) 1984. Grundriß der Geschichte des Buddhismus in und außerhalb Indiens. Mit sehr gut kommentierter Bibliographie.

Bechert, Heinz und Georg von Simson, Einführung in die Indologie, Darmstadt (WB) 1979. Enthält neben anderen Themen der Indologie kurze und präzise Darstellungen der verschiedenen Zweige der buddhistischen Literatur mit wertvollen bibliographischen Hinweisen.

Brown, Brian Edward: The Buddha Nature, Delhi (Motilal) 1991. Gibt eine Darstellung der Lehren und Literatur zum Grundbewußtsein (Ālaya-vijñāna) und zur Buddha-Natur (Tathāgatagarbha) und zieht Parallelen zu Hegels Philosophie.

Dayal, Har: The Bodhisattva Doctrine in Buddhist Sanskrit Literature, Delhi (Motilal) 1972 (Neuauflage). Obwohl zu einem Zeitpunkt erschienen (1932), zu dem nur ein Teil der Mahāyāna-Literatur in Textausgaben vorlag, gibt diese

Arbeit einen guten Überblick über wesentliche Elemente des Mahāyāna-Buddhismus und seine Beziehungen zur Pāli-Tradition.

Kloetzli, W. Randolph: Buddhist Cosmology, Delhi (Motilal) 1989.

Guenther, Herbert V.: Philosophy and Psychology in the Abhidharma, Delhi (Motilal) 1991 (2. Aufl, Reprint). Diese Arbeit macht nachdrücklich darauf aufmerksam, daß es sich bei den Abhidharmatexten um mehr handelt als um Begriffslisten.

Guenther, Herbert V.: The Tantric View of Life, Berkeley and London (Shambala) 1972. In Deutsch erschienen unter dem Titel: Tantra als Lebensanschauung, Düsseldorf (Econ) 1989.

Während die meisten Darstellungen zur Philosophie des Buddhismus stark an der abendländischen Philosophie orientiert sind, zeichnen sich die Arbeiten von Guenther dadurch aus, daß sie die Eigenständigkeit der buddhistischen Philosophie in den Mittelpunkt stellen. Die Parallelen zur abendländischen Philosophie sieht er nicht bei Kant und Hegel sondern eher bei den prozeßorientierten Ansätzen wie sie in der modernen Biologie von Varela und Maturana (und in allgemeineren Zusammenhängen von Jantsch) vertreten werden. Über die zitierten Titel hinaus gibt es von Guenther eine große Anzahl von Arbeiten zum tibetischen Buddhismus.

Sasaki, Genjun H.: Linguistic Approach to Buddhist Thought, Delhi (Motilal) 1992. Eine Sammlung von Aufsätzen, die eine sehr sorgfältige Analyse der Bedeutung und des Gebrauchs wichtiger Termini der buddhistischen Lehre bieten.

Schneider, Ulrich: Einführung in den Buddhismus, Darmstadt (WB) 1992 (3. Aufl). Diese überaus lesenswerte Arbeit über den »älteren« Buddhismus konzentriert sich auf die Forschungen, die sich das Ziel gesetzt haben, die »ursprüngliche Lehre« zu rekonstruieren. Ausführliche Bibliographie.

Schumann, H. W.: Der historische Buddha, Köln (Diederichs) 1982. Sehr ausführliche Darstellung der Biographie des Buddha; Skizzierung seiner Lehre mit vielen Hinweisen zum historischen, philosophischen und kulturellen Hintergrund. Ausführliche Bibliographie.

Schumann, H. W.: Mahāyāna Buddhismus, München (Diederichs) 1990. Überblick über den Mahāyāna-Buddhismus mit ausführlicher Bibliographie.

Schumann, H. W.: Buddhismus, Stifter, Schulen und Systeme, München (Diederichs) 1993. Überblick über die verschiedenen Lehrsysteme des Buddhismus mit ausführlicher Bibliographie.